W0179950

Omid Nouripour

WAS TUN GEGEN DSCHIHADISTEN?

Wie wir den Terror besiegen können

Ausführliche Informationen über
unsere Autoren und Bücher
www.dtv.de

Das Buch ist auch als eBook erhältlich.

Bei <u>dtv</u> ist von Omid Nouripour außerdem lieferbar:
›Kleines Lexikon für MiMiMis und Bio-Deutsche‹

Dieses Buch ist den Töchtern des Lichts gewidmet, die in der Sklaverei der ISIS-Barbaren Unsagbares erlitten haben und noch erleiden.

Es ist verfasst in Gedenken an Kayla Mueller, amerikanische Zivilistin, und Muath al-Kasasbeh, jordanischer Soldat – stellvertretend für alle, die Opfer von Dschihadisten wurden, weil sie helfen wollten.

Es ist geschrieben in Mitgefühl mit den Eltern, deren Kinder ihnen in den mörderischen Dschihad entglitten sind. Deren Schmerz und Scham kann ich nur erahnen.

Für den kleinen Melvil, dessen Vater Antoine täglich die Kraft aufbringt, ihn vom Hass fernzuhalten. Meinem Sohn wünsche ich dasselbe.

Für die kleine Saffie Rose. Sie mochte Pop-Musik. Sie wurde nur acht Jahre alt.

Inhaltsverzeichnis

Zum Begriff »Dschihadismus«

Nach Terroranschlägen von Islamisten gibt es häufig eine diffus große Zahl von Begriffen, mit denen die Motiv-Hintergründe der Täter beschrieben werden. Den Begriff des »Dschihadismus« habe ich gewählt, weil er aus meiner Sicht das Problem am besten einkreist. »Islamismus« ist nicht das größte unserer Probleme. Sicher ist jeder Dschihadist gleichzeitig auch ein Islamist. Es gibt allerdings auch Islamisten – deren Ideologie zuweilen nicht weniger totalitär ist –, die nicht zur Gewalt greifen. Die größte islamistische Partei Tunesiens »Harakat an-Nahda« (»Bewegung der Wiedergeburt«) beispielsweise gilt nicht nur als gewaltfrei. Sie hat im Jahr 2014 ihre Wahlniederlage ohne Proteste anerkannt und keinen Anspruch mehr auf das Amt des Ministerpräsidenten gestellt. Ein Vorgehen, das in nicht sehr stabilen Staaten nicht nur für Islamisten kein selbstverständliches sein dürfte.

Der »Dschihad« ist ein Glaubensgrundsatz des Islams, der in den meisten Fällen die Auseinandersetzung mit inneren Versuchungen beschreibt. Wer diesen Begriff als »Erklärung« für seine Mordgelüste verwendet, macht ihn zu einer Ideologie. Deshalb der Begriff des »Dschihadismus«.

1.

Einleitung, oder:
Hat Osama bin Laden gewonnen?

»Auch wenn ihr es darauf angelegt habt; auf den Hass mit Wut zu antworten, würde bedeuten, derselben Ignoranz nachzugehen, die euch zu dem gemacht hat, was ihr seid. Ihr wollt, dass ich Angst habe, dass ich meine Mitbürger misstrauisch beobachte, dass ich meine Freiheit der Sicherheit opfere.«[1] (Antoine Leiris, 16. November 2015)

Gegen halb acht schaffen wir es endlich ins Bett. Mein Siebenjähriger sehnt sich den Beginn der Weihnachtsferien mindestens genauso innig herbei, wie ich hoffe, er möge nun endlich einschlafen. Schließlich ist morgen ja auch noch ein (Schul-)Tag, und unausgeschlafene Erstklässler können sich – gerade so kurz vor der Bescherung – in auf zwei kleinen müden Beinen wandelnde Weihnachtswichtel verwandeln, deren unberechenbaren Launen man, wann und wo immer möglich, besser aus dem Weg geht.

Während ich noch einen inneren, mitfühlenden Blick auf seine Lehrerin werfe, die morgen die Unzufriedenheit meines Sohnes mit der vorweihnachtlichen Zeitrechnung wird ertragen müssen, betrachte ich müde sein schönes, friedliches Gesicht. Seine Augen sind geschlossen, sein Brustkorb hebt und senkt sich entspannt, und sein Kopf liegt tief im weichen Kissen. Und schon döse ich selbst, zufrieden und von wohliger Behaglichkeit erfüllt, ein.

Etwa eine Stunde später habe ich meinen inneren, schlafbedürftigen Schweinehund in seine Schranken gewiesen. Er bleibt liegen, und ich stehe auf. Noch von der wohligen Wärme des Betts erfüllt,

---

1 ›Ihr bekommt meinen Hass nicht‹ ist ein berührendes Manifest des Friedens, geschrieben von Antoine Leiris. Er hat es verfasst, drei Tage, nachdem er seine Frau bei den grausamen Angriffen von Dschihadisten am 13. November 2015 im Bataclan, Paris verloren hat.

greife ich zu meinem Handy und werfe einen flüchtigen und mittlerweile fast schon automatisierten Blick darauf, bevor ich den Wasserhahn aufdrehe. Ich wasche mein Gesicht mit kaltem Wasser, um weniger schlaftrunken und wieder nüchtern zu werden, als mich plötzlich ein tiefes Stechen aus meinem immer noch währenden Dämmerzustand reißt.

»Berliner Weihnachtsmarkt – Lkw rast in Menschenmenge«: Die Überschrift des Artikels, den ich gerade beim Screening des Newsfeed herausgefiltert habe, versetzt mich in eine Schockstarre, die ich versuche, durch das hektische Wählen der Nummer meiner Frau zu lösen. Immer wieder vertippe ich mich beim Entsperren meines Handys, so als könnten meine Finger den Anweisungen meines Hirns einfach nicht so schnell folgen. Ich versuche, meine Frau anzurufen. Sie und meine Stieftochter wollten heute Abend in Berlin einen Weihnachtsmarkt besuchen. Welchen? Ich weiß es nicht. Ich erreiche beide nicht. »Geht bitte ran!« Ich schreie es leise in mein Handy, das meine Panik mit dem Abspielen der Mailbox-Ansage meiner Frau zu verhöhnen scheint.

Ich versuche mich zu ordnen, meine sich wild um Anschlag, Attentat, Amoklauf und Ausnahmezustand wirbelnden Gedanken zu einer logischen Masse zu formen. Zu etwas Greifbarem, das ich kontrollieren kann. Auf welchen Weihnachtsmarkt wurde der Anschlag überhaupt verübt? Wieso denke ich sofort, dass es ein Anschlag war? Erinnerungen an den 14. Juli 2016 werden wach, als in Nizza ein LKW-Fahrer an der Promenade des Anglais absichtlich in eine Menschenmenge fuhr und zahlreiche Menschen tötete, die den französischen Nationalfeiertag auf der *La Prom* feierten. Friedlich, ausgelassen und nicht ahnend, dass der Hass eines Einzelnen sie kollektiv treffen sollte und würde. Auch all jene, die überlebt haben. In Nizza und überall in der westlichen Welt.

Wieso ruft sie nicht zurück? Mein Herz pocht und poltert. Riesig ist meine Angst, die zudem durch meine Ungewissheit potenziert wird. Was ist, wenn…? Vorsichtig schaue ich ins Zimmer meines Sohns, fürchte, dass ihn mein Tippen auf dem Handy und meine Verzweiflung möglicherweise geweckt haben könnten. Natürlich, das ist absurd, doch in Ausnahmezuständen ist das Absurde nicht selten der einzige Anker, der einen rettet. Zumindest zeitweilig.

Ich denke an den Verwandten aus Paris, der erst am 14. November 2015 zurückrief, um zu erzählen, er hätte aus irgendeinem Grund seine heiß begehrte Tischreservierung im In-Restaurant »Le petit Cambodge« nicht wahrgenommen und sei damit dem sicheren Tod durch einen Terror-Anschlag entkommen. Ich erinnere mich, dass mich das erste Lebenszeichen meines damals in New York lebenden Cousins erst am 13. September 2001 erreichte – zwei Tage nach dem schrecklichen Angriff auf die Twin Towers. Ich denke an die gute Freundin in München, die just am 22. Juli 2016 ihr Handy verloren hatte und deshalb niemanden beruhigen konnte, als David[2] S. seinen rechts motivierten Amoklauf beging.

Der Tenor der Terrorexperten

Unendliche 20 Minuten später ruft meine Frau zurück. Sie klingt heiter, erzählt lachend, dass die beiden nun beim Bummeln zu viel Geld ausgegeben hätten. Warum ich denn bei ihnen Sturm geklingelt hätte? Eine kaum zu ertragende Erleichterung macht mich stumm, schnürt mir die Kehle zu. Die Nachricht der Todesfahrt Anis Amris auf dem Breitscheidplatz hat meine Frau noch nicht erreicht. Ich stammele etwas und lege auf, um meine Atmung wieder in den Griff zu bekommen. Und vielleicht auch, um ihr keine Angst zu machen. Bestimmt aber auch, um nicht sagen zu müssen:

---

2 Der Attentäter hieß gebürtig Ali, hatte aber kurz vor seinem Amoklauf seinen Namen in »David« verändert, um zu unterstreichen, dass er ein Deutscher ist.

»Ist ok, Schatz, du bist in Sicherheit. Alles wird gut!« Denn so sehr ich wünschte, genau das und mit Sicherheit sagen zu können, so sehr wird mir in diesem Moment klar, dass ich das nicht kann. Nicht ich, nicht irgendjemand. Niemand kann heute sagen, dass wir sicher sind, wenn wir uns auf offener Straße bewegen. Diffuse Gefahrenlage, differenziertes Gefährdungsgefühl. Keine Ahnung, wie viele Sprachkonstrukte noch erbaut werden, um sich und der Bevölkerung am Ende eingestehen zu müssen, dass nichts mehr so sein wird, wie es mal war. Nirgends. Für niemanden. Nicht in New York, Paris, Madrid, London, Manchester, Brüssel, Istanbul, Orlando, Nizza, Berlin oder Stockholm. Nicht für die Angehörigen von zwölf Unschuldigen, die an diesem Abend vergeblich auf ein Lebenszeichen ihrer Lieben warten werden.

Die Liste der dschihadistischen Anschläge wächst weiter an. Dabei zählen wir die Hauptanschlagsziele außerhalb Europas meist gar nicht mit. Stattdessen haben wir die Landkarte »unserer Welt« vor Augen, markieren hilflos die Einschläge und versuchen zu verstehen, wie weit wir von einem weiteren Anschlag entfernt sind. Währenddessen beeilen sich die Terrorexperten aller Kanäle und Medien, am Abend dieses 19. Dezember 2016 den Begriff »Terroranschlag« zu vermeiden, indem sie unentwegt betonen, dass man *noch nicht* von einem Terroranschlag sprechen könne, so lange, bis sich der Verdacht nicht bestätigt, erhärtet, konkretisiert habe. Schließlich sollen die Zuschauer ja sehen, dass man etwas gelernt hat – aus dem Amoklauf von David (Ali) S. und dessen vorschneller Einordnung als Terroranschlag. Keine Panik machen, sondern Fakten liefern. Vor laufender Kamera und immer wieder sagend, dass man zu diesem Zeitpunkt noch nicht mit Gewissheit von einem islamistisch motiviertem Anschlag sprechen könne. Stundenlang. ARD, ZDF, RTL, SAT 1. Alle Sender scheinen sich in einer Permanentschleife des Unaussprechlichen zu befinden. Ich schalte den Fernseher wieder aus. Bald werden meine Frau und meine Stieftochter nach Hause kommen. Unversehrt.

Seit Jahren wissen die Kenner der Materie, dass auch Deutschland ein potenzielles Anschlagsziel sein wird. Dass offene Gesellschaften keine hundertprozentige Sicherheit anbieten können. Dass wir bei den sogenannten »Kofferbombern von Köln« schlicht Glück hatten. Und dass dieses Glück nicht endlos wird halten können. Und doch wächst das Gefühl, dass der Terror immer näher rückt. An uns, an unsere Lebensweise und an unser Selbstverständnis von Freiheit und Selbstbestimmung. Immer näher rückt die Bedrohung, dass der Terror uns verändern wird. Wie wir denken, handeln, willkommen heißen und verurteilen. Dass er wie ein Ventil den Öffnungsgrad unserer Gesellschaft steuern kann, Dass wir umso lauter betonen, uns nicht einschüchtern zu lassen, je präsenter, konkreter, weniger abstrakt und individueller die Bedrohung ist.

Es gibt zu viele einfache Erklärungsmuster, die quasi als Passepartout-Schablonen auf hochkomplexe Entwicklungen gelegt werden. Mal liegt es an den in Deutschland angekommenen Flüchtlingen, mal am militärischen Einsatz Deutschlands in der Welt.

Krieg für den Terror

Mit den Terrorakten von 9/11 griff die von Osama bin Laden Ende der Achtzigerjahre gegründete Terrororganisation Al-Qaida die USA an. Treffen und vor allem demütigen wollte er aber auch die wahabitische Monarchie in Saudi-Arabien – ein Königshaus, das bin Ladens Clan schon so lange verhöhnt hatte. Dieses Rachemotiv erwies sich letztlich als dankbares Bindeglied zum politischen Ziel bin Ladens: die Wiedererrichtung des Kalifats. Bin Ladens Sieg stand jedoch nicht mit den Anschlägen von 9/11 selbst fest.

Seinen Erfolg machte erst die Reaktion der USA und ihrer Verbündeter möglich. Was die Chance zur Begründung einer breiten Koalition gegen Terrorismus und religiösen Extremismus hätte sein können, führte stattdessen zu einer Kette von außenpolitischem Aktionismus unter der Führung der USA mit dem irreführenden Etikett »Krieg gegen den Terror«. Stattdessen erwiesen sich die Interventionen, Bombardements und die Vertreibung, Tötung und Verurteilung von Diktatoren wie Saddam Hussein tragischerweise als »Krieg *für* den Terror«, weil all dies der Inszenierung der Terroristen als Wahrer der wirklichen Werte in die Hände spielte.

Allein in den ersten zehn Jahren des »War on Terror« haben die USA laut offizieller Zahlen des US-Kongresses rund 1.283 Milliarden Dollar dafür ausgegeben. Wissenschaftliche Studien schätzen diesen Betrag auf mehr als das Doppelte. Auf der menschlichen Seite verzeichnen allein die US-Truppen mehr als 6.700 Tote und über 50.000 Verwundete. Der Einsatz ist hoch, doch zu welchem Zweck und für welches Ergebnis? Eine gezielte, kooperative, internationale Bekämpfung des Terrorismus? Fehlanzeige.

Osama bin Laden war also erfolgreich – vor allem deshalb, weil er seine weltweiten Terroraktionen als eine globale Auseinandersetzung um Werte inszenierte. Diejenigen, die sein fundamentalistisches Verständnis des Islams ablehnen, das die Einheit von Gesellschaft, Religion, Recht und Staat propagiert, sind für alle, die bin Laden folgen, wertlose Feinde. Auf diese irrsinnige Vision haben all jene, die Demokratie, den Rechtsstaat und die Menschenrechte verteidigen wollen, aufgrund einer fehlenden Strategie bislang nur reagiert.

Das müssen wir ändern: Um die Entwicklung einer solchen Verteidigungsstrategie geht es in diesem Buch. Mein Ansatz stellt nicht das kurzatmige Zusammenzimmern immer neuer »Koalitionen der Willigen« für kurzfristige Interventionen dar. Es geht nicht um hektische Diskussionen darüber, wer jetzt gerade mal ein paar Hundert G36-Gewehre oder ein paar Schutzwesten Modell Infanterie II an den Verbündeten der Saison in die Krisenregion mit der besten Aufmerksamkeitskonjunktur liefern kann. Es geht darum, weiter zu denken. Geopolitisch, sozial und ökonomisch. Räumlich, zeitlich und strategisch. Es geht um die Schaffung neuer Räume für politisches Handeln in einer unübersichtlichen Zeit. Über die soziale und ökonomische Dimension der Sicherheit wurde schon viel geredet und geschrieben, aber koordiniertes Handeln fehlt. Auf die Entwicklungen des Arabischen Frühlings haben Regierungen in Europa und Nordamerika, wenn überhaupt, nur zögerlich reagiert. Mittlerweile breitet sich Resignation aus, und all jene Blüten und Knospen, die der Arabische Frühling hervorbrachte, scheinen zum Sterben verurteilt.

Im Juni 2014 überrannte ISIS die irakische Stadt Mossul und rückte in den folgenden Wochen in blutigen Kämpfen gleichzeitig in Syrien und weiteren Teilen Iraks vor. Für viele internationale Beobachter schien die Organisation aus dem Nichts gekommen zu sein. Ein vermummtes Gespenst aus den Weiten der Wüste, das mit mittelalterlichen Vorstellungen die Zivilisation zu vernichten versucht. Der Überraschungseffekt, die rasanten militärischen Erfolge und das brutale Vorgehen von ISIS dominierten monatelang westliche Medien.

Heute ist klar: Das Erstarken von ISIS hätte eigentlich keine Überraschung sein dürfen. Außerdem ist ISIS viel weniger eine Terrororganisation »sui generis«, als häufig behauptet wird. Im Kern ist ISIS eine irakische Organisation und dort 2003 aus dem Al-Qaida-Ableger entstanden, der seit 2003 unter mehreren Bezeichnungen – wie »Al-Qaida im Zweistromland« oder der »Islamische Staat im Irak« – firmierte. Mit diesen diversen Vorläuferorganisationen verbindet ISIS zum Beispiel der Anspruch auf Staatsbildung, die diktatorische Herrschaft über besetzte Gebiete und besondere Brutalität. Gewinnt ISIS Territorium, hat er Rückzugsräume für die Organisation von Terror. Je mehr ISIS aber an Staatlichkeit und Territorium verliert, desto mehr wird er die Auseinandersetzung über den Terror auf unsere offenen Gesellschaften suchen. Darauf müssen wir uns vorbereiten.

Schaut man sich die Ziele Osama bin Ladens an, so hat er wohl zahlreiche Siege errungen. Das ist die schlechte Nachricht. Doch seine Siege bleiben nicht unumkehrbar. Das ist die hoffnungsvolle Nachricht. Dies zu schaffen, braucht Geduld, Demut, Ressourcen und einen Plan. Sonst werden noch viele Menschen ihre unschuldigen Angehörigen verlieren.

Existenzieller gesellschaftlicher Schaden

Und nicht nur das. Barack Obama hat in seinen Reden über den Terrorismus stets betont, dieser bedrohe uns (die USA, den Westen, die freie Welt) nicht existenziell. Das stimmt nur vordergründig betrachtet. Richtig, solange der selbst ernannte Kalif des Islamischen Staates Abu Bakr al Baghdadi keine Massenvernichtungswaffen besitzt – was allerdings nicht auf Dauer so bleiben muss –, ist die Bedrohung durch die Splitterbomben der ISIS-Mörderbande in unseren Städten beängstigend, aber nicht existenziell bedrohlich.

Doch der gesellschaftliche Schaden, den ein solcher Anschlag anzurichten vermag, kann existenzielle Ausmaße erreichen. Der Anschlag vom 11. März 2004 in Madrid (und die schlechte erste Reaktion der damaligen spanischen Regierung darauf) hat die Parlamentswahlen drei Tage danach maßgeblich beeinflusst, wenn nicht gar entschieden. Die dschihadistische Szene feierte sich damals als eigentlichen Sieger der Wahl, weil sie die Abstimmungen in Spanien entschieden habe. Eine nicht ganz von der Hand zu weisende Einschätzung.

Auch in Deutschland ist die Wechselwirkung zwischen dschihadistischer und fremdenfeindlicher Propaganda mittlerweile evident. Eine Bewegung wie Pegida[3] nährt sich von der Angst vor dschihadistischen Anschlägen, die sie dann schnell zur »Islamisierung des Abendlandes« umdichtet.

Die Dschihadisten wiederum brauchen genauso Bewegungen

---

3   Pegida steht für »Patriotische Europäer gegen die Islamisierung des Abendlandes«. Ein Name, der in sich mehrfach den Beweis für die fremdenfeindliche Ausrichtung der Bewegung trägt. U. a. suggeriert dieser Name, Muslime könnten keine patriotischen Europäer sein. Als Co-Autor einer der ersten Entwürfe für eine europäische Verfassung und zudem Muslim kann ich diese Behauptung aus eigener Anschauung nur zurückweisen.

wie Pegida, um jungen Muslimen auf der Suche nach Identität eben damit zu verdeutlichen, dass die Deutschen sie niemals akzeptieren werden – egal, wie gut und wie sehr sie sich integrieren (wollen). Die mit dem Friedenspreis des Deutschen Buchhandels ausgezeichnete Autorin Carolin Emcke beschreibt dieses Phänomen so: »Kommunikativ verfolgt der IS dasselbe strategische Ziel wie die Propagandisten der neuen ›Rechten‹: eine Spaltung der europäischen Gesellschaften nach der Logik der Differenz. Mit jedem Anschlag befördert der IS nicht zufällig, sondern absichtsvoll die Angst vor Muslimen. Mit jedem gefilmten Massaker, jeder popkulturell inszenierten Hinrichtung einer wehrlosen Geisel, jedem Massenmord treibt der IS bewusst und kalkuliert den Keil in hiesige Gesellschaften – in der keineswegs irrationalen Hoffnung, die Angst vor dem Terror könnte zu generellem Misstrauen gegenüber europäischen Muslimen und letztendlich zu ihrer Isolation führen.«

So verleihen sich die anti-demokratischen Kräfte aller Richtungen gegenseitig An- und Auftrieb, bis die Demokraten in der Mitte zerrieben worden sind – zu feinem Granulat, das sich leicht beiseitefegen, aber nur schwer wieder zu einer Einheit zusammensetzen lässt. Der Dschihadismus ist also doch existenziell bedrohlich. Direkt, menschlich und systemisch. Für seine Opfer, für unseren gesellschaftlichen Frieden und für unsere Demokratie.

Das Thema Dschihadismus beschäftigt mich seit sehr langer Zeit. Dieses Buch entstand als Ergebnis meiner jahrelangen Auseinandersetzung mit diesem extremistischen Phänomen wie auch auf Basis zahlreicher Begegnungen, Diskussionen, Vorträge, Konferenzen, Artikel, Lektüren und vor allem Reisen in den Nahen Osten, nach Afrika, Europa und in die USA. Mein Buch soll ein Beitrag dazu sein, Lösungen zu erarbeiten, und nicht einfach nur Probleme beschreiben. Im Kampf gegen den Dschihadismus rennt uns die Zeit davon. Wir müssen endlich koordiniert, konzertiert und überlegt handeln.

Was wollen Dschihadisten?

2.

Der Dschihadismus als Idee

»Der Krieg der Geschichten ist wichtiger
als der Krieg mit Schiffen, Napalm und Messern.«
(Omar Hammami, amerikanischer Dschihadist)

Wie besiegt man eine Idee? Nichts anderes ist der Dschihadismus in erster Linie: eine barbarische und gewalttätige Idee. Eine Idee, die unsere Sicherheit bedroht, unsere demokratischen Werte, unseren gesellschaftlichen Frieden. Eine Idee, der mittlerweile Zehntausende Männer und Frauen folgen. Weltweit und scheinbar unberechenbar. Eine hoch virulente, sich fast schon pandemisch ausbreitende Seuche mit schwer einschätzbarer Inkubationszeit, von der junge Menschen in Bagdad, Boston oder eben in Berlin erfasst und zu grausamen Taten ver- und geleitet werden.

Nach den grauenvollen Anschlägen vom 11. September 2001 erklärte der damalige US-Präsident George W. Bush dem Terror den Krieg. Über 15 Jahre später und nach Abertausenden von verlorenen Menschenleben und Milliarden Dollar an Militärausgaben müssen wir feststellen, dass der »Krieg gegen den Terror« gescheitert ist – mit fatalen Folgen für uns alle. Der Terrorismus ist in unserem Leben, in unseren Gesellschaften, in unseren Wohnzimmern deutlich präsenter als damals, sein Organisationsgrad ist so hoch wie noch nie. Sogar einen eigenen »Staat« mit Millionen von Einwohnern und Hunderttausenden von Quadratkilometern Fläche hat er zwischenzeitlich ausgerufen. Ein Kalifat mit einem Machtanspruch, der keine geografischen, politischen und auch gesellschaftlichen Grenzen zu kennen scheint.

Wie aber besiegt man also eine so gefährliche Idee? Indem man sie versteht. Um sie berechnen, eindämmen, bekämpfen, durch bessere Ideen ersetzen zu können. Die dschihadistische Idee ist für viele Menschen, die bereit sind, ihr Leben für sie zu opfern, so attraktiv, weil sie absolut, klar, abenteuerreich und erfolgversprechend ist. In ihrer (An)-Sprache, ihrem Handeln und darin, wie sie sich als die bessere, einzig richtige Lebensart inszeniert:

- Dass Religionen einen umfassenden Anspruch auf die Wahrheit haben, ist bekannt. Der Dschihadismus jedoch kennt keine Zweifel, auch nicht innerhalb der Religion. Nur sie haben recht, alle anderen, alle Zweifler, Andersdenkende oder Andersgläubige sind *Kuffar*, also Ungläubige. Der Dschihadismus ist demnach in seinem Totalitarismus absolut.

- In einer Welt, die so kompliziert ist wie diejenige, in der wir leben, ist Klarheit ungemein attraktiv. Nichts ist klarer als eine einfache Aufteilung der Welt in Schwarz und Weiß, Gut und Böse, Richtig und Falsch. Der Dschihadismus inszeniert sich als das einzige Licht, umgeben ausschließlich von Finsternis.

- Leben in konfiszierten Villen in Raqqa, jesidische Sex-Sklavinnen als Status-Symbol, straffreies Nachspielen von Ballerspielen im realen Leben, Schusswechsel mit der Polizei oder kostenloses Marihuana: Der Dschihadismus ist das große Versprechen eines Abenteuers und einer Erfolgsgeschichte, der man schwer beikommt.

- Man erreicht diesen Erfolg in diesem Leben, indem man die Ungläubigen besiegt. Oder man stirbt auf dem Weg zu diesem Sieg und bekommt eine große Belohnung im Jenseits. Eine zynische Win-win-Situation, bei denen zu viele als Verlierer auf der Strecke bleiben.

Dennoch: Nicht nur ISIS als die bisher hervorstechendste und am besten organisierte dschihadistische Gruppe ist besiegbar, sondern auch der Dschihadismus. Dafür müssen wir allerdings auch die Bekämpfung der einzelnen dschihadistischen Terror-Organisationen unter die Überschrift der Auseinandersetzung mit einer Idee setzen. Die Dschihadisten selbst haben dies längst erkannt, wie das diesem Kapitel vorangestellte Zitat Omar Hammamis zeigt.

Der Eisberg-Effekt

Ein Eisberg ist nur zu einem Siebtel sichtbar. Der Rest befindet sich unter der Wasseroberfläche. Unsichtbar für all jene, die sich nur mit dem auf den ersten Blick erkennbaren Teil beschäftigen. Die mögliche Folge: ein Titanic-Effekt, eine tragische Havarie, die viele Menschen das Leben kostet. Gerade auch, um diese Verluste zu vermeiden, muss der Kampf gegen die Idee des Dschihadismus auf vielen Ebenen geführt werden: ideologisch, militärisch, polizeilich, pädagogisch und vor allem gemeinsam. Militärische und polizeiliche Arbeit sind notwendige und sichtbare Handlungsfelder. Aber das ist nicht mehr als ein Siebtel des Kampfes gegen den Dschihadismus. Der Rest ist nicht immer sichtbar, geschweige denn ein öffentlichkeitswirksamer Hingucker. Schließlich geht es um langwierige und beizeiten auch langweilig anmutende Arbeit, die nicht an der Front und ganz ohne Waffen stattfindet. Dennoch ist gerade diese Arbeit im Stillen und gegen den nicht sofort erkennbaren, gefährlichen großen Rest des Eisbergs unverzichtbar. Schaut man sich die zahlreichen Fehler beispielsweise der Bush-Administration nach dem 11. September 2001 an, dann ist der fehlende Fokus auf genau diesen Unterbau der gravierendste Fehler nach dem Fall der Twin Towers gewesen.

Dieses Buch will den ganzen Eisberg beschreiben. Ich verkenne keineswegs die Notwendigkeit der Anwendung repressiver Mittel gegen Dschihadisten. Aber sie allein reichen einfach nicht aus. Das zeigt die Zeit seit dem 11. September 2001. Osama bin Laden hatte damals die Reaktion des Westens auf den Terrorakt auf die USA sehr genau vorausgesehen – und in seinen Planungen berücksichtigt. Seine strategischen Ziele hat er aus heutiger Sicht fast alle erreicht.

Die Bilder der Ruinen Jemens, der toten Kinder Syriens und des Vormarschs von Dschihadisten flimmern täglich in unseren Wohnzimmern. Hunderttausende der Millionen Flüchtlinge haben nun auch Europa erreicht. Jede deutsche Stadt betreibt mittlerweile eigene Aufnahmeeinrichtungen. Die allermeisten Flücht-linge sind verzweifelte Hilfesuchende. Doch alleine schon die Aus-sicht auf einige wenige Dschihadisten unter ihnen hat gereicht, um große Ängste in der deutschen Gesellschaft auszulösen und rassistischen Bewegungen wie Pegida Auftrieb zu verleihen. Das war schon vor den erschreckenden Anschlägen von Ansbach und Würzburg der Fall.

Es gibt über den sogenannten »Islamischen Staat« viele gute Bücher, auch von deutschsprachigen Autoren. In diesem Buch möchte ich nicht auf die Geschichte der Organisation und ihr Wirken im Nahen Osten eingehen, sondern im Kern Antworten auf die Frage geben, was wir im Kampf gegen Dschihadisten tun können, ja müssen. Auch und gerade, um den Titanic-Effekt zu vermeiden und den Aufprall mit dem bedrohlichen Eisberg-Unterbau zu vermeiden.

Mein Ansatz unterscheidet sich auf mehreren Ebenen von den bisherigen Publikationen zu diesem Thema:

- Nicht bei Adam und Eva fängt die dschihadistische Zeitrech-nung an – auch nicht durch die Gründung von ISIS, sondern am 11. September 2001 und mit den von bin Laden berechne-ten Reaktionen darauf. Dort setze ich an.
- Nicht nur der Nahe Osten ist das Arbeitsfeld dieses Buches, sondern alle Gesellschaften, in denen der Dschihadismus ver-sucht, Fuß zu fassen. Also auch die deutsche. Diese kann und darf man nicht mehr getrennt voneinander denken.
- Nicht nur das Phänomen des »Islamischen Staates« wird hier adressiert, sondern Dschihadisten im Allgemeinen und die Idee des Dschihadismus im Besonderen. Denn im Zweifelsfall ist der wesentlichste Unterschied zwischen Al-Qaida und ISIS der große Erfolg letzterer Terrororganisation.
- Nicht nur Irak und Syrien, die Staaten, auf deren Territorium sich ISIS gegründet hat, stehen im Fokus meiner Beobachtun-gen, Erläuterungen und Lösungsvorschläge, sondern der ge-samte Nahe Osten, aber auch Orte, die stark von der Ausbrei-tung des Dschihadismus bedroht sind – auch ohne große

mediale Aufmerksamkeit. Ohne die Entwicklungen in Saudi-Arabien, Ägypten, Iran oder Palästina ist der Erfolg der Dschihadisten nicht zu verstehen.

• Ich will nicht nur die Dschihadisten beschreiben, sondern Lösungen anbieten.

Wir müssen den fatalen »Krieg gegen den Terror« endlich beenden und durch eine Politik, die sich um die Köpfe und Herzen derjenigen Menschen bemüht, die sonst bei den Dschihadisten landen würden, ersetzen. Dabei müssen wir uns auf unsere demokratischen Werte besinnen. Dem »Kampf der Kulturen« müssen wir dafür eine Absage erteilen. Handfeste Interessen – auch um Öl – als »Kulturkampf« zu deklarieren, vergiftet das Zusammenleben der Menschen im Nahen Osten und in unserer Gesellschaft.

Der Westen ist nicht der Grund des Kollapses des Nahen Ostens. Hauptverantwortlich dafür sind weiterhin die dortigen Regenten. Doch müssen wir unseren Beitrag zum Problem überprüfen – und unserem Beitrag zur Lösung. Der fatale Irak-Krieg spielt hierbei eine zentrale Rolle. Aber auch die falschen Reaktionen auf den sogenannten »Arabischen Frühling«, bei dem wir unsere natürlichen Partner, die Freiheit anstrebende Bevölkerung, im Stich gelassen haben. Diesen müssen wir aber helfen – statt Despoten Waffen zu liefern, die uns Friedhofsruhe in ihren Ländern als »Stabilität« verkaufen wollen.

Doch das reicht nicht. Syrien, ein altes, schönes und freundliches Land, stirbt. Und wird dabei das Auge eines Orkans, das die gesamte Region zu verschlingen droht. Niemand hat eine Lösung für den syrischen Niedergang. Also müssen wir der humanitären Katastrophe begegnen, und die Nachbarstaaten unterstützen – auch gegen Dschihadisten. Dabei kommt dem Irak eine zentrale Rolle zu, denn genau dort befindet sich das Herz von ISIS.

Letztendlich kann man den Dschihadisten nur beikommen, wenn man ihre Finanzquellen austrocknet. Und wenn die Staatengemeinschaft den Kampf gegen sie höher priorisiert als bisher. Doch um zu verstehen, warum das bisher nicht der Fall ist, muss man die Interessenlage von Russland und den USA, der Türkei und Saudi-Arabien, des Irans und Israels verstehen.

Genauso muss man aber auch die Motivation derjenigen Kinder unserer Gesellschaft verstehen, die wir seit Jahren an die Dschihadisten verlieren. Denn sonst werden wir weder sie noch die einheimischen Demagogen an der weiteren Spaltung unserer Gesellschaft erfolgreich hindern können. Und an der Zerstörung unserer Demokratie. Es steht nicht weniger auf dem Spiel als die Zukunft unserer Demokratie.

Ist der Islam das Problem?

Dies ist kein Buch über den Islam. Alle, die »den Islam« als Glaubensgrundsatz zur Quelle des dschihadistischen Problems erklären, machen auf vier Ebenen grobe Fehler:

1. Der historische Fehler:

Ist der Islam das blutrünstige Gebilde, das so manche Populär-Gelehrte und Populisten beschreiben, dann stellt sich die Frage, warum die heutigen Auseinandersetzungen in den letzten Jahrhunderten undenkbar waren. Die Kreuzzüge nach Jerusalem genauso wie die osmanischen Eroberungszüge bis vor Wien waren religiös ummantelte militärische Auseinandersetzungen um Macht. Die Bibel rechtfertigt sie genauso wenig wie der Koran.

2. Der gruppenpsychologische Fehler:

Es gibt über eine Milliarde Menschen muslimischen Glaubens. Für viele dieser Menschen ist die Religion ein wichtiger Bestandteil ihrer Identität. Diesen pauschal für Barbarei zu erklären, stößt nicht nur die wahren Barbaren von uns und unseren Werten weg, sondern genauso pauschal einfach alle Muslime, auch wenn sie pazifistische Demokraten sind. Dabei sind genau diese unsere besten Verbündeten im Kampf gegen den Dschihadismus, weil sie eine andere Lesart des Islams erzählen.

3. Der theologische Fehler:

»لَّا اِكْرَاهَ فِى الُّدَّين«

[lā ikrāha fī d-dīn]

»Und es gibt keinen Zwang in der Religion«[4]

steht im Koran zu Beginn des Verses 2:256. Es gibt im Koran allerdings auch andere Verse, aus denen man den Dschihadismus ableiten könnte. Es ist wie mit allen heiligen Büchern und Quellen spiritueller Art: Es ist eine aus vielen Zuflüssen sich speisende Quelle, aus der viele trinken, und jeder empfindet dabei einen anderen Geschmack. Es koexistieren viele Schulen und Arten der Koran-Exegese – kluge Interpretationen, alltagstaugliche Adaptionen oder auch eher plakative und platte Ableitungen. Es gibt jene, die zwischen zeitgebundenen Erzählungen und einem nicht zeitlich gebundenen Bedeutungsgehalt im Koran unterscheiden bzw. zu unterscheiden suchen, oder auch jene, die sagen, dass der Islamismus einen Missbrauch des Islams darstellt, weil niemand mit Gewalt zum Glauben gezwungen werden sollte.

Am Ende findet jeder, der das wirklich will, die Rechtfertigung für sein Handeln oder Denken in irgendeiner, seiner Interpretation nach passenden Koran-Stelle. Das ist aktuell der Fall, wie es auch schon immer in der jüngeren und älteren Geschichte gängige Praxis war. Gerade diejenigen, die nach Macht strebten, lasen oder deuteten genau das aus heiligen Büchern heraus, was in ihre Pläne

---

4   Alle Koran-Zitate aus der Übersetzung von Ahmad Milad Karimi, 2014.

hineinpasste, ihre Strategie stützte oder ihr Handeln rechtfertigte und damit von ihren ureigenen menschlichen Machtinteressen ablenkte.

4. Der narrative Fehler:

Ist der Koran also verschieden interpretierbar, stellt sich die Frage, warum gerade wir, die wir unser Grundgesetz als Referenzrahmen für unser gesellschaftliches Zusammenleben ansehen, uns ausgerechnet bei der Auswahl der richtigen Interpretation des Korans auf die Seite der Dschihadisten stellen sollten. Denn nichts anderes tun diejenigen, die den Islam als Vorwand für ihre Enthauptungen, ihre Selbstmordattentate oder ihre Massenvergewaltigungen nehmen. Wollen wir ihnen wirklich das Wort reden? Wollen wir wirklich der überwältigenden Mehrheit friedfertiger Muslime sagen, dass ihre nicht-dschihadistische Auslegung ihrer Religion schlicht falsch sei? Und dass sie nur dann den »richtigen« Islam leben würden, wenn sie mordend und plündernd durch die Städte ziehen? Es ist also nicht nur ideell falsch, den Islam zum Problem, zur Quelle der dschihadistischen Gewalt zu erklären, sondern auch praktisch.

Wir können weiterhin nur das Trennende betonen. Nur hilft das weniger als so manche alten Verse des großen deutschen Dichters Rainer Maria Rilke: »Es lohnt sich immerhin, Gott von Mohammed her gefühlt zu haben.« Nicht aus Romantik, sondern aus reinem Pragmatismus des Friedens.

Gleichzeitig ist es aber auch falsch zu behaupten, der Dschihadismus hätte »nichts mit dem Islam zu tun«. Bereits am 11. September 2001 erklärte der von mir sonst heiß verehrte Boxer und Held Muhammad Ali, die Attentäter seien keine Muslime gewesen, solche Taten würden Muslime nicht begehen. Diese oft nach Anschlägen hilflos hervorgebrachte Argumentation auch muslimischer Verbandsvertreter blendet aus, dass wir es mit einem Kampf um die richtige Interpretation einer heiligen Schrift zu tun haben.

»Auge um Auge« steht tatsächlich im Alten Testament. Und natürlich kann man daraus Gewalttaten ableiten so wie aus dem Matthäus-Evangelium, 10,34. Dort spricht Jesus Christus: »Denkt nicht, ich sei gekommen, um Frieden auf die Erde zu bringen. Ich bin nicht gekommen, um Frieden zu bringen, sondern das Schwert.«

In Sure 2, Vers 191 des Korans steht: »Und tötet sie, wo immer ihr sie trefft, und vertreibt sie, von wo sie euch vertrieben. Denn die Zwietracht ist schlimmer als der Tod.« Es gibt eine ganze Bibliothek verschiedener theologischer Lesarten dieses Verses. Und wie man ihn beispielsweise mit der Sure 5, Vers 32 vereinbaren kann: »Wenn einer tötet jemanden … es soll sein, als hätte er getötet die Menschen, allesamt.«

Wie man es sich vorstellen kann, gehen die Lesarten sehr weit auseinander. Auch die dschihadistische gehört dazu. Deshalb stand jahrhundertelang am Ende islamischer theologischer Gutachten stets der Satz: »Wie es aber wirklich ist, weiß Gott allein.«

Die ersten Islamisten strichen diesen einen Satz, weil er mit ihrem totalitären Anspruch auf »die eine Wahrheit« im Glauben unvereinbar war. Ohne den Islam gibt es keinen Islamismus, ohne diesen wiederum keinen Dschihadismus. Deshalb ist die Aussage »Der Dschihadismus gehört nicht zum Islam« schlicht falsch.

Wir haben es hier also mit einer Art »Suren-Bingo« zu tun, bei dem sich jeder genau die Interpretationen und Quellen heraus- greift, die ihm zur Beweisführung der eigenen Weltanschauung nützlich erscheinen. Das wiederum treibt uns in eine tiefe Sack- gasse. Der Weg heraus ist allerdings sehr einfach: Erstens müssen wir helfen, die Interpretationsvielfalt über den Koran im Islam wieder allgemein zuzulassen, und zweitens dürfen wir dann von den denkbaren Lesarten jeweils nur diejenigen akzeptieren, die mit dem weltlichen Referenzrahmen – in Deutschland: das Grund- gesetz – vereinbar sind.

Diese einfache Art der Vereinbarung des Islams (oder jeder an- deren Buch-Religion) mit der Demokratie wird im Übrigen von vielen reformatorischen Geistlichen und Theologen vertreten.[5] Das Problem ist nur, dass sie jeweils immensem politischen Druck seitens ihrer weltlichen Herrschern ausgesetzt sind, was wiederum erschwert, sich im Mainstream der inner-muslimischen Debatte durchsetzen zu können.

Auch der Islam kennt eine Reformation

Stellvertretend für viele Reformatoren des Islams, die im Laufe der Jahrzehnte und Jahrhunderte versuchten, Brücken zwischen Religion und (demokratischem) Staat zu bilden, indem sie die Notwendigkeit einer klaren Trennung propagierten, sollen hier exemplarisch zwei der bedeutendsten Reformatoren der jüngeren Vergangenheit vorgestellt werden:

Nasr Hamid Abu Zaid (Ägypten):
In der Jugend selbst ein Mitglied der islamistischen Muslimbruderschaft, entwickelte er sich an der wichtigsten sunnitischen Universität Al-Azhar in Kairo zu einem brillanten und wortgewaltigen Reformator, der durch die auch im Islam traditionell weitverbreitete Methode der Hermeneutik einen Weg wies, ohne Probleme Islam in der Moderne und demokratisch zu leben. Er wurde von den Islamisten schnell und hart angefeindet. Anstatt ihn zu beschützen, ließ der ägyptische Staat zu, dass er von ranghohen Geistlichen zwangsweise von seiner Frau geschieden wurde – gegen ihren und seinen Willen. Eine im Islam bis dahin noch ungesehene Methode des Eingriffs eines Geistlichen in die Ehe.

---

5   Für eine vertiefte Auseinandersetzung mit der Frage der Vereinbarkeit von Islam und Demokratie sei an dieser Stelle das Buch von Gudrun Krämer ›Demokratie im Islam – Der Kampf für Toleranz und Freiheit in der arabischen Welt‹ aus dem Jahr 2011 empfohlen.

Nach zahlreichen Morddrohungen wurden seine Frau und er gezwungen, ins niederländische Exil zu gehen, wo er an der Universität der holländischen Stadt Leiden und am Wissenschaftskolleg in Berlin lehrte. Erst später, als sein Fall keine Aufmerksamkeit mehr erregte – seine Thesen also keine breiten gesellschaftlichen Impulse mehr setzten –, kehrte er nach Kairo zurück, wo er im Jahr 2010 einer Virus-Infektion erlag. Er starb fern großer theologischer Debatten der Al-Azhar-Universität.

Ayatollah Hossein Kazemeyni Boroudscherdi (Iran):
Aus einer Familie stammend die traditionell viele der angesehensten schiitischen Geistlichen hervorgebracht hat, wies Ayatollah Boroudscherdi immer wieder in feurigen Predigten auf die quietistische Tradition des Islams hin. Diese steht für einen definierten (großen) Abstand zwischen Staat und Religion. Mischt sich die sakrale Religion in die Politik ein, wird sie von ihrem irdischen Ansatz »beschmutzt«, so die Quietisten. Der Quietismus, dessen Zweige bis zu den Mystikern der Sufi-Orden reichen, ist also so etwas wie der theologisch begründete Säkularismus.

Damit aber stehen Quietisten wie Ayatollah Boroudscherdi im Gegensatz zur iranischen Staatsdoktrin der »Herrschaft der Rechtsgelehrten«, in westlichen Medien immer wieder verkürzt als »Herrschaft der Mullahs« bezeichnet. Boroudscherdi wurde wiederholt verhaftet, das letzte Mal zu Hause im Jahr 2006.

Die Länge seiner Haftzeit ist öffentlich nicht bekannt, auf demütigenden Propaganda-Videos über den Gefangenen Boroudscherdi lässt sich klar erkennen, dass er Folter unterworfen wurde. Sein gesundheitlicher Zustand ist seit Jahren besorgniserregend, zwischenzeitlich war sein Augenlicht bedroht. Ihm wurde immer wieder ausreichende medizinische Behandlung verweigert. Darüber hinaus wurde er seines klerikalen Titels enthoben. Wie bei der Scheidung Abu Zaids hatte es auch dies in der Geschichte der Theologie noch nicht gegeben – die schiitischen Ayatollahs sind nicht hierarchisch organisiert, sondern alle eigentlich unabhängige »Interpreten der Zeichen Gottes«. Damit sind sie nicht dem

Urteil anderer Geistlicher unterstellt, so dass niemand einen Ayatollah seines Amtes entheben kann. Eigentlich.

An diesen beiden Beispielen lässt sich klar erkennen, dass es auch im Islam viele Vertreter dessen gibt, was im Abendland Reformation genannt wird. Diese mutigen Reformatoren brauchen unsere Aufmerksamkeit und unsere Unterstützung.

Nicht nur die Reformation und die Reformatoren des Islams müssen noch stärker unsere Aufmerksamkeit erhalten. Auch die Islam-Kritik sollte eine wichtige Rolle in der Lösungsfindung des Problems Dschihadismus spielen. Denn Kritik am Islam ist willkommen, erlaubt und muss auch erlaubt sein. Genauso, wie Kritik an christlichen oder jüdischen Auslegungen des Glaubens, die mit den Menschenrechten oder dem Grundgesetz nicht vereinbar sind, erlaubt sein muss.[6] Nicht jede Kritik gegen islamische Auslegungen ist gleich islamophob.[7] Die Frage ist nur, ob die Kritik auf eine demokratiefeindliche Auslegung des Islams abzielt oder auf

---

6   Im Jahr 2011 verhaftete das FBI im US-Staat Ohio sieben Angehörige einer Amisch-Gruppe, weil sie andere Amischen wiederholt angegriffen hatten, um ihnen Haare und Bärte abzuschneiden. Dies entsprach eben ihrer Auslegung des Glaubens der Amisch-Leute. Sie wurden vor einem Bundesgericht unter anderem der Hass-Kriminalität beschuldigt. Dieses besonders absurd klingende Beispiel von vielen sollte reichen, um klarzumachen: Hass gibt es eben nicht nur bei Muslimen. Auch wenn diese Art von Hass weit weniger gravierende Folgen zu haben vermag als ein Selbstmordanschlag.

7   Auch wenn der Begriff der Islamophobie häufig als Ausdruck der Kritikunfähigkeit der Muslime interpretiert wird: Islamophobie ist ein real existierendes gesellschaftliches Phänomen – wie Rassismus, Homophobie oder Antisemitismus auch. Der mittlerweile jährlich erscheinende »SETA-Bericht« zur Homophobie in Europa ist zwar gerade in der Intonierung seiner Ergebnisse mit Vorsicht zu genießen, ist das verfassende Institut doch erwiesenermaßen AKP- und Erdoğan-nah. Ihre Methoden und ihre Statistiken sind jedoch wissenschaftlich seriös, wie unabhängige Stellen mittlerweile festgestellt haben. Es gibt allerdings auch andere Indikatoren für den Anstieg der Islamophobie, wie beispielsweise die erschreckend gestiegene Zahl der Angriffe auf Moscheen – auch und gerade in Deutschland.

eine generelle Abrechnung des Glaubens an sich. Letztere ist – wie oben beschrieben – falsch und destruktiv.

Schließen wir diesen Diskurs mit dem, was im Koran über die anderen abrahamitischen Religionen – Judentum und Christentum – u. a. geschrieben steht:

Sure 3, Vers 65: »O ihr Leute der Schrift, warum streitet ihr euch über Abraham, wo doch erst nach ihm wurden herabgesandt die Tora und das Evangelium?«

Sure 42, Vers 15: »Uns unsere Werke und euch eure Werke! Kein Streitgrund zwischen uns und euch«

Sure 5, Vers 48 (über die Tora): »Und wir haben dir herabgesandt die Schrift mit der Wahrheit.«

Oder wir werfen einen Blick in ein poetisches Werk, das sich selbst und Religion an sich nicht so ernst nimmt und eben dadurch das Gemeinsame und Verbindende zwischen Islam, Christentum und Judentum augenzwinkernd betont: »Durch Monsieur Ibrahim begriff ich, dass die Juden, die Muselmanen und sogar die Christen sich einen Haufen bedeutender Männer teilten, bevor sie damit begannen, sich gegenseitig den Schädel einzuschlagen.« (Eric-Emmanuel Schmitt, 2001: ›Monsieur Ibrahim und die Blumen des Koran‹).

Buchreligionen haben nun einmal die Vielfalt der Interpretationsmöglichkeiten gemein. Provokant auf den Punkt gebracht könnte man sagen, dass viele sie als eine Art sehr gut sortierten Bauchladen betrachten, aus dem man sich das nehmen kann, was einem passt und gefällt. Ich bin sicher, dass der selbst ernannte Kalif von ISIS, Abu Bakr al-Baghdadi, sich eine passende Interpretation zurechtgelegt hat für die Rolex an seinem Handgelenk und Sure 4, Vers 36 des Korans: »Gott liebt gewiss nicht die, die selbstgefällig sind und prahlen.«

Ist der »Islamische Staat« das Problem?

Der sogenannte »Islamische Staat« ist die Spitze des Problems des Dschihadismus, dessen am meisten manifestierter, gefährlichster und professionellster Ausdruck. Die Terror-Organisation hat in der Vergangenheit ihren Namen bereits mehrfach geändert. Auch heute wird sie mit verschiedenen Namen und Abkürzungen benannt. »Daesh« (»Ad-Dawlah al-Islamiah fi l'Iraq wa'Sham«) ist das Akronym des arabischen Namens des »Islamischen Staat in Irak und Syrien« (ISIS). Manche Behörden nennen sie »ISIL« oder »ISIG«, weil der arabische Begriff »Sham« tatsächlich am besten mit »Levante« oder »Großsyrien« zu übersetzen wäre. Der ursprüngliche Anspruch von ISIS bezieht sich auf das Territorium der Staaten Irak, Syrien, Libanon, Jordanien und Israel. Nach der Ausrufung des Kalifats hat die Organisation sich umbenannt, auch, um die Entgrenzung ihres Machtanspruchs zu manifestieren. Sie will wortwörtlich die Weltherrschaft – was andere Dschihadisten wie die Al-Qaida nie wollten. Allein deshalb schon kann man sich nicht mit dem Dschihadismus beschäftigen, ohne sich mit ISIS[8] auseinanderzusetzen.

Zudem ist ISIS als »Marke« und, wie oben beschrieben, »Erfolgsgeschichte« so präsent, dass er eine große weltweite Ausstrahlungs- und Anziehungskraft auf Ausgegrenzte, Sadisten, Verlierer, Apokalyptiker und psychisch Labile ausübt. Und ISIS hat mittlerweile genug Ressourcen und Strukturen, um zu einer »Super-Al-

---

8   Ich werde im Verlaufe des Buchs beim Begriff »ISIS« bleiben, um ihrem Weltanspruch nicht zu folgen. Aber auch, weil der »Islamische Staat« sich zu sehr anhört wie andere islamisch geprägte Staaten wie Indonesien oder Mauretanien. Ich kann und will dem Staatlichkeitsanspruch mordender Banden auch sprachlich nicht folgen. Damit steht mir aber kein Urteil den vielen Journalistinnen und Journalisten gegenüber zu, die aus Chronistenpflicht den offiziellen Namen »Islamischer Staat« verwenden.

Qaida« zu werden, nachdem er seine Staatlichkeit verloren hat. Ohne Kalifat ist ISIS zweifelsfrei weniger stark, aber nicht weniger gefährlich, zumal er sich dann noch stärker auf Angriffe auf unsere offenen Gesellschaften konzentrieren würde. Das ist eine klare, kühle und einfache Rechnung: Ohne Land braucht die Organisation andere »Magneten« für neue Rekruten. Greifen sie unsere Gesellschaft an, hoffen sie auf unsere Überreaktion, mit der sie Muslimen zeigen können, dass nur die Terror-Organisation auf ihrer Seite steht.

Dennoch ist die Idee des Dschihadismus größer, ideeller, tiefgehender als ISIS. Diese Idee müssen wir angehen, wenn wir ISIS besiegen wollen. Tun wir das nicht, besiegen wir ISIS vielleicht militärisch, schaffen aber neue Köpfe einer gefährlichen Hydra. ISIS will uns mit einer hochprofessionellen Medienstrategie weismachen, dass er identisch mit dem Dschihadismus ist – auch, um konkurrierende dschihadistische Gruppen aus dem Weg zu räumen. Wir sollten nicht jedem Aufflackern dieses zynischen, nach Aufmerksamkeit lechzenden Budenzaubers aufsitzen, sondern das tiefer liegende und weiter reichende Problem angehen: den Dschihadismus.

Und wir sollten differenzieren, wann immer es geht, und zugunsten einer effizienteren Strategie, mithilfe derer sich der Dschihadismus zumindest klarer umreißen und bestimmt auch besser bekämpfen lässt. Claudia Dantschke ist eine renommierte Expertin für Islamismus in Deutschland, sie publiziert zu dem Thema und leitet eine Beratungsstelle für Eltern und Lehrer. Sie sagt: »Wenn man den Salafismus homogenisiert, dann vergibt man die Chance auf Unterstützung derjenigen Teile der Salafiyya, die unheimlich engagiert gegen den Dschihadismus kämpfen. Das wird oft nicht wahrgenommen. Das Engagierteste gegen die dschihadistische Interpretation kommt im Moment aus der puristischen Salafiyya.«[9]

---

9   Claudia Dantschke, 2013: ›Religionen im Gespräch‹, abgerufen am 13.04.2017: http://religionen-im-gespraech.de/thema/hintergrund/muessen-wir-friedliche-salafisten-tolerieren-claudia-dantschke-im-gespraech

Was will der Dschihadismus?

Tilman Seidensticker definiert in seinem informativen Buch den Islamismus[10] als »Bestrebungen zur Umgestaltung der Gesellschaft, Kultur, Staat oder Politik anhand von Werten und Normen, die als islamisch angesehen werden«. Bezeichnend ist, dass er »Bestrebungen« als Plural benutzt. Dies macht die sehr große Heterogenität innerhalb des Islamismus klar. Als Vordenker dieser Bestrebungen nennt er unter anderem den ägyptischen Muslimbruder Sayyid Qutb, den iranischen Revolutionsbegründer Großajatollah Ruhollah Khomeini, den sudanesischen Parteiführer Hassan al-Turabi sowie Nasir ad-Din al-Albani, ein in Albanien geborener Syrer, der als zentraler Vordenker des Salafismus in Saudi-Arabien bis heute verehrt wird.

Seidensticker weist darüber hinaus darauf hin, dass es durchaus islamistische Bewegungen gibt, die nicht gewalttätig sind. Jenseits der bereits aufgeführten tunesischen An-Nahda-Partei kann auch die marokkanische »Partei für Gerechtigkeit und Entwicklung« (Parti de la Justice et du Développement – PJD) genannt werden, die mit Saad Eddine Othmani sogar den Ministerpräsidenten des Landes stellt.

Es gibt innerhalb des Islamismus zudem den theologischen Diskurs darüber, ob die Anwendung von Gewalt eine religiöse Pflicht sei oder nicht. Diejenigen, die diese Frage mit »Ja« beantworten, sind Dschihadisten. Sie wollen nicht nur, sondern müssen nach ihrem Verständnis die beschriebenen Ziele des Islamismus – Umgestaltung der Gesellschaft, Kultur, Staat oder Politik nach eigener Fasson des Islams – mit Gewalt durchsetzen.

Aber auch innerhalb des Dschihadismus gibt es viele Unterschiede. Sie betreffen die Frage nach dem territorialen Anspruch

---

10 Seidensticker, Tilman: ›Islamismus – Geschichte, Vordenker, Organisationen‹, 2016.

genauso wie die nach dem notwendigen Aktionsradius, der Frage, wann Gewaltanwendung ratsam ist, ab wann »Selbstverteidigung« beginnt und ob Gewalt auch gegen andere Muslime ausgeübt werden darf.

ISIS beantwortet diese Fragen immer mit dem Maximum: Aktionsradius? Global! Territorium? Alles! Selbstverteidigung? Immer! Gewaltanwendung? Immer! Gegen andere Muslime? Außerhalb von ISIS gibt es keine Muslime! Diese radikale Einfachheit der Antworten ist einer der Gründe für die deutlich größere Attraktivität des ISIS.

Doch gibt es auch andere Antworten. Die Taliban sind eine im Wesentlichen paschtunische Gruppe. Sie haben keine Machtinteressen außerhalb von Afghanistan und Pakistan. Die Al-Qaida wiederum ist seit ihrer Gründung auf das konzentriert, was auf der arabischen Halbinsel passiert. Ihr Hauptziel ist die Herrschaft über die heiligen Stätten der Muslime in Mekka und Medina. Auch die somalischen Al-Schabaab haben eine lokale Agenda, ihnen geht es um das Horn von Afrika. Mit den nationalen und regionalen Bezügen sind manche der dschihadistischen Gruppen durchaus imstande, mit der Attraktivität von ISIS zu konkurrieren. Ahrar al-Scham ist eine dschihadistische Gruppe aus Syrien, die vielen jungen syrischen Sunniten attraktiver erscheint als die ausländischen Kämpfer von ISIS. Auch deshalb darf unsere Konzentration nicht nur ISIS gelten.

Nicolas Hénin, ein bekannter französischer Journalist, der selbst zehn Monate Geisel von ISIS war, weist in seinem großartigen Buch[11] über den Dschihadismus zurecht darauf hin, dass viele Dschihadisten sehr wenig theologisches Wissen über den Islam besitzen. Das allerdings sei ISIS gleichgültig, denn gerade als Selbstmordattentäter seien diese Menschen sehr geeignet und nützlich. Der Sinn dieser Attentate, so Hénin, sei, »dass wir uns

---

11 Nicolas Hénin, ›Der IS und die Fehler des Westens – Warum wir den Terror militärisch nicht besiegen können‹, 2016.

nicht mehr sicher fühlen, niemals und nirgendwo. Dass wir an unseren Nachbarn zweifeln, weil sie Ausländer sind oder eine andere Religion haben. Dass wir der Angst erliegen und uns irrational verhalten, dass wir Entscheidungen treffen, die unseren Interessen zuwiderlaufen. Die Terroristen versuchen, unsere Gesellschaften auseinanderzureißen. Wir bekämpfen sie, indem wir sie zusammenhalten.«

Nicolas Hénin, der anerkannte Radikalismus-Experte, schreibt also dasselbe wie der am Anfang dieses Buchs zitierte Antoine Leiris in den ersten Tagen seiner Trauer um seine getötete Frau. Ob analytisch oder intuitiv: Die beiden haben recht. Diese Absicht des Dschihadismus dürfen wir nie vergessen, wenn wir darüber nachdenken, was die richtigen Antworten sind auf die todbringende Idee des Dschihadismus. Sie wollen, dass wir aus Angst überreagieren und in den Kampf der Kulturen ziehen. Sie wollen uns zu Schlachten und Scharmützeln zwingen, um uns dort aufzureiben und uns schließlich in der Schlacht zu besiegen.

Mut zur Komplexität!

Wir dürfen aber auch nicht denen auf den Leim gehen, die mit einfachen Erklärungsmustern notwendigen komplexen Antworten im Wege stehen. Haben wir es hier mit einem Sunni-Schia-Konflikt zu tun? Zerbricht der Nahe Osten am saudisch-iranischen Stellvertreterkrieg? Geht es nur um Öl? Oder haben wir es gar mit einem »innerislamischen Weltkrieg« zu tun, wie es der renommierte amerikanische Journalist James Traub einfach schrieb? Nichts davon ist falsch. Aber eben auch nicht richtig. Genauso wenig wie die Behauptung, der Westen wäre an allem schuld. Natürlich haben auch wir einen großen Beitrag zur Misere in der islamischen Welt geleistet. Aber die Hauptverantwortung liegt bei den Potentaten dieser Länder.

So ist der Sunni-Schia-Konflikt theologisch existent, hat allerdings in den letzten Jahrhunderten bis auf wenige Ausnahmen faktisch keine Rolle gespielt. Seine machtpolitische Aufladung dient lediglich den Extremisten. Das Nachplappern dieser Aufladung hilft ebenfalls nur diesen Extremisten. In einem Land wie Libanon, in dem der Konflikt sehr viel Schaden angerichtet hat, gibt es viele, die sich über diese einfachen Erklärungsmuster nur noch lustig machen. Viele meiner libanesischen Freunde antworten auf die »Bist du Sunni oder Schia«-Frage nur noch grinsend mit »Ich bin Sushi!«[12]

Auch das Beispiel des real existierenden Konflikts zwischen Iran und Saudi-Arabien greift immer wieder zu kurz. Die beiden größten Länder am Persischen Golf leben in einer machtpolitischen Paranoia, die in Pakistan, Libanon, Bahrain, Jemen, Syrien und Irak brandbeschleunigend wirkt. Das Feuer aber, auf das beide Länder seit Jahren Benzin (Pardon: Öl) gießen, ist lokal entfacht.

So ist der Aufstand der Huthi gegen die jemenitische Zentralregierung ein traditioneller und klassischer Konflikt zwischen einem ignoranten Zentrum und einer vernachlässigten Peripherie. Es geht um die Verteilung von Macht, Geld, Wasser und anderer nationaler und regionaler Ressourcen. Jahrzehntelang hat dieser Konflikt niemanden interessiert. Nun versuchen Iran und Saudi-Arabien, diesen Konflikt für sich zu instrumentalisieren. In Jemen richten die Saudis dabei den deutlich größeren Schaden an. In Libanon die Iraner. Der Kern bleibt lokal.

Auch der ewig zitierte »Krieg ums Öl« zeigt ein verzerrtes Bild der Lage. Natürlich gibt es einen brutalen Kampf um Öl – auf der Seite der Nachfrager wie auf der Seite der Anbieter. Diese führen einen harten Ölpreis-Kampf; der der Saudis und der Iraner hat sich seit der Rückkehr des Irans in den Weltmarkt gar noch verschärft.

Doch das Öl ist nur eines der vielen Instrumente um Macht.

---

12 Sushi: die Kombination der Anfangssilben von »Sunni« und »Schia«.

Sowohl in Riad wie auch in Teheran ist man davon überzeugt, dass die jeweils andere Seite den Sturz des eigenen Regimes vorantreibt. Gleichzeitig glauben sie fest daran, dass der andere bald kollabieren wird. Wir haben es hier also mit einem immensen Misstrauen zu tun, gepaart mit fehlendem Einigungsdruck. Eine fatale Mischung, die der fortgesetzten Auseinandersetzung permanent neuen Auftrieb verleiht. Ein Perpetuum mobile der Machtinteressen, das durch die Furcht vor Macht- und Einflussverlust befeuert wird.

Und dass die Ölkäufer deshalb Kriege anzetteln, ist spätestens seit dem fatalen Irak-Krieg George W. Bushs durch die Realität widerlegt. Sollte jemand in der Bush-Administration damals in erster Linie an Öl gedacht haben, so hat er davon bis heute nicht viel gesehen. Die Hauptabnehmer des irakischen Öls heute sind Indien, China, Südkorea und die Türkei.

Die Zeit der Masterpläne ist vorbei, oder: It's the local, stupid!

Wenn man erfolgreiche Politik gegen Dschihadisten betreiben will, gelangt man früher oder später zu einem Paradox: es gilt einen Plan aufzustellen, wo es *einen* Plan nicht geben kann. Dem Dschihadismus, der in Offenbach am Main oder Nordnigeria, Brüssel-Molenbeek oder den Malediven, Mukalla im Jemen oder Falludscha im Irak entsteht, kann man nicht mit den jeweils gleichen Rezepten begegnen. Es geht darum, Bedingungen vor Ort auszumachen und nicht zu generalisieren. Das wichtigste Rezept ist also, erst einmal alle Passepartouts beiseite zu legen und sich dem Entwurf wirklich passender Strategien zu widmen, die lokal wirken können.

»Den zugrunde liegenden Ideologien entgegenzutreten, sollte nur ein kleiner Teil der Antwort [auf den Erfolg dschihadistischer Organisationen] sein«, schreibt die renommierte International

Crisis Group in ihrem im März 2016 erschienenen Report ›Exploiting Disorder: Al Qaeda and the Islamic State‹ (»Profiteure der Unruhe: Al-Qaida und der Islamische Staat«). Sie macht Konflikte und Instabilität als wesentliche Gründe für das Florieren dschihadistischer Organisationen aus – und nicht umgekehrt. Autokratische Regierungen und Korruption, die eine funktionierende Staatlichkeit unterminieren, und bewaffnete Konflikte, die aus bestimmten lokalen Gründen entstanden sind, spielen den Dschihadisten in die Hände.

Es ist also nicht immer in erster Linie die Ideologie der Dschihadisten, die sie so attraktiv macht. Sie nutzen vielmehr andere Probleme aus, an denen sie sozusagen mit ihrem Gegenentwurf »andocken«. Sie stellen an sehr vielen Orten das attraktivste und am besten vermarktete politische Gegenangebot zu Instabilität, Regierungsversagen oder gewaltsamer Unterdrückung dar. Dass ihre Ideologie letztlich auch auf Unterdrückung hinausläuft, erscheint dabei entweder als kleineres Übel oder wird zunächst schlicht übersehen.

»Im Westen wird Terrorismus meist als Sicherheitsproblem dargestellt: Es geht darum, wie man militante Dschihadisten bekämpfen (und das heißt meist: töten) kann. Aber das Problem sind nicht so sehr die Dschihadisten, die bereitwillig für ihre Sache sterben. Es geht um Al-Qaidas Fähigkeit, sichere Räume zu schaffen, in denen der Extremismus sich dann festsetzen kann. Das gelingt ihnen, indem sie Verbindungen innerhalb lokaler Bevölkerungen aufbauen, die zwar meist ihre ideologische Einstellung nicht teilen, sie aber dennoch tolerieren. Und das liegt daran, dass die Terrorgruppen diese Gemeinschaften unterstützen«, schreibt Elizabeth Kendell, eine Oxford-Akademikerin, die seit vielen Jahren im Ostjemen forscht, wo Al-Qaida auf der Arabischen Halbinsel seine stärkste Basis hat.

So ist der aktuelle Aufstieg von Al-Qaida im Jemen eng mit dem Krieg zwischen den Huthis und der Regierung des Präsidenten Abd Rabbuh Mansur Hadi verbunden. Die Gründe für diesen Krieg aufzuzählen, führt an dieser Stelle zu weit. Fest steht: Durch die Intervention Saudi-Arabiens an der Seite Hadis eskalierte der Konflikt massiv. Die umfangreichen Bombardierungen durch Saudi-Arabien und seiner Verbündeten schwächten viele Gruppierungen, stärkten aber just Al-Qaida, weil sie als zuverlässiger Gegner der Huthis angesehen wurde.

Zugleich verdient die Organisation an der Kriegswirtschaft, etwa indem sie am massiven Schmuggelgeschäft im ganzen Land beteiligt ist. Dadurch gestärkt, breiten sich die Dschihadisten in Teilen Ostjemens aus, die vorher nicht in ihrem Einflussgebiet waren. Sie stellen dabei nicht ihre ideologische Botschaft in den Vordergrund, sondern ganz praktische Dinge, die vom Staat nicht oder nicht mehr geleistet werden können: Lösungsmechanismen für lokale Konflikte etwa oder einfach nur eine Müllabfuhr. Sie ersetzen fehlende staatliche Strukturen und Leistungen und werden damit fast schon selbstverständlich zum (unverzichtbaren) Teil jener Städte und Regionen, die sie einnehmen.

Auch in Somalia ist der Aufstieg der Dschihadisten das Ergebnis bewaffneter Konflikte. Die Al-Shabaab, die islamistische Miliz, gegen die sich der internationale Militäreinsatz im Land richtet, ist der Ableger der »Union der islamischen Gerichte«, die 2006 kurze Zeit eine einigermaßen stabile Regierung im Land errichtet hatten und von einer äthiopischen Invasion mit Unterstützung der USA gewaltsam vertrieben wurden. Heute erhält Al-Shabaab ihren Zulauf nicht in erster Linie wegen ihrer ideologischen Einstellung (denn Somalia selbst besaß bereits vorher ein sehr konservatives islamisches Staatswesen). Ihr Erfolg liegt vielmehr darin begründet, dass sie viel, durch illegale Aktivitäten verdientes Geld hat, welches sie wiederum einsetzt, um in den von ihnen besetzten Gebieten funktionierende Dienstleistungen anzubieten. Das lässt sie als die einzige Kraft erscheinen, die eine Alternative zur als sehr korrupt bekannten Zentralregierung anbietet.

In Somalia geht es also auch darum, lokale Ansätze staatlicher Verwaltung zu unterstützen, die selbstverständlich anders funktionieren müssten als die im Jemen, mit seinen unterschiedlichen Traditionen. Es geht darum, Druck auf die Zentralregierung auszuüben, um die Korruption zurückzudrängen und dafür zu sorgen, dass die eigenen Soldaten und Polizisten zuverlässig bezahlt werden. Schließlich gilt es, gegen die kriminellen Geldquellen der Shabaab vorzugehen (hauptsächlich Holzkohle- und Zuckerschmuggel).

Ein drittes aktuelles Beispiel findet sich in Mali. Schon der letzte große bewaffnete Konflikt, der dort 2012 ausbrach, hatte seine Gründe nicht zuletzt darin, dass der Norden von der Zentralregierung lange Zeit vernachlässigt wurde, sowohl bei politischen Bemühungen zur Schlichtung lokaler Konflikte, als auch beim Agieren der Sicherheitskräfte. Der Aufstand einiger Tuareg-Stämme wurde von Islamisten gekapert, die nicht zuletzt durch Erlöse aus dem Drogenschmuggel nach Europa reich geworden waren. Nur durch eine groß angelegte militärische Intervention Frankreichs, später auch mit Hilfe Deutschlands, konnte deren Vormarsch Einhalt geboten werden.

Eigentlich war damals klar, dass man sich viel früher um die spezifisch malischen Ursachen hätte bemühen sollen. Noch heute ist im Übrigen kaum etwas gegen den weiterhin florierenden Drogenschmuggel im Land unternommen worden. Jetzt aber beobachten wir, wie auch im bisher eher friedlichen Kernland Malis, in der Region rund um die Stadt Mopti, eine neue gewaltsame islamistische Gruppierung heranwächst. Sie speist sich aus der Frustration der Viehhirten, die meist der ethnischen Gruppe der Fulani (auch bekannt unter ihrem französischen Namen »Peulh«) angehören. Der Staat versagt dabei, sie vor den Übergriffen der Landwirte zu schützen. Es gibt zu wenige Sicherheitskräfte in der Region, die zudem als korrupt und parteiisch gelten und exzessiv Gewalt ausüben.

Menschenrechtsorganisationen wie Human Rights Watch weisen seit Januar 2015 auf das Problem hin. Trotzdem hat die internationale Gemeinschaft, und dabei auch die deutsche Bundesregierung, das Problem bislang völlig vernachlässigt. Auf eine schriftliche Frage, die ich im Bundestag im Juni 2016 gestellt habe, ging die Bundesregierung mit keinem Satz auf die spezifischen lokalen Umstände ein und antwortete so unkonkret, wie man es sich nur vorstellen kann: »Durch entwicklungspolitische und weitere zivile Maßnahmen leistet die Bundesregierung zudem einen Beitrag zur Stabilisierung, Vorbeugung von Konflikten und Schaffung von Lebensperspektiven in ganz Mali, auch in der Region Mopti.«

Da bietet sich als Antwort nur an: »It's the local, stupid!«[13] Denn: Diese Antwort ist das genaue Gegenteil der politischen Kleinarbeit, die nötig ist, um Konflikte lokal zu lösen. Natürlich sind dies alles nur sehr grobe Skizzen komplexer Probleme. Es wird aber deutlich, dass es keine fertigen Rezepte gibt. Die Probleme, die der Einsatz militärischer Mittel mit sich bringt, habe ich schon angerissen.

Aber auch für zivile Maßnahmen gibt es keine Allzwecklösung. Ein wichtiger Teil jeder Strategie gegen den global aktiven Dschihad ist es also, ihn zu »entglobalisieren« und seine lokalen Umstände in den Blick zu nehmen. Nichts ist dabei wichtiger als eine Außenpolitik, die ein großes und gutes Netzwerk an Experten und Expertinnen hat und sich traut, lieber kleinteilig zu arbeiten, als politisch wirksame Großmaßnahmen anzukündigen. Auch Geld ist dabei keinesfalls ein Allheilmittel. Konfliktlösungsmechanismen im Jemen zu unterstützen, ist kein teures Unterfangen. Es setzt aber voraus, dass man mit Leuten zusammenarbeiten kann, die vor Ort Vertrauen genießen. Und es setzt auch eine große Demut voraus. Denn oftmals müssen wir anerkennen, dass wir vielleicht nur wenig tun können zur Lösung eines Konflikts. Dann ist es sinnvoller, sich auf die wenigen gangbaren Optionen zu beschränken, als symbolisch ein paar Millionen Euro zu verteilen, von denen man am Ende gar nicht so genau weiß, wie man sie vernünftig einsetzen kann.

---

13   Frei nach dem erfolgreichen Kampagnen-Motto Bill Clintons aus dem US-amerikanischen Präsidentschaftswahlkampf im Jahr 1994: »It's the economy, stupid!«.

Deshalb ist das Gerede vom »Krisenbogen« so falsch. Wenn wir Probleme zusammenfassen, die nicht zusammengehören, dann kommen wir zu den falschen Lösungen. Der Ruf nach einem »Marshall-Plan für die arabische Welt« beispielsweise ist praktisch nicht durchzuführen, aber auch historisch falsch. Der US-Marshall-Plan für den Wiederaufbau (West-)Europas nach dem Zweiten Weltkrieg flankierte beispielsweise in Deutschland Prozesse wie Denazifizierung, Demilitarisierung und Demokratisierung. Von Demilitarisierung ist Syrien zurzeit leider genauso weit entfernt wie Saudi-Arabien von einer Demokratisierung. Zudem wird hier verkannt, dass viele Dschihadisten zwar transnational vernetzt, aber im Kern lokal verankert sind.

Selbstverständlich gibt es übergreifende Ziele, die in allen vom Dschihadismus bedrohten Staaten gleich sind. In seiner brillanten Analyse[14] des Zustands der politischen Stagnation der arabischen Welt nach der Niederlage im Sechs-Tage-Krieg nannte der große syrische Philosoph Sadik al-Azm

- Säkularismus,
- Geschlechtergerechtigkeit,
- Demokratie und
- Wissenschaft.

Diese völlig richtige Analyse vollzog er bereits im Jahre 1968. Leider hat sich seit 1968 wenig an dieser Liste der Notwendigkeiten getan. Diese zu verteilen, geht aber nicht mit einer Gießkanne, sondern mit Rezepten, die jeweils zu den Staaten, manchmal sogar ausschließlich zu einzelnen Regionen passen.

Dies gilt allerdings für die deutsche Gesellschaft genauso. Nicht zuletzt müssen auch in Deutschland größere Anstrengungen unternommen werden, um Radikalisierung vorzubeugen und Terrororganisationen wie ISIS effektiv zu bekämpfen. Häufig findet

---

14 Sadik al-Azm, ›Self-criticism after the defeat‹, 2012.

sich in der Geschichte deutscher Dschihadisten eine Konstante: das Gefühl, sich zurückgewiesen zu fühlen in dieser Gesellschaft. Gelungene gesellschaftliche Integration, die nicht nach Religionszugehörigkeit unterscheidet, bleibt das wichtigste Bollwerk gegen Radikalisierung.

Deshalb ist ein demokratischer Schulterschluss im Umgang mit Bewegungen wie Pegida oder dem NSU genauso bedeutsam wie der kollektive Umgang mit islamistisch motivierten, terroristischen Anschlägen. Zur innenpolitischen Bekämpfung von ISIS gehört auch eine konsequente strafrechtliche Verfolgung: Die Symbole von ISIS müssen ebenso verboten werden wie die Organisation selbst; mehr Geld muss investiert werden in gezielte polizeiliche Arbeit anstatt der unterschiedslosen Massenüberwachung.

Kampf der Kulturen?

Muslime töten Christen in Syrien, Hindus und Buddhisten jagen Muslime in Indien und in Myanmar, Schiiten und Sunniten bekriegen sich im Nahen Osten, das Abendland will keine Muslime in Sachsen sehen. Ist das der »Kampf der Kulturen«, von dem Samuel P. Huntington einst schrieb? Der amerikanische Politikwissenschaftler hatte bereits 1996 den »Kampf der Kulturen« vorausgesagt, in seinem Buch ›The Clash of Civilizations and the Remaking of World Order‹. Und das in einer Zeit, in der andere wie Francis Fukuyama vom ewigen Frieden am Ende der Geschichte träumten. Schaut man sich die zahlreichen Konflikte der Welt an, verfestigt sich der Eindruck, Huntington habe recht behalten. Das ist der erste Eindruck. Doch hinter den aufeinanderkrachenden Kulturen verbergen sich handfeste machtpolitische Interessen.

Lange nach der Hybris vom »Ende der Geschichte« und spätestens seit Beginn der Ukraine-Krise ist von der »Rückkehr der Geostrategie« die Rede. Dabei war sie niemals wirklich weg. In kaum einer anderen Region war dies in den letzten 25 Jahren sichtbarer als im Nahen Osten. Putins Russland hat sich seine Rückkehr an den Tisch der Großmächte in Syrien herbeigebombt. Chinas »Asiatische Infrastruktur-Investitionsbank« mit einem Startkapital von 100 Milliarden US-Dollar ist nicht der erste Versuch der Führung der Kommunistischen Partei Chinas, Asien, Afrika und auch den Nahen Osten nach dem Gusto Pekings zu formen. In Pakistan geht dies mit einem rapiden Einflussverfall Saudi-Arabiens zusammen. Letzteres steht mit dem Iran in einer den Nahen Osten zersetzenden Rivalität. Und dass die Amerikaner im Nahen Osten auch nach 1990 in großem Maßstab Interessenpolitik betrieben haben, ist wahrlich kein Geheimnis. Welcher dieser Akteure hat aus »kulturellen Gründen« gehandelt? Wo ist da der »Kampf der Kulturen«?

Geben wir uns der Chimäre des Kulturkampfes hin, dann verlieren wir mehr als nur unsere Sicherheit. Wir geben uns einer konstruierten kollektiven Identität hin, die das Individuum und damit die Würde jedes einzelnen Menschen missachtet. Wir müssen uns dem Kampf der Kulturen entgegenstellen. Wir Demokraten gegen die Feinde der Demokratie – ob bei Pegida oder bei ISIS. Der bekannte Journalist der Wochenzeitung ›Die Zeit‹, Bernd Ulrich, hat im März 2016 in einem Artikel, der auf einem seiner Vorträge basierte, unter der berechtigten Fragestellung »Wir kämpfen seit 15 Jahren gegen sie und sie werden immer größer. Warum?« die interessante Antwort gegeben: »Sie [die Dschihadisten] hassen nicht unsere Freiheit, sondern unseren Verrat.«

Wenn Bernd Ulrich recht hat – was ich glaube –, dann hassen die Dschihadisten uns dafür, dass wir unsere demokratischen Grundsätze, unsere offenen Gesellschaften, unser Verständnis von der Universalität der Menschenrechte immer wieder bereit sind, aufzuweichen, vielleicht sogar aufzugeben. Deshalb greifen sie uns an. Was wäre für sie also ein größerer Triumph, wenn wir genau dann genau diese Werte wieder verraten würden?

Die Antwort heißt: Demokratie!

Hat Osama bin Laden gewonnen? Er ist tot. Ist das für einen Mann, der stets öffentlich seinem Martyrium entgegenfieberte, eine Niederlage? Schaut man sich die Agenda der Al-Qaida an, stellt man 15 Jahre nach 9/11 frustriert fest, dass viele von ihnen leider erreicht wurden: Der von bin Laden sogenannte »ferne Feind«, die USA, zieht sich aus einer zynisch-logischen Berechnung der Interessenpolitik aus dem Nahen Osten zurück. Manche der »nahen Feinde«, die westlich gebundenen arabischen Potentaten, sind bereits gefallen, andere wackeln verdächtig. Der Dschihadismus ist so stark wie noch nie, er hat zwischenzeitlich sogar ein sehr großes Territorium erobert und verwaltet. Auch wenn das nicht die Dschihadisten bin Ladens waren: Die Idee ist so stark wie noch nie.

Bin Laden hatte die Anschläge vom 11. September 2001 nicht nur planen lassen, um so viele Amerikaner wie nur möglich zu töten. Er hatte auch minutiös die (Über-)Reaktion des Westens, unsere Fehler vorausgesehen und in seiner Strategie einkalkuliert. Wir haben ihm den Gefallen getan, die von ihm erwünschten Fehler zu machen. Das erst ebnete den Erfolgen des Dschihadismus den Weg. Weitere werden folgen, wenn wir aus unseren Fehlern der letzten 15 Jahre nicht endlich lernen.

Deshalb brauchen wir das, was der Schriftsteller Ilija Trojanow süffisant »Kampfabsage« genannt hat. Wir sollten den »Kampf der Kulturen« ausfallen lassen und die Auseinandersetzung annehmen, auf die es am meisten ankommt: den Wettbewerb der Gesellschaftsmodelle. Weit über Interessen hinaus tobt ein globaler Wettbewerb der Lebensmodelle. Galt die Europäische Union für Dekaden als Vorbild an Frieden und Wohlstand, so gibt es derzeit mehr demokratische Staaten, die in autoritäre Strukturen abdriften, als eine demokratische Transition zu durchlaufen.

Unser kompliziertes Modell der demokratischen Konsensfindung ist durch das chinesische Effizienz-Modell oder das Putin'sche Testosteron-Modell immensen Herausforderungen ausgesetzt. Aber auch durch das Kalifat der Barbarei. Wollen wir konkurrenzfähig bleiben, müssen wir die Konkurrenz annehmen.

Das bedeutet, unseren demokratischen Prinzipien treu bleiben und ihnen wieder den Glanz verleihen, der unserem Kontinent in den letzten Jahrzehnten das historisch einmalige Wunder von Frieden und Wohlstand gebracht hatte.

Weltweit entwickeln sich zurzeit mehr demokratische Länder in einer Art »Detransition« zurück in autoritäre Systeme, als es andersherum der Fall ist. Verliert Europa seinen Glanz, sind auch die Mitgliedsstaaten der Europäischen Union vor dem Virus des Autoritären nicht gefeilt.

Das sieht man seit Jahren auf dramatische Weise in Ungarn, in Polen, aber auch an den zunehmenden Wahlergebnissen von antidemokratischen Populisten in den Niederlanden, in Frankreich, in Österreich, in Großbritannien ... und eben auch in Deutschland.

Deshalb ist der Schulterschluss der Demokraten so wichtig, um gegen die Nicht-Demokraten zu stehen, egal, welcher Religion oder Kultur sie angehören. Deshalb ist die Kampfabsage so wichtig.

Der problematische Begriff des »Terrorismus«

Nicolas Hénin definiert Terrorismus als einen »Akt der Gewalt gegen eine Bevölkerung oder zivile Infrastruktur, die von einem nicht staatlichen Akteur mit einem politischen Ziel begangen wird«. So klar und so deutlich ist der Terrorismusbegriff allerdings leider nicht immer in Anwendung. In der politischen Praxis ist er mittlerweile völlig ausgeleiert. Putin erklärte alle Gegner Assads in Syrien zu Terroristen. Der ägyptische Präsident General Abdel-Fattah al-Sisi hat die islamistische Muslimbruderschaft mit Millionen[15] Mitgliedern pauschal zu einer Terrororganisation erklärt. Sein von ihm verhasster ideologischer Zwillingsbruder im frommen Format, der Präsident der Republik Türkei, Recep Tayyip Erdoğan, fährt einen ähnlichen Kurs den Kurden gegenüber.

Zweifelsfrei gibt es innerhalb der syrischen Opposition, der ägyptischen Muslimbruderschaft und innerhalb der kurdischen Opposition auch Terroristen und terroristische Organisation. Nahezu täglich schimpfen arabische Staatschefs über den israelischen »Staatsterrorismus« – ein so rituell wie undifferenziert vorgebrachter Vorwurf, dass er eine sachliche Kultur der Kritik an Unverhältnismäßigkeiten, beispielsweise der Siedlungspolitik Benjamin Netanjahus, nahezu verunmöglicht.

Das pauschale Urteil »Terrorist« allerdings ist mittlerweile eine gängige Methode und dankbare, weil dehnbare Basis, um politische Gegner zu verunglimpfen oder gar zu verfolgen. Die Terror-Gesetzgebung in Kenia ist bei der Definition des Straftatbestands so unklar, dass Justiz-Willkür damit Tür und Tor geöffnet wird. Die chinesische Regierung hat jede Opposition bei den Uiguren in der Nordwestprovinz Xinjiang so früh als »Terrorismus« deklariert und ist so hart dagegen vorgegangen, dass es mittlerweile eine echte radikalisierte Terrorbewegung gibt, die enge Kontakte zu ISIS unterhält[16].

Auch die Europäische Union ist bei ihrer Terror-Definition nicht immer klar. Die palästinensische Hamas wurde von der sogenannten »Terrorliste« der EU gestrichen, weil der Europäische Gerichtshof beanstandet hatte, dass zuvor der Hamas keine Chance auf eine

---

15 Die genaue Mitgliederzahl der ägyptischen Muslimbruderschaft wird in der Fachliteratur kontrovers diskutiert. Dass sie mehrere Millionen Mitglieder und – auch aufgrund jahrzehntelanger Sozialarbeit – noch mehr Sympathisanten gerade in der ägyptischen Landbevölkerung hat, ist dagegen offensichtlich.

16 Es geht hier keineswegs darum, Ursache und Wirkung zu vertauschen. Es gibt keine Entschuldigung für Terror. Die pure Repression dagegen aber ist oft ein Brandbeschleuniger.

Anhörung gegeben worden sei. Dies wurde von der Europäischen Kommission als formaler Fehler empfunden, ein neues Verfahren wurde eingeleitet, die Hamas landete wieder auf der Liste.

Aus demselben Grund wurden die iranischen »Volksmudscha-heddin« (Farsi: »Mudschaheddin-e-Khalgh«, Kurzform MEK) von der Terrorliste gestrichen, jedoch, ohne dass ein neues Verfahren gegen sie eingeleitet wurde. Man wollte wohl in den Atomver-handlungen mit dem Iran einen »Faustpfand« behalten, um den Iran unter Druck zu setzen. Nun lädt die islamo-stalinistische Ter-rororganisation MEK wieder jährlich zu einer Großveranstaltung nach Paris ein. Im Jahr 2016 sind der saudische Außenminister und – wohl auf seinen Druck hin – der Präsident der Palästinenser dort aufgetreten.

Diese Veranstaltungen werden im Übrigen unter anderem mit meist ahnungslosen deutschen Studierenden »aufgefüllt«, denen auf dem Campus »zwei Tage Paris mit Bus-Reise und Hotel für fünfzehn Euro« angeboten wird. Dabei wird ihnen allerdings weder der wahre Hintergrund der Reise noch die Ideologie von MEK erläutert. Transparent sind weder die Finanzströme von MEK noch die Gründe der Ungleichbehandlung von Hamas und MEK durch die EU.

In Thailand wiederum wurde im Jahr 2016 eine Reihe schreck-licher Terroranschläge gegen die Militär-Regierung verübt. Diese beeilte sich zu erklären, es wäre *kein* Terrorismus, es gäbe keinerlei Terroristen in Thailand. Es handelte sich bei den Ereignissen um »Sabotage«. Hier war der Grund für die »Nicht-Terrorismus«-Erklärung die Angst vor einem Imageschaden für ein Land, das sehr stark abhängig von Tourismuseinnahmen ist. Nicht redlich, sondern klug gehandelt, bedenkt man doch, wie in der Türkei der Tourismus im Jahre 2016 bereits vor dem Putsch durch die Angst vor Anschlägen beinah komplett zum Erliegen kam. Bedenkt man, dass dieser Wirtschaftszweig 2015 noch über 13 Prozent des gesamten Bruttoinlandsprodukts der Türkei bildete, wird klar, welche wirtschaftliche Bedeutung dem Terrorismus und auch des-sen Negieren zukommt.

Unter »Terrorismus« ist in diesem Buch die solide Terror-Definition von Nicolas Hénin zu verstehen und keine der politischen Verdrehungen, die andere Ziele haben als die klare Analyse. Die Definition aber zeigt, dass Terror kein rein muslimisches Problem ist, wie der »Kux-Klux-Klan« in den USA, die »Lord's Resistance Army« (in Uganda, Südsudan, Zentralafrikanische Republik, Tschad und DR Kongo), der Marienkult der Massenmörder von FDLR (»Demokratische Kräfte zur Befreiung Ruandas«) oder Jigal Amir, der Mörder des damaligen israelischen Premierministers Jitzchak Rabin[17], der bei einem Freitagsgebet in einer Moschee um sich schießende Siedler Baruch Goldstein oder die hinduistischen Mob-Führer der Ausschreitungen im indischen Bundesstaat Gujarat beweisen.

Klingt alles sehr kompliziert? Das stimmt. Nur: Unübersichtlichkeit ist keine Bedrohung für den, der daran arbeitet, sich Übersicht zu verschaffen und anschließend die politischen Handlungsmöglichkeiten auszuschöpfen, in allen Politikfeldern, die der Sicherheit dienen. Wer seine Werte verteidigen will, darf den Konflikt nicht scheuen, wenn es nötig ist, und muss auf Kooperation setzen, wenn es möglich ist.

---

17 Jigal Amir war zudem Mitglied der radikal-jüdischen Organisation »Kahane Chai«, die später u. a. ein Attentat auf eine arabische Mädchenschule verübt hat.

3.

Historischer Abriss des Dschihadismus

»Ihr liebt das Leben, wir lieben den Tod.«
(Osama bin Laden)

Wo soll man den Anfangspunkt der dschihadistischen Historie[18] setzen? Die Auswahl ist groß. In mancher Fachliteratur beginnt die Geschichte des Dschihadismus Ende des 11. Jahrhunderts mit Hassan Al-Sabah und den Assassinen, andere beginnen mit dem Ausrufen des Kalifats durch Abu Bakr al-Baghdadi im Jahr 2014.

Dass die Wahl des Ausgangspunkts zudem mit anderen Absichten verbunden sein kann, sieht man daran, dass die Dschihadisten selbst wie selbstverständlich den Anfangspunkt ihrer Geschichte im Jahr 610 sehen, also im Jahr der Prophetwerdung des islamischen Religionsbegründers Mohammed.

Auch im 20. Jahrhundert gibt es viele denkbare Geburtsstunden für den Dschihadismus: die Gründung der Muslim-Brüder in Ägypten durch Hassan al-Banna im Jahr 1928, das faktische Ende des panarabischen Traums mit der Niederlage der arabischen Staaten gegen Israel im Sechs-Tage-Krieg im Jahr 1967 oder die Islamische Revolution im Iran 1979.

Mein Ausgangspunkt ist 1998, der Tag, an dem Osama bin

---

18 Der Vollständigkeit halber sei an dieser Stelle darauf hingewiesen, dass der Terrorismus weder neu noch ein rein islamisches Phänomen ist. Es sei an dieser Stelle an die erdolchenden Sikarier (gegen die römische Besatzung) im 1. Jahrhundert, an diverse anti-koloniale Bewegungen oder an die zutiefst katholische »Irish Republican Army« (IRA) erinnert.

Laden und sein damaliger Stellvertreter und heutiger Al-Qaida-Chef Aiman Zawahiri eine Fatwa veröffentlichten, die in Auszügen Folgendes darstellte: »Zur Pflicht eines jeden Muslims soll es werden, die Amerikaner und all ihre Verbündeten zu töten; ob Zivilisten oder Militärs. […] Die Ungläubigen müssen niedergezwungen werden, um die Bedrohung von uns Muslimen abzuwenden. […] Im Namen Allahs rufen wir jeden gottgläubigen und gottgefälligen Muslim dazu auf, dem Befehl Allahs zu folgen und die Amerikaner zu töten. Man nehme deren Vermögen, wo und wann immer es sich anbietet. […] Wer der Pflicht nicht nachkommt, den wird Allahs bittere Rache ereilen.«

Erstmals erklärte eine Organisation die Ermordung von Amerikanern und all ihrer Verbündeten zur heiligen Pflicht, egal, ob Zivilist oder Militär, egal, ob in einem arabischen Land oder in den USA. Diese Art der bedingungslosen und uneingeschränkten Auseinandersetzung hatte so explizit bisher keine Gruppe formuliert. Die bis dahin agierenden und dominierenden Dschihadisten waren nie so weit gegangen. Die afghanischen Mudschaheddin etwa wollten die Sowjetunion aus Afghanistan vertreiben und nicht alle sowjetischen Staatsbürger umbringen. Die Taliban wiederum wollten »nur« die Macht in Afghanistan und die Einhaltung ihrer barbarischen Regeln dort.

Es sollte nicht der falsche Eindruck entstehen, bin Laden wäre es im Kern um die Zerstörung um ihrer selbst willen und nicht um politische Ziele gegangen. Im Gegenteil: Ihm ging es um die Macht in Saudi-Arabien. Und dafür musste er die Amerikaner aus dem Land vertreiben. Bei der Wahl der Mittel allerdings war er hemmungslos. Nicht umsonst hat die Al-Qaida sich stets um die Beschaffung von radioaktivem Material bemüht, um die USA und ihre Verbündeten (also auch uns) mit einer sogenannten »schmutzigen Bombe« anzugreifen.

Den Scheinfrieden der Neunzigerjahre nutzte bin Laden, um seine 1988 im pakistanischen Peschawar gegründete Organisation Al-Qaida aufzubauen. So ging es nach der Veröffentlichung dann Schlag auf Schlag:

- Am 7. November 1998 starben bei den Anschlägen auf die US-Botschaften in Daressalam (Tansania) und Nairobi (Kenia) 224 Menschen, über 5000 wurden verletzt.
- Am 12. Oktober 2000 folgte in der jemenitischen Hafenstadt Aden ein Selbstmordanschlag gegen das US-Kriegsschiff USS Cole mit 17 Toten und 39 Verletzten.
- Am 9. September 2001 ermordete die Al-Qaida den wichtigsten Gegner der afghanischen Taliban, Ahmad Schah Massoud, in der nordafghanischen Provinz Takhar.

9/11 und das Bush-Feuer

Zwei Tage danach war der 11. September 2001. Der Tag, der die Welt bis heute erschüttert. Weil der Bauingenieur Osama bin Laden zwar nicht die Statik der Twin Towers[19] in New York, aber die (Fehl-)Reaktion des Westens im Voraus gut eingeschätzt hatte.

»Nichts wird mehr sein, wie es einmal war.« Dieser Satz, den viele nach den verheerenden Anschlägen von 9/11 als richtig empfunden haben, ist heute Realität. Doch wie veränderten die einstürzenden Türme die Welt? Nicht 9/11 veränderte die Welt zum Schlechten, sondern die fatale Reaktion, allen voran der Bush-Administration, darauf.

Dabei reagierte Bush in den Tagen danach sehr besonnen. Er schmiedete eine weltweite Allianz gegen den Terrorismus, suchte die Vereinten Nationen auf, ließ sich dort das völkerrechtlich verankerte Recht auf Selbstverteidigung zubilligen und schlug nicht schnell irgendwo wahllos zu. Die NATO wurde zudem eingebunden, der Bündnisfall erstmals ausgerufen. Gerade die Nähe zu den

---

19 Bei der Planung der Angriffe von 9/11 hatte die Al-Qaida nicht den Einsturz der Gebäude vorausgesehen. Somit dürfte das Ergebnis der Angriffe ihre Erwartungen weit übertroffen haben.

muslimischen Staaten wurde gesucht, in denen es teilweise große Solidaritätskundgebungen[20] mit den Opfern der Anschläge von 9/11 gab. Er forderte die Taliban auf, Osama bin Laden und seine Mannen auszuliefern. Die Taliban jedoch gingen nicht darauf ein.

Mit einer internationalen Koalition und völkerrechtlich legitimiert begann am 7. Oktober 2001 der Angriff auf die Taliban in Afghanistan. Dabei wurde die Koalition von oppositionellen Truppen der Nordallianz unterstützt. Am 13. November fiel Kabul, am 7. Dezember bereits die wichtigste paschtunische Großstadt Kandahar.

Doch Anfang 2002 schon begannen die zahlreichen Fehler der US-Regierung. Zu sicher über den bevorstehenden Gesamtsieg in Afghanistan, hatte Bush bereits Ende 2001 das Angebot der Taliban einer bedingungslosen Kapitulation[21] nicht angenommen. Anfang Februar 2002 nun entschied der US-Präsident, den Taliban den Kombattanten-Status nicht zu gewähren. Das bedeutete, dass Taliban, die sich ergaben, nicht den Schutz der Genfer Konvention zum Umgang mit Kriegsgefangenen genossen. Hinzu kam, dass im Januar 2002 der US-Marine-Stützpunkt auf Kuba in das mittlerweile weltbekannte Internierungslager Guantanamo umgebaut wurde. Für jeden Talib war die Botschaft der Amerikaner klar: Den Dschihadismus aufzugeben ist keine Option.

Den zweiten gravierenden Fehler machte Bush am 29. Januar 2002. In einer Fernsehansprache an die amerikanische Bevölkerung setzte er Nordkorea, Iran und Irak auf die »Achse des Bösen«[22]:

---

20 Es gab aber auch sehr hässliche Freudenbekundungen, am deutlichsten überliefert aus den palästinensischen Gebieten und aus Pakistan.

21 Es stellt sich an dieser Stelle die schlichte Frage an den gesunden Menschenverstand, was denn das Ziel einer militärischen Auseinandersetzung mehr sein kann als die *bedingungslose* Kapitulation des Gegners? Seine komplette physische Auslöschung? Was bleibt einem Gegner denn sonst, außer weiterzukämpfen, wenn seine bedingungslose Kapitulation nicht akzeptiert wird?

22 Den Begriff »Achse« hatte der damalige Redenschreiber David Frum

»Unser zweites Ziel ist es, Regimes, die den Terrorismus unter-stützen, davon abzuhalten, Amerika oder unsere Freunde und Ver-bündeten mit Massenvernichtungswaffen zu bedrohen. [...] Das Regime in Nordkorea rüstet mit Raketen und Massenvernichtungs-waffen auf, während es seine Bürger verhungern lässt. Der Iran strebt aggressiv nach diesen Waffen und exportiert Terror, während einige wenige, die niemand gewählt hat, die Hoffnung des irani-schen Volkes auf Freiheit unterdrücken. Der Irak stellt weiterhin seine Feindseligkeit gegenüber Amerika offen zur Schau und unter-stützt den Terrorismus. Schon seit über einem Jahrzehnt versucht das irakische Regime insgeheim, Milzbranderreger, Nervengas und Atomwaffen zu entwickeln. Dieses Regime hat bereits Giftgas ein-gesetzt, um Tausende seiner eigenen Bürger zu ermorden – und ließ danach Leichen von Müttern zurück, zusammengekauert über ihren toten Kindern. Dieses Regime hat in internationale Inspek-tionen eingewilligt – und dann die Inspektoren hinausgeworfen. Dieses Regime hat etwas vor der zivilisierten Welt zu verbergen.

Staaten wie diese, und die mit ihnen verbündeten Terroristen, bilden eine *Achse des Bösen*, die aufrüstet, um den Frieden der Welt zu bedrohen.«

Der Iran hatte nach 9/11 gerade in Afghanistan eine hilfreiche Rolle gespielt, den Amerikanern im Kampf gegen die Taliban bei-gestanden. Die Einordnung in eine »Achse des Bösen« wurde be-sonders von den Hardlinern im Regime als Brüskierung verstan-den. Und als Beleg dafür, dass die Kooperation mit dem Westen nicht belohnt wird.

Der Irak nimmt auf dieser Achse zumindest rhetorisch den größten Platz ein. Dass die Mär von den Massenvernichtungswaf-fen eine leere Sprechblase war, ist bekannt. Bush begann, sie be-reits Anfang 2002 episch auszubreiten.

---

so gewählt, um Assoziationen mit den Achsenmächten des Zweiten Weltkrieges (Deutschland, Japan und Italien) zu wecken. »Das Böse« war wahrscheinlich eine Anleihe von Ronald Reagans »Reich des Bösen«. So hatte Reagan einst die Sowjetunion genannt.

Nordkorea war übrigens das einzige Land auf dieser unseligen Achse, dem keine relevanten Anfeindungen aus den USA zuteilwurden. Da es aber auch das einzige Land auf der Achse ist, das die Atombombe (damals schon) besaß, wird die Schonung dieses Teils der »Achse des Bösen« bis heute in vielen Ländern als Lehre verstanden, dass nur die Atombombe (und nicht etwa Kooperation) wirklichen Schutz bieten könne.

Der dritte Fehler war damit der im Laufe des Jahres 2002 zunehmende Fokus auf den Irak, der die Konzentration auf die längst nicht gelösten Aufgaben in Afghanistan massiv gestört hat. Doch Ende 2002 war für die US-Regierung die Mission in Afghanistan bereits »accomplished« – also vollendet. Und der größte Fehler war der Angriff auf den Irak im Jahr 2003. Ja, Saddam Hussein war ein schrecklicher Diktator. Und Menschen, die wie ich gegen den Irakkrieg 2003 auf die Straße gegangen sind, hatten keine guten Antworten, wie man den Menschen in den Folterkerkern Saddam Husseins helfen soll. Aber der riesige Schaden, den der Irakkrieg auf Jahrzehnte für das Völkerrecht, für die internationalen Friedensmechanismen und für den Nahen Osten angerichtet hat, war damals schon absehbar.

So hat beispielsweise der damalige deutsche Außenminister Joschka Fischer in einer Diskussion mit den Amerikanern und bei zahlreichen öffentlichen Auftritten die Frage nach einem Plan der US-Regierung für die Zeit nach dem Krieg angesprochen. Sein berühmter Ausspruch auf der Münchener Sicherheitskonferenz im Jahr 2003 »I'm not convinced« (»Ich bin nicht überzeugt«) zeugte auch von dem Unmut, eine Antwort auf diese Frage nie bekommen zu haben.

Osama bin Laden wollte mittelfristig den Abzug der USA als Schutzmacht arabischer Despoten. Nach zwei erschöpfenden und verlorenen Kriegen im Irak und in Afghanistan und bei einer zunehmenden Energie-Autarkie der Amerikaner scheint dieses Ziel – aufgrund der genannten Fehler – erreicht. Die weiteren Ergebnisse dieser Ziele: Tausende zivile Opfer, instabile Staaten, Billionen Dollar an Militärausgaben, schrumpfende Zustimmung der Bevölkerungen zu Militäreinsätzen an sich – und ein massives Aufflammen des Dschihadismus.

Der neue Dschihadismus hat seinen Beginn im Irak

Die Geschichte des Wiedererstarkens dschihadistischer Kräfte hat ihren wichtigsten Schauplatz im Irak – genau genommen in der Krise der Sunnis im Irak nach der »Operation Iraqi Freedom«, also dem erneuten Einmarsch einer von den Amerikanern geführten Koalition in den Irak. Die eigentliche Militäroperation dauerte nur rund sechs Wochen, vom 20. März bis zum 1. Mai 2003. Aber was folgte, war die Besetzung des Iraks und das radikale Umkrempeln der irakischen Gesellschaft. Der Irak war unter Saddam Hussein von den Sunniten und der Baath-Partei beherrscht worden. Ca. 60 Prozent der Iraker sind Schiiten, zwischen 32 und 37 Prozent sind Sunniten. Nach dem Einmarsch setzte die amerikanische Übergangsverwaltung (Coalition Provisional Authority) den 25-köpfigen Regierenden Rat (Iraqi Governing Council) ein. Der Regierende Rat löste die Baath-Partei und die irakische Armee auf und entließ die Mehrzahl des Beamtenapparats. Auf den wichtigen Posten saßen jetzt nicht mehr Sunniten, sondern Schiiten.

Dieses Vorgehen schwächte nicht nur sämtliche Verwaltungsstrukturen, sondern schaffte gleichzeitig auch eine große Menge an Unzufriedenen. Ehemalige Mitarbeiter des Sicherheitsapparates gründeten das sunnitische Netzwerk »Al-Awdah« (»Die Rückkehr«). Al-Awdah verfügte über Geld, Waffen und Munition, um Anschläge zu unterstützen.

Die von den USA geführte Invasion im Irak lieferte den Zündfunken für den salafistisch geprägten Dschihad, weil sie den innermuslimischen Konflikt zwischen Sunniten und Schiiten verschärfte. Im Irak befand sich zu der Zeit ein Mann, der genau wusste, wie er diesen wiederaufgeflammten Konflikt für die ideologischen Zwecke ausnutzen konnte: Abu Musab al-Zarqawi.

Abu Musab al-Zarqawi:
Stratege und Star der Dschihadisten

Al-Zarqawi wurde als Ahmad al-Khalaila in Jordanien in der Großstadt Zarqa geboren. Der ehemalige Afghanistan-Kämpfer radikalisierte sich bereits Anfang der Neunzigerjahre und gab sich seinen dschihadistischen Kampfnamen. Er erkannte schon früh, wie er aus der politischen Entmachtung der Sunni im Irak und den gesellschaftlichen Auseinandersetzungen zwischen den beiden Hauptströmungen des Islams einen strategischen Vorteil für die von ihm geführte Terrorgruppe ziehen konnte. 2003 beschrieb al-Zarqawi in einem Brief an die Al-Qaida-Führung in Pakistan seine Strategie, um einen konfessionellen Krieg unter den Muslimen anzuzetteln:

»[Die Schiiten] sind unserer Meinung nach der Schlüssel zur Veränderung. Damit meine ich, dass die Anschläge, die auf ihre religiöse, politische und militärische Führung abzielen, sie provozieren werden, ihren tobenden Hass auf die Sunniten zu zeigen und die in ihrer Brust lodernde Feindseligkeit offenzulegen. Wenn es uns gelingt, sie in einen konfessionellen Krieg hineinzuziehen, wird es uns möglich sein, die sorglosen Sunniten aus ihrem Schlummer zu wecken, wenn sie die drohende Gefahr und den Tod spüren, der sie in Person dieser Saba'is [Schimpfwort für Schiiten] packt.

Denn die Sunniten sind trotz ihrer Schwäche und Uneinigkeit die schärfsten Klingen, die entschlossensten und loyalsten Kämpfer, wenn es gegen diese Batinis [ebenfalls ein Schimpfwort] geht. Denn die Schiiten sind ein Volk von Verrat und Feigheit … Ich sage noch einmal, dass die einzige Lösung für uns ist, die religiösen, militärischen und sonstigen Führer der Schiiten Anschlag auf Anschlag anzugreifen, bis sie sich den Sunniten beugen. Jemand könnte nun sagen, dass wir in der Angelegenheit hastig und voreilig vorgehen und die Gemeinschaft der Gläubigen in eine Schlacht führen, auf die sie sich nicht vorbereitet hat.

Eine Schlacht, die voller Schrecken sein wird und in der Blut vergossen werden wird. Dies ist aber genau das, was wir wollen, … denn Gottes Religion ist wertvoller als Menschenleben.«[23]

Nach al-Zarqawis Lesart darf es keine Toleranz gegenüber Andersdenkenden geben[24] – auch nicht oder vielmehr erst recht nicht, wenn sie Muslime sind.

Diese Einstellung hatte al-Zarqawi bereits mehr als zehn Jahre zuvor gezeigt, als er gemeinsam mit einem anderen berüchtigten Dschihadisten, Abu Muhammad al-Maqdisi, eine kleine terroristische Gruppe in Jordanien gründete: »al-Tauhid« (»Ein Gott«-Gruppe). Diese wurde 1994 von der Polizei ausgehoben. Während seiner Gefängnisstrafe von 1994 bis 1999 radikalisierte er sich weiter und wurde zu einem der Führer der dschihadistischen Gefangenen.

Nachdem er aufgrund einer Amnestie aus Anlass der Thronbesteigung von König Abdallah II. entlassen worden war, verließ al-Zarqawi Jordanien und leitete von 1999 bis 2001 ein Ausbildungslager für Kämpfer in der Provinz Herat in Nordwestafghanistan rund 100 Kilometer entfernt von den afghanischen Grenzen zum Iran und zu Turkmenistan. Dort bildete al-Zarqawi vor allem Palästinenser, Jordanier und Syrer für den dschihadistischen Kampf aus.

Seine Agenda unterschied sich eigentlich wesentlich von der Al-Qaidas. Der Jordanier al-Zarqawi wollte mit al-Tauhid gegen Jordanien und Israel kämpfen. Am Kampf Al-Qaidas zur Zurückdrängung des Westens aus den Heiligen Stätten hatte er hingegen nur wenig Interesse.

Ab 1999 kooperierte er mit Al-Qaida, vor allem, weil die Organisation populär geworden war und al-Zarqawi seinen sicheren

---

23 Aus Steinberg, 2015, S. 40 f.

24 Das im Salafismus – einem der zentralen ideologischen Bausteine des Dschihadismus – verankerte Schwarz-Weiß-Denken lässt sich kaum deutlicher ausdrücken.

Rückzugsraum in Afghanistan behalten wollte. Dabei gelang es ihm trotzdem, seine Eigenständigkeit zu bewahren.

Zwischen 2000 und 2002 etablierte sich eine deutsche Zelle der Tauhid-Gruppe. Deren wichtigste Angehörige waren der Syrer Luai Sakka und der seit 1995 in Essen lebende Palästinenser Muhammad Abu Dhess, besser bekannt unter dem Namen Abu Ali. Sakka schloss sich der Tauhid-Gruppe schon 2000 in Herat an. Er reiste mehrfach nach Deutschland und war von September 2000 bis Juli 2001 als Asylbewerber in Schramberg im Schwarzwald gemeldet.

Die beiden waren in Deutschland vor allem damit beauftragt, Geld und Reisepässe für al-Zarqawis Anhänger zu beschaffen. Sakka fungierte auch als Schleuser und organisierte den Transit von Dschihadisten von der Türkei nach Großbritannien und in andere westliche Länder. Die Tauhid-Zelle flog im April 2002 auf, weil sie Angriffe gegen ein jüdisches Gemeindezentrum in Berlin und zwei Düsseldorfer Clubs plante, die sie irrtümlich für jüdisch hielt.

Vor dem 5. Februar 2003 war al-Zarqawi eigentlich nur innerhalb seiner kleinen Tauhid-Organisation und in Jordanien bekannt, aber am 5. Februar 2003 wurde er zum Star des Dschihadismus. Der Mann, der diesen neuen Stern am Himmel des Dschihadismus aufgehen ließ, war der amerikanische Außenminister Colin Powell mit seiner inzwischen berühmten Rede vor den Mitgliedern des UN-Sicherheitsrats, um die Verfehlungen des Iraks bei der Abrüstung und seinen Besitz von biologischen und chemischen Waffen nachzuweisen.

Im Zuge dieser auf falschen Indizien beruhenden Beweisführung – was wir heute wissen, Powell damals aber nicht wusste – machte Powell al-Zarqawi zum Verbindungsmann zwischen Osama bin Ladens Al-Qaida und den Waffenplänen des irakischen Präsidenten Saddam Hussein: »…Der Irak beherbergt heute ein tödliches Terror-Netzwerk, welches von Abu Musab al-Zarqawi geführt wird – einem Kollegen und Kooperationspartner Osama bin Ladens und seiner Offiziere. […] Einer der Spezialitäten von Zarqawi und seines Lagers ist [die Herstellung von] Giftgas.«[25]

Bei Powells Präsentation ist auf in etwas tristem Grau gehaltenen Powerpoint-Folien al-Zarqawi als Zentrum seines eigenen mit dem Irak verbundenen Terroristen-Netzwerks zu sehen. Dieses Netzwerk verfüge über eine »Giftzelle« in Frankreich und in Großbritannien, eine Zelle in Großbritannien, eine Zelle in Spanien und möglicherweise über eine Zelle in Italien, so der amerikanische Außenminister und ehemalige Oberbefehlshaber der US-Truppen.

Die Spezialität des al-Zarqawi-Netzwerks ist laut Powell die Herstellung von Rizin und anderen hochwirksamen Giften. Die Terroristen würden Gifte und explosive Stoffe in einer Fabrik in Khurmal im Nordosten des Iraks nah an der Grenze zum Iran herstellen. Von dieser Giftfabrik zeigte der US-General sogar eine Luftaufnahme. Über sein Netzwerk im Irak könne al-Zarqawi Netzwerke im Irak und darüber hinaus steuern, sagte Powell weiter. Dann machte Powell al-Zarqawi für die Planung der Ermordung des amerikanischen Entwicklungshelfers Laurence Foley im Oktober 2002 verantwortlich. Das Netzwerk habe Terroraktionen in Frankreich, Großbritannien, Spanien, Italien, Deutschland und Russland geplant. Insgesamt seien bereits 116 Agenten des Netzwerks festgenommen worden.

Powells Auftritt vor dem UN-Sicherheitsrat folgte nur wenige Tage nach der »State of the Union«-Rede des US-Präsidenten George W. Bush im Januar 2003. Bush hatte von Beweisen ge-

---

25 »… Iraq today harbors a deadly terrorist network headed by Abu Musab al-Zarqawi, an associate and collaborator of Usama bin Laden and his al-Qaida lieutenants. Zarqawi, Palestinian born in Jordan, fought in the Afghan war more than a decade ago. Returning to Afghanistan in 2000, he oversaw a terrorist training camp. One of his specialties, and one of the specialties of this camp, is poisons.« (http://2001–2009.state.gov/secretary/former/powell/remarks/ 2003/17300.htm.

sprochen, die belegten, dass der Irak Terroristen unterstütze, darunter auch Mitglieder von Al-Qaida: »Beweise – zusammengetragen aus Geheimdienstquellen, vertraulichen Gesprächen und Aussagen von Gefangenen – enthüllen, dass Saddam Hussein Terroristen hilft und beschützt, darunter auch Al-Qaida-Mitglieder.«[26]

Ob diese Verbindung zwischen Al-Qaida und Saddam Hussein bestand, war dabei selbst im amerikanischen Sicherheitsapparat umstritten. Drei Tage vor dem Auftritt von Colin Powell vor dem UN-Sicherheitsrat berichtete die ›New York Times‹ über Spannungen zwischen den verschiedenen Sicherheitsbehörden und der Bush-Regierung.[27] Laut den Recherchen der ›New York Times‹ äußerte nicht nur das FBI Zweifel an den Verbindungen zwischen dem Irak und Al-Qaida. Bei der Central Intelligence Agency (CIA) beschwerten sich Analysten darüber, dass hochrangige Mitglieder der US-Regierung die Bedeutung von einigen Geheimdienstberichten übertrieben, besonders Berichte über den Irak und seine Verbindung zum Terrorismus.

In den Interviews der ›New York Times‹ mit Mitarbeitern der Dienste wurden der Stellvertretende Verteidigungsminister Paul D. Wolfowitz und der Stellvertretende Sicherheitsberater Stephen J. Hadley als diejenigen genannt, die besonders erpicht darauf seien, eine Irak-Al-Qaida-Verbindung nachzuweisen.

Ein ranghoher Beamter der Bush-Regierung bezeichnete dage-

---

26 »Evidence from intelligence sources, secret communications, and statements by people now in custody reveal that Saddam Hussein aids and protects terrorists, including members of Al-Qaida.« (http://www.presidency.ucsb.edu/ws/index.php?pid=29645.

27 »At the Federal Bureau of Investigation, some investigators said they were baffled by the Bush administration's insistence on a solid link between Iraq and Osama bin Laden's network. ›We've been looking at this hard for more than a year and you know what, we just don't think it's there,‹ a government official said.« (http://www.nytimes.com/2003/02/02/world/threats-responses-terror-links-split-cia-fbi-iraqi-ties-al-qaeda.html

gen die Diskussionen zur Vorbereitung von Powells Präsentation vor dem UN-Sicherheitsrat als »intensiv, aber nicht feindselig«. Zwischen den engsten Beratern von Präsident Bush gebe es wenig Uneinigkeit über den grundsätzlichen Charakter von Saddam Husseins Regierung. Wer die drei wichtigsten Berater von George W. Bush in Sicherheitsfragen waren, ist kein Geheimnis: Vizepräsident Dick Cheney, Verteidigungsminister Donald Rumsfeld und die Sicherheitsberaterin Condoleezza Rice. Sie waren offensichtlich diejenigen, für die die Zusammenarbeit zwischen Saddam Hussein und der Al-Qaida ein klarer Fall war.

Als Konsequenz war Colin Powells gesamte Rede am 5. Februar 2003 auf ein Ziel ausgerichtet: ebendiese Kooperation zwischen der irakischen Regierung und den Al-Qaida-Terroristen mit einer Indizienkette zu belegen. Mit einer einzigen Powerpoint-Präsentation wurde der bis dahin praktisch unbekannte al-Zarqawi so zu einem der bekanntesten und als am gefährlichsten eingestuften Terroristen der Welt.

Die USA setzten zusätzlich eine Belohnung von 25 Millionen Euro für seine Ergreifung aus. Ironischerweise war al-Zarqawi zu diesem Zeitpunkt nicht einmal formell geschweige denn operativ ein Teil von Al-Qaida. Von Dezember 2001 bis März 2003 hatte er eine engere Beziehung zum Iran als zum Irak. Er hielt sich zu der Zeit häufig im Iran auf und hatte ansonsten einen Anlaufpunkt im autonomen kurdischen Gebiet im Norden des Iraks. Nach Angaben des jordanischen Geheimdienstes wurden al-Zarqawis Männer vom Iran mit Waffen unterstützt – wohl um im Sinne der Iraner gegen Saddam Hussein zu kämpfen. Erst im Sommer 2003, also nach der von amerikanischen Truppen geführten Invasion, zog die Terrorgruppe in den sunnitischen Teil des Iraks.

Der Terrorist untermauerte seinen neuen Bekanntheitsgrad bereits im Sommer 2003 mit Taten: Im August soll al-Zarqawis Gruppe an einem Autobombenattentat auf die jordanische Botschaft und am Bombenattentat auf das Hauptquartier der Vereinten Nationen in Bagdad beteiligt gewesen sein. Bei dem ersten

Anschlag kamen elf, bei Letzterem 23 Menschen ums Leben, unter ihnen der UN-Botschafter Sergio Vieira de Mello.

Am 29. August folgte eine Gewalttat, die die Spaltung zwischen Sunniten und Schiiten im Irak noch weiter vorantrieb: Eine Autobombe explodierte, als Gottesdienstbesucher die Imam-Ali-Moschee in Nadschaf nach dem Freitagsgebet verließen. Dabei starben der schiitische Großajatollah und Politiker Muhammad Baqir al-Hakim und 85 weitere Menschen. Die Moschee ist die Grabkirche von Imam Ali, dem Cousin und Schwiegersohn des Propheten Mohammed und eines der wichtigsten Heiligtümer des schiitischen Islams. Der Selbstmordattentäter war der Schwiegervater al-Zarqawis, Yassin Jarad aus Zarqa.

Mit dem Anschlag auf die Imam-Ali-Moschee setzte al-Zarqawi seine Strategie der Spaltung zwischen Schiiten und Sunniten brutal in die Realität um. Der Nachdruck, den er dabei an den Tag legte, zeigt im Übrigen, dass es keine leichte Aufgabe war, Schiiten und Sunniten gegeneinander auszuspielen. Das muss an dieser Stelle betont werden, weil es vermehrt Kommentatoren gibt, die das islamische Schisma zwischen Schiiten und Sunniten zum traditionellen Kernkonflikt des Nahen Ostens erklären. Dabei ignorieren sie allerdings zeitgeistig, dass es jahrhundertelang kaum Konflikte zwischen Sunniten und Schiiten gegeben hat.

Doch zurück zu al-Zarqawi: Die Attentate auf al-Hakim und das UN-Hauptquartier sicherten ihm Glaubwürdigkeit und Unterstützung bei den irakischen Gegnern der US-Koalition. Die Gruppe der Terroristen um al-Zarqawi hatte ihre Basis in Falludscha. In den Jahren 2003 und 2004 verübte sie zahlreiche Attentate und erlangte vor allem durch Geiselnahmen und das Enthaupten von Geiseln eine grausame Popularität.

Seit Anfang 2004 trat die Gruppe unter dem Namen »Dschamaat al-Tauhid wa al-Dschihad« (»Gruppe des Monotheismus und des Heiligen Kriegs«) auf. Al-Zarqawi nutzte detailliert inszenierte Internet-Videos der Enthauptungen gezielt, um sich und seiner Gruppe auch einen internationalen Ruf aufzubauen. Gepaart mit den zahlreichen Selbstmordattentaten auf schiitische Moscheen und Heiligtümer war diese Strategie äußerst erfolgreich. Mit den Videos machte er die schwarze Flagge seiner Organisation, die das muslimische Glaubensbekenntnis »Es gibt keinen Gott außer Gott, und Mohammed ist sein Prophet« in weißer Schrift über einem gelben Kreis trug, zu einem Markenzeichen des Kampfes gegen die Besetzung des Iraks durch ausländische Truppen.

Im Oktober 2004 schloss al-Zarqawi dann eine Allianz mit Osama bin Ladens Al-Qaida und nannte die Tauhid-Gruppe in »Al-Qaida in Mesopotamien« um. Damit erschloss sich al-Zarqawi vor allem die Geldquellen der saudi-arabischen Unterstützer von Al-Qaida. Zu diesem Zeitpunkt war seine Gruppe bekannter und aktiver als bin Ladens Al-Qaida, die in ihrem Hauptquartier in Pakistan mittlerweile ziemlich isoliert war und vor allem operativ stark an Bedeutung verloren hatte.

Al-Zarqawi gelang es durch seine gesteuerte, blutige Medienkampagne und durch den strategischen Anschluss an Al-Qaida, die Rekrutierung von internationalen Kämpfern für seinen salafistisch-terroristischen Aufstand im Irak erheblich zu steigern. Gleichzeitig schaffte er es, seine Unabhängigkeit von bin Laden zu wahren. Zu diesem Zeitpunkt brauchte Al-Qaida eine Niederlassung im Irak dringender als al-Zarqawi die Unterstützung von Al-Qaida. Al-Zarqawi ernannte sich selbstbewusst zum »Emir für Al-Qaida-Operationen in Mesopotamien«.

Al-Qaida als Franchise

Obwohl sowohl bin Laden als auch al-Zarqawi von diesem Franchise-System profitierten, war die Beziehung zwischen dem Franchise-Geber in Pakistan und dem Franchise-Nehmer im Irak von Anfang an schwierig.

Das beruhte auch auf einer unterschiedlichen ideologischen Ausrichtung: Zwar hielten auch bin Laden und sein Chefideologe Aiman al-Zawahiri die Schiiten für Ungläubige, aber für Al-

Qaida war das Zurückdrängen der Amerikaner aus den arabischen Ländern immer das oberste politische Ziel mit der Perspektive, danach das von bin Laden gehasste wahabitische saudische Königshaus zu stürzen. Schon aus taktischen Gründen lehnte die Al-Qaida-Führung es deshalb ab, Schiiten zu einem expliziten Angriffsziel zu machen.

Al-Zawahiri schrieb im Juli 2005 einen Brief, in dem er die Strategie al-Zarqawis kritisierte – allerdings in der Form von rhetorischen Fragen, was auch zeigt, wie unsicher Al-Qaidas Auftreten gegenüber dem eigenen Ableger im Irak war: Ob der Zeitpunkt für den Konflikt mit den Schiiten richtig sei? Ob der Kampf gegen die Schiiten den Amerikanern nicht eine Aufgabe abnehmen, und ihnen ermögliche, die Situation aus sicherem Abstand zu kontrollieren?

Al-Zawahiris Brief stellte besonders den Kampf gegen schiitische Zivilisten infrage. Diese seien »wegen ihrer Unwissenheit unschuldig« – er meint damit die Unwissenheit im Glauben. Und die beiden wichtigsten Fragen des Briefes an al-Zarqawi lauten: »Selbst wenn es eine Notwendigkeit ist, die Schiiten anzugreifen, wieso dann die öffentliche Erklärung dieser Strategie, was die Iraner zwingt, Gegenmaßnahmen zu ergreifen? Vergessen die Brüder, dass wir und die Iraner davon absehen müssen, einander Schaden zuzufügen in dieser Zeit, in der es die Amerikaner auf uns beide abgesehen haben?«[28]

Das belegt, wie unterschiedlich die Strategie und die Ziele der Al-Qaida-Zentrale und der Al-Qaida-Niederlassung im Irak waren. Al-Zarqawi machte schnell deutlich, dass er sich seine operative Autonomie für »Al-Qaida in Mesopotamien« (aka »Al-Qaida im Irak«) nicht nehmen lassen würde. Er erklärte den Brief zur Fälschung und rief im September 2005 den »totalen Krieg gegen die Schiiten« aus. Im Februar 2006 sorgte der Bombenanschlag auf die Askaria-Moschee in Samarra, eines der größten Heiligtümer

---

28 Steinberg, 2015, S. 56.

der Schiiten, in der zwei wichtige schiitische Imame begraben sind, für das Erreichen einer neuen Eskalationsstufe.

Zwar kam bei der Explosion niemand ums Leben, aber die goldene Kuppel der Moschee wurde zerstört, wie auch die beiden Minarette stark beschädigt wurden. Nach diesem Anschlag kam es in den schiitischen Gebieten des Iraks zu Unruhen und zu blutigen Auseinandersetzungen zwischen Schiiten und Sunniten.

Al-Zarqawi hatte sein Ziel erreicht: Im Irak gab es seit der Ausrufung des »totalen Kriegs« immer stärkere Auseinandersetzungen zwischen Sunniten und Schiiten. Die schiitischen Milizen wie das Badr-Korps und die Mahdi-Armee spielten dabei eine große Rolle. Insbesondere Mitglieder des Badr-Korps wurden in die Polizei und die paramilitärischen Verbände des irakischen Innenministeriums integriert.

Auf die Bombenanschläge durch aufständische Sunniten reagierten schiitische Gruppen mit Entführungen und Tötungen sunnitischer Zivilisten. Dabei spielten auch die schiitischen Milizen und die Polizeitruppen des Innenministeriums eine Rolle. Die anti-sunnitische Politik von Ministerpräsident Nuri al-Maliki wurde ab dem Sommer 2006 zu einem latenten und omnipräsenten Konfliktverstärker im Irak.

So spannte sich die Lage zwischen den beiden muslimischen Glaubensfraktionen immer weiter an. Im sogenannten Dreieck des Todes[29] südlich von Bagdad wurden immer wieder die Leichen von Sunniten gefunden, die mit Kopfschüssen getötet worden waren. Diese Gewaltakte nahmen nach den Anschlägen auf die Askaria-Moschee noch weiter zu. Damit zahlte al-Zarqawis Organisation für die Destabilisierung des Iraks einen hohen politischen Preis: Entgegen den Versprechungen konnte »Al-Qaida im Irak« die Sunniten nicht vor Gewalt schützen.

---

29 Auch das sunnitische Dreieck genannt, meint dieses Sprachgebilde die Gegend zwischen den Städten Bagdad, Tikrit und Ramadi.

Staat ohne Staatsgebiet:
der »Islamische Staat im Irak«

Al-Zarqawi wurde am 7. Juni 2006 bei einem Luftangriff der Amerikaner getötet. Doch das änderte an der Gesamtsituation nichts, die Saat des Hasses war längst gesät. Am 15. Oktober 2006 verkündete ein Sprecher von Al-Qaida im Irak die Gründung eines »Islamischen Staats im Irak« (ISI) in sechs der 19 Provinzen des Iraks und in Teilen zwei weiterer Provinzen. Dieser »Staat« war eine fiktive Entität. Schließlich kontrollierte die Organisation im Irak keine Gebiete.

Diese Staatsgründung war vor allem eine Form der Propaganda, hatten sich kurz zuvor doch erstmals sunnitische Stammesführer getroffen, um gemeinsam eine Strategie zum Kampf gegen Al-Qaida im Irak zu entwickeln. Das Ergebnis war ein sunnitischer Stammesbund, der in der Folge auch von den Amerikanern unterstützt wurde.

In den Jahren 2007 und 2008 entstand so eine auch von Sunniten unterstützte, erfolgreiche Offensive gegen den vom ISI angezettelten Aufstand im Irak. Diese wurde auch durch die neue Counter-Insurgency-Strategie der US-Truppen und die gleichzeitige Erhöhung der amerikanischen Truppenzahl um 28.500 auf 60.000 unterstützt. Diese Vorgehensweise war so erfolgreich, dass die Anzahl der ISI-Kämpfer in 2008 auf unter 800 sank.

Trotz seines Niedergangs schaffte es der ISI kontinuierlich, sich Einnahmen zu verschaffen: durch Entführungen, Lösegeld- und Schutzgeld-Erpressung und durch Ölschmuggel. Eine zentrale Rolle spielte hierbei die zweitgrößte Stadt des Iraks, Mossul, in der ISI ein stabiles Netzwerk krimineller Untergrund-Aktivitäten etablieren konnte.

Nachdem die US-Truppen im Juli 2009 aus den irakischen Städten abgezogen worden waren, setzte im August 2009 eine neue Anschlagswelle ein, die sich bis in den Januar 2010 zog. Bei vier großen Anschlägen auf Ministerien, das Parlamentsgebäude,

Gerichtsgebäude und drei Hotels wurden mehr als 400 Menschen getötet.

Im Jahr 2009 stieg der Einfluss des ISI auch deswegen wieder, weil Ministerpräsident al-Maliki seine anti-sunnitische Politik verschärfte. Das bedeutete auch das Aus für das in den Jahren 2007 und 2008 so erfolgreiche sunnitische Stammesbündnis gegen die Dschihadisten-Kräfte im Irak, das die Terroristen mit Unterstützung der US-Truppen zurückgedrängt hatte. In dem Maß, wie die Vereinigten Staaten Soldaten abzogen, schwand auch ihr Einfluss auf al-Maliki. Letztendlich brachen alle internen Konflikte im Irak wieder stärker auf als zuvor.

Ein zentraler Punkt dafür war, dass al-Maliki das Versprechen der Amerikaner brach, die sunnitischen Stammesmilizen, die so erfolgreich gegen die Dschihadisten gekämpft hatten, in die regulären Streitkräfte des Iraks zu integrieren. Seine Weigerung rührte von seiner Fantasie her, eine schiitisch-dominierte Armee führen zu können. Damit wiederholte er allerdings den Kardinalfehler der amerikanischen Invasoren, Tausende an Waffen ausgebildete Männer beschäftigungslos nach Hause zu schicken.

Abu Bakr al-Baghdadi wird neuer Emir des ISI

Es war seit Jahren eine Strategie der US-Regierung, die Dschihadisten von der Spitze abwärts zu bekämpfen: Im April 2010 wurde der Nachfolger al-Zarqawis, Abu Ayyub al-Masri, von amerikanischen und irakischen Streitkräften in der Nähe von Tikrit getötet. Was die Organisation schwächen sollte, führte allerdings zu ihrer Stärkung.

Nach einer kurzen Zeit des Übergangs wurde der neue Emir der Iraker Abu Bakr al-Baghdadi, der Mann, der am 4. Juli 2014 in Mossul den »Islamischen Staat im Irak und Syrien« ausrief und sich selbst zum Kalifen ernannte. Seine biografischen Daten sind teilweise unklar und beruhen vor allem auf dschihadistischen

Quellen. Sicher ist, dass er in Samarra geboren wurde und eine Prediger-Ausbildung durchlaufen hat.

Nach der amerikanischen Invasion soll er sich einer sunnitischen Widerstandsgruppe angeschlossen haben. Es gibt mehrere Quellen dafür, dass er im amerikanischen Gefangenenlager Camp Bucca nahe der Stadt Um Qasr im Süden Iraks inhaftiert war. Strittig ist die Dauer, ob er dort ab dem Februar 2004 nur für zehn Monate Gefangener war oder bis zum Spätsommer 2009. Im Camp Bucca waren außer ihm auch mehrere andere hochrangige Dschihadisten inhaftiert. Der Nahost-Korrespondent des ›Guardian‹, Martin Chulov, zitiert in einem Artikel einen Ex-Insassen und heutigen IS-Offizier so: »So hätten wir uns alle nie treffen können, ob in Bagdad oder irgendwo sonst. Das wäre unglaublich gefährlich gewesen. Hier [im Camp Bucca] waren wir nicht nur sicher, sondern nur ein paar Hundert Meter entfernt von der gesamten Al-Qaida-Führung.«[30]

Der kontinuierliche Abzug amerikanischer Truppen begünstigte den Aufstieg des ISI bereits 2010: Am 25. August verübten die Dschihadisten Bomben und Selbstmordanschläge in 13 irakischen Städten. Die bloße Zahl der gleichzeitigen Attentate war ein Beleg für ihren Organisationsgrad. Bei diesen Anschlägen starben mehr als 50 Menschen. Damit hatte der neue Mann an der Spitze des ISI einen deutlichen Beweis für die Aktionsfähigkeit der Terrororganisation geliefert.

Diese Art von Terror setzte sich kontinuierlich fort. In den Jahren 2010 und 2011 starben jeden Monat zwischen 300 und 400 Iraker bei Attentaten und anderen Gewalttaten. Danach bewies der neue ISI-Anführer seine Fähigkeiten zur strategischen Planung im Irak. Die Aktion »Durchbrechen der Wände« startete im Juli 2012 und zielte auf die Befreiung von Dschihadisten und ehemaligen Kadern der Baath-Partei aus irakischen Gefängnissen. Diese

---

30 https://www.theguardian.com/world/2014/dec/11/-sp-isis-the-inside-story

insgesamt acht Großangriffe auf Gefängnisse wurden begleitet von einer stetigen Anschlagsserie von Hunderten von Autobomben und anderen Sprengstoffattentaten, die teilweise zeitgleich an mehreren Orten im Land stattfanden.

Die Botschaft war eindeutig. Sie lautete: Wir sind gut organisiert und die irakischen Sicherheitskräfte haben keine Möglichkeit, uns am Morden zu hindern. Diese Aktion endete im Juli 2013 mit dem Sturm auf Abu Ghraib, bei dem allein mehr als 500 Häftlinge befreit wurden. Auf das Gefängnis also, das bereits unter Saddam Hussein als Haupt-Folterkammer des Iraks bekannt war, weltweite Bekanntheit aber erst durch die Bilder der menschenverachtenden Misshandlung irakischer Gefangener durch amerikanische Streitkräfte erlangte. Mit dieser Befreiungsaktion war al-Baghdadi ein symbolischer Sieg von kaum zu unterschätzendem Wert gelungen.

Es folgte eine Kampagne mit dem zynischen Titel »Ernte der Soldaten«. Sie startete Ende Juli 2013 und bestand aus Angriffen auf Soldaten, Polizisten und andere Sicherheitskräfte und dauerte wiederum wieder ein Jahr. Beflügelt wurden die Aktivitäten von ISI durch die Zuspitzung der Ausgrenzungspolitik Malikis Sunniten gegenüber. Auf friedliche Demonstrationen in Ramadi und Falludscha wurden aus der Luft Bomben abgeworfen. Das führte zu einer immer stärkeren Verankerung von ISI in sunnitischen Gebieten und eine faktische Kontrolle der irakischen Westprovinz Anbar.

Im Juni 2014 schließlich eroberte ISI die Stadt Mossul. Wenige Tage vorher hatte ich in Bagdad sunnitische Stammesführer aus der Provinz Anbar getroffen, von denen ich wissen wollte, warum sie den Dschihadisten immer mehr Unterstützung zukommen ließen. Die Antwort war so einfach wie erschreckend: »Wir Sunniten haben die Wahl zwischen einem schlechten Leben unter den Dschihadisten und dem Tod unter Malikis Bomben.«

An dieser Stelle wird auf drastische Art und Weise das Herz der dschihadistischen Erzählung offengelegt: Sie, die Dschihadisten, sind die einzigen wahren Beschützer ihrer sunnitischen Brüder und

Schwestern. Dafür, dass diese Erzählung gehört wird, hatte Maliki einfach alles getan.

»Der« »Arabische« »Frühling« – oder die drei fatalen Populär-Irrtümer über den Nahen Osten

12. Februar 2001. Frühmorgens am Frankfurter Flughafen. Vor mir steht ein arabisch aussehender Mann an der Sicherheitskontrolle. Er legt seine Tasche, seinen Mantel, sein Jackett und seine Metall-Gegenstände in Kisten, die auf Rollbändern durch das Scan-Gerät gefahren werden. Dann geht er durch den Metall-Detektor und stellt sich routiniert mit erhobenen Armen vor den Mann der privaten Sicherheitsfirma. Dieses Verhalten ist mir wohl bekannt: Nicht darauf warten, ob der Detektor auch wirklich piept. Bei dem Aussehen wird man nun einmal überdurchschnittlich oft herausgepickt. Der Sicherheitsmann lächelt ihn sanft an, sie schauen sich in die Augen und umarmen sich. Alle in der Umgebung haben diese Szene beobachtet. Manche haben Tränen in den Augen, andere klatschen spontan in die Hände.

Diese Szene ist heute, nach all den Anschlägen in Europa, leider kaum mehr denkbar. Und sie war es damals schon einige Tage vorher nicht. Aber an diesem Morgen standen alle noch unter dem euphorischen Eindruck der Ereignisse am Abend vorher: des Rücktritts Husni Mubaraks, des ägyptischen Diktators. Des Sieges des Volkes über den Tyrannen. Des Höhepunkts des sogenannten Arabischen Frühlings.

Eine halbe Million tote Syrer später spricht niemand mehr vom einem Frühling. Und es schwingen sich viele nun zu großen Reden auf, sie hätten damals schon gewusst, dass aus diesem Frühling ein dschihadistischer Winter werden würde. Doch die Wahrheit liegt wie so oft irgendwo zwischen der Euphorie von damals und den Depressionen von heute.

Zunächst einmal ist festzuhalten, dass »der« »Arabische« »Frühling« als Begriff eine Art Trinität grober analytischer Fehler darstellt.

»Der«: Es gab nicht *die eine* Revolte. Die Ägypter haben sich vom Freiheitskampf der Tunesier anstecken lassen, die Syrer von den Ägyptern usw. Aber in vielen arabischen Staaten gab es die großen Revolten nicht.[31]

»Arabisch«: Viele Menschen haben sich von den Geschehnissen in der arabischen Welt anstecken lassen und sind auf die Straße gegangen, um für mehr persönliche und politische Freiheiten zu demonstrieren. So geschehen etwa im Iran oder gar in China. Gleichzeitig gab es in den arabischen Staaten viele Demonstranten, die gar nicht arabisch waren.[32]

»Frühling«: Ich wurde in den »Tagen des Tahrirs«[33], also um den 11. Februar 2011 herum, stets nach historischen Vergleichen gefragt. Steuere Ägypten nun auf Verhältnisse zu wie Iran 1979 (Islamische Revolution), wie in China 1989 (brutale Niederschlagung der Proteste) oder auf Deutschland 1989 (demokratischer Aufbruch)?

Meine Antwort – und sie gilt weiterhin, wenn auch mehr für Tunesien als für Ägypten – lautete, »wie Italien in den letzten 60 Jahren«. Das bedeutet, dass eine Regierung nach der anderen scheitern wird, auch und vor allem an den riesigen sozialen Fragen. Schließlich hatten Armut, Wohnungsmangel und die schlechten Chancen der Unterschicht auf dem Heiratsmarkt auch zur Revolte beigetragen.

Der Begriff »Frühling« blendete allerdings das aus, was diese Länder am meisten von uns brauchen: Geduld. Umso tragischer,

---

31 So beispielsweise in den Golfmonarchien Katar und Vereinigte Arabische Emirate. Wobei diese zugegebenermaßen deutlich »effizientere« Polizeistaaten sind als beispielsweise Dschibuti.

32 Etwa Berber, die in den Maghreb-Staaten seit Jahrzehnten für ihre faktische Gleichstellung mit den Arabern streiten.

33 Der Tahrir-(»Befreiungs-«)Platz in Kairo war (und ist weiterhin) der wichtigste Sammelpunkt der Proteste gegen die Regierung.

dass die Euphoriker des Jahres 2011 sich heute am lautesten nach der Zeit zurücksehnen, als die Menschen nicht versucht haben, ihr Schicksal und ihre Zukunft mit ihren eigenen Hände zu formen.

Damit bin ich beim heute größten Fehler, den wir als Westen diesen Ländern gegenüber machen. Vor 2011 unterstützte der Westen Diktatoren, weil sie eine vermeintliche Stabilität herstellen konnten. An den Tagen von Tahrir wurde allen klar, dass das, was man für Stabilität gehalten hatte, in Wahrheit eine Friedhofsruhe war, die in Zeiten der sozialen Netzwerke im Internet nicht mehr zu halten ist.[34]

Und in der Tat: Hatte der frisch gewählte US-Präsident Barack Obama in seiner viel rezipierten Rede am 4. Juni 2009 in Kairo die Menschen zu solchen Protesten indirekt ermutigt? Ausgerechnet in der Al-Azhar-Universität, dem theologischen Herzen der sunnitischen Welt, hatte er Folgendes gesagt:

»…Aber ich bin der unerschütterlichen Überzeugung, dass sich alle Menschen nach bestimmten Dingen sehnen: die Fähigkeit, seine Meinung zu äußern und ein Mitspracherecht dabei zu haben, wie man regiert wird, Vertrauen in die Rechtsstaatlichkeit und die Gleichheit vor dem Gesetz zu haben, eine Regierung, die transparent ist und die Menschen nicht bestiehlt, sowie die Freiheit, so zu leben, wie man möchte. Das sind nicht nur amerikanische Ideen, es sind Menschenrechte. Und aus diesem Grund werden wir sie überall auf der Welt unterstützen.

Es gibt keine eindeutige Linie, wie diese Versprechen verwirklicht werden können. Aber Folgendes ist klar: Regierungen, die diese Rechte schützen, sind letzten Endes stabiler, erfolgreicher und sicherer. Das Unterdrücken von Ideen führt nicht zu ihrem Verschwinden. Die Vereinigten Staaten respektieren das Recht

---

34 Im Gegenteil zeigen alle Langzeitstudien heute, dass der beständigste Indikator für Stabilität in einem Land die Einhaltung der Frauenrechte ist.

aller friedlichen und gesetzestreuen Stimmen auf der Welt, Gehör zu finden, auch, wenn wir nicht ihrer Meinung sind. Wir begrüßen alle gewählten, friedlichen Regierungen – wenn sie beim Regieren alle ihre Bürger achten.«

Als es allerdings konkret wurde, als die Menschen dann auf die Straße gingen für genau diese Versprechen, da klang die Obama-Administration ganz anders. Frank Wisner, der Sondergesandte Obamas, wurde zur Situation in Ägypten mit einer Video-Konferenz der Münchener Sicherheitskonferenz zugeschaltet. Er sprach die ganze Zeit von der Verfassung Ägyptens, die eingehalten werden müsse, und von der Freundschaft Obamas zur Person Husni Mubaraks.

An diesem 5. Februar 2011 war ich nicht der Einzige im Auditorium, der den Mund vor Staunen kaum mehr schließen konnte. Hatte er gerade – frei nach Lenin – die Revolutionäre auf dem Tahrir-Platz aufgefordert, »Bahnsteigkarten zu kaufen, bevor sie den Bahnhof stürmen«? Wie sollte denn sonst der Hinweis auf die Verfassung Ägyptens verstanden werden, wegen der Mubarak nun leider nicht zurücktreten könne? Ausgerechnet jener Mubarak, für den Rechtsstaatlichkeit noch nie eine Bedeutung hatte? Und was sollte die große Betonung der Freundschaft zu Mubarak anderes sein als ein Treueschwur zum Diktator?

An diesem Tag gab es aber noch einen weiteren bemerkenswerten Auftritt: Frau Dr. Angela Merkel, Kanzlerin der Bundesrepublik Deutschland, verglich in einer Grundsatzrede ihre eigenen biografischen Erlebnisse in der Unfreiheit der DDR mit der Motivation der Menschen auf dem Tahrir-Platz. So brachte sie ihre persönliche Solidarität mit den Menschen dort zum Ausdruck. Als allerdings die Nachfrage kam, was sie als Bundeskanzlerin oder der Westen für diese Menschen bereit wären zu tun, sagte sie sinngemäß, diese Menschen würden ja per Internet kommunizieren – einer westlichen Erfindung. Damit sei der Beitrag des Westens ja ausreichend geleistet. Wieder traute ich meinen Ohren nicht. Das Internet war unser gesamter gemeinschaftlicher Beitrag der Solidarität mit den freiheitsliebenden Menschen auf dem Tahrir-Platz?

Es ist im Übrigen kein Wunder, dass genau diese Bundeskanzlerin als eine der ersten Staatschefs dem Putschisten Abdel-Fattah al-Sisi, der die Autokratie Mubaraks in Ägypten wieder hergestellt hat, mit rotem Teppich Einlass in die westliche Diplomatie gewährt hat. Und das, obwohl sie vorher dafür mindestens das Abhalten freier Parlamentswahlen vorausgesetzt hatte. Fragt man bei der Bundesregierung nach dem Grund für den Sinneswandel, kommt eine knappe Antwort: »Stabilität«. Als wäre ein Land mit knapp 40.000 politischen Gefangenen stabil.

Die Botschaft des Bush-Nachfolgers an diesem Tag war eindeutig: Wenn es um Rhetorik geht, ist Demokratie groß. Wenn ihr es aber ernst meint, ihr Leute da draußen, dann kann euch der Westen leider nicht helfen. Oder, um nochmals das Zitat Bernd Ulrichs aus dem letzten Kapitel zu bemühen: »Sie [die Dschihadisten] hassen nicht unsere Freiheit, sondern unseren Verrat.«

Der Arabische Frühling und die Dschihadisten

Die große Schwäche aller extremistischen Gruppen ist die notorisch falsche Selbsteinschätzung, sie repräsentierten die schweigende Mehrheit der Bevölkerung. Davor war auch die Al-Qaida – trotz »göttlicher Mission« – nie gefeit. Für sie waren die Bilder der modernen Jugendlichen in Tunis oder auf dem Kairoer Tahrir-Platz nicht weniger schockierend als für die Despoten der arabischen Welt.

Doch andere Islamisten sahen ihre Chance gekommen und nutzten sie an vielen Orten. Nun hat sich der Schockzustand in den Westen verlagert, wo die Euphorie über den revolutionären Sieg der Bevölkerungen über Diktatoren dem blanken Entsetzen über Bürgerkriege und Flüchtlingsmassen gewichen ist. Doch auch der Westen hat ebenfalls den sogenannten »Arabischen Frühling« nicht richtig eingeschätzt. Und darauf teilweise sehr falsch reagiert.

Wir haben beispielsweise den einzelnen Ländern nicht ausreichend geholfen. Wir haben nicht danach geschaut, welche Hilfe sie genau brauchen. In Ägypten wäre es eine Riesenhilfe gewesen, wenn wir Experten geschickt hätten, die in den Ministerien und Behörden helfen, Korruption zu bekämpfen. Korruption ist die Super-Geißel des Landes, das, was die Menschen am meisten stört, die Entwicklung lähmt, die Transition unmöglich macht. Viele Tahrir-Aktivisten haben in den Tagen des Erfolges immer wieder skandiert, nie wieder Bakschisch bezahlen zu müssen. Das war für ihre Bewegung eine zentrale Motivation.

Korruption unterminiert jede Rechtsstaatlichkeit. Auch in Tunesien. Doch was Tunesien auch dringend braucht, ist wirtschaftliche Kooperation. Es gab in den letzten Jahren zögerliche Hilfestellungen von EU-Staaten. Aber noch immer keine systematische Hilfe, um beispielsweise die Touristen-Standorte, die wichtigste Einnahmequelle des Landes, sicherer vor Dschihadisten zu machen. Im Jemen hat der Westen nach dem Fall des Präsidenten Ali-Abdulah Saleh durch die Protestierenden mehr oder minder überhaupt nichts gemacht, den Wandel nicht einmal wirklich zur Kenntnis genommen. Heute ist das Land nach einem langen Krieg zerstört. Ein Krieg, der auch mit deutschen Waffen geführt wird. Und der nun einen einzigen Gewinner hat: die Al-Qaida. Nach dem Fall Muammar Gaddafis in Libyen haben westliche Streitkräfte sich um die Sicherung der Einrichtungen gekümmert, in denen Massenvernichtungswaffen hergestellt werden können. Um das riesige konventionelle Arsenal aber hat sich niemand bemüht. Heute sind die Waffen weltweit gestreut. Man findet sie in Kenia, Mali oder eben auch auf der Sinai-Halbinsel in Ägypten. Die Hilfe für die Wiederherstellung der Staatlichkeit kam erst, als es schon fast zu spät war. Heute ist Libyen zerfallener als Somalia.

Diese Ignoranz hat ein Vakuum geschaffen, das die Dschihadisten ausgefüllt haben, wo sie konnten. Am eklatantesten in Syrien.

Der ISI in Syrien

Mit Beginn der Demonstrationen gegen die Assad-Regierung im Frühjahr 2011 begann eine zweite Entwicklung, die das Erstarken des ISI begünstigte. Syrien war schon zuvor ein wichtiges Transitland für Dschihadisten, die aus dem Ausland zum Kampf in den Irak reisten, und Syrer selbst stellten eine wichtige Gruppe unter den ISI-Kämpfern. Darüber hinaus kam aus Syrien wichtige logistische Unterstützung für die Aufständischen im Irak. Daher war es nur logisch, dass Abu Bakr al-Baghdadi und die ISI-Führung Syrien als ein Gebiet zur Ausweitung ihres Einflussbereichs sahen, je mehr sich die Lage in Syrien verschärfte.

Im Sommer 2011 schickte der ISI Abu Muhammad al-Dschaulani zum Aufbau einer Terrorinfrastruktur nach Syrien. Dieser Ableger führte seine ersten Selbstmordanschläge mit Autos und Lastwagen Ende Dezember 2011 durch und gab sich im Januar 2012 den Namen »Nusra-Front«. Die Erfolge der Nusra-Front brachten ihr schnell Zulauf von syrischen Freiwilligen, die gegen das Assad-Regime kämpfen wollten.

Ein wichtiger Grund für diese Anziehungskraft: Die Nusra-Kämpfer waren besser ausgerüstet und damit besser geschützt gegen die Regierungstruppen als die Kämpfer der »Freien Syrischen Armee« (FSA). Außerdem legte die Nusra-Front ihre engen Verbindungen zum ISI zunächst nicht offen. Damit war sie auch für diejenigen attraktiv, die lediglich das Assad-Regime bekämpfen wollten und nicht die viel weiter gesteckten Ziele eines »Islamischen Staats« verfolgten.

Dieses Versteckspiel gab Abu Bakr al-Baghdadi erst im April 2013 auf, als er gut 15 Monate vor seiner Rede in Mossul das Gebiet des ISI auf Syrien erweiterte und al-Dschaulani als »einen unserer Soldaten« bezeichnete und weiter sagte: »Nun jedoch ist die Zeit gekommen, um vor den Menschen von Syrien und der ganzen Welt zu erklären, dass die Nusra-Front nichts anderes ist als der Ableger des ISI und ein Teil von ihm.«

Das führte zu einer Lähmung unter den Aufständischen. Viele fragten sich, für wen und was sie eigentlich genau kämpften. Die Regierungstruppen konnten so im Mai 2013 die wichtige Stadt Qusair in der Nähe der Großstadt Homs zurückerobern. Die ISI- und jetzt schon fast ISIS-Truppen übernahmen ihrerseits im Sommer 2013 Stellungen der Nusra-Front im Norden und Osten Syriens. Außerdem fasste der ISIS Fuß in Raqqa am Euphrat und in Aleppo, gut 30 Kilometer südlich der syrisch-türkischen Grenze.

In dieser Zeit kam es auch zu ersten Auseinandersetzungen zwischen dem ISIS und Anhängern der FSA. Später im Jahr 2013 bekämpften sich auch ISIS-Einheiten und eine andere große dschihadistische Gruppe »Ahrar al-Sham«[35] im Norden Aleppos. Im Januar 2014 verbündeten sich verschiedene aufständische Gruppen gegen den ISIS und konnten ihn zunächst aus Aleppo und anderen Städten im Norden vertreiben. Was schließlich den Ausschlag für ISIS gab, waren die Erfolge der Terroristen im Irak. Mit der Eroberung von Mossul im Juni 2014 hatte Abu Bakr al-Baghdadi gezeigt, dass er mit ISIS gleichzeitig in zwei Ländern Terrorkampagnen planen, durchführen und zum Erfolg bringen kann.

Gestärkt wurden die Dschihadisten zudem zumindest indirekt von der Assad-Regierung. So haben die Truppen der syrischen Armee jahrelang immer wieder ISIS-Stellungen geschont. Es gibt viele Theorien darüber, ob Assad einen Pakt mit ISIS geschlossen hatte. Fakt ist, dass es aus Damaskus zumindest indirekte Hilfe für ISIS gab. Im Zweifelsfall fielen schließlich die Fassbomben immer auf Stellungen der (säkularen) Freien Syrischen Armee (FSA) oder eben auf Zivilisten statt auf die Dschihadisten. Das machte es der Terrororganisation auch immer wieder leicht, Stellungen der FSA zu erobern. In den Jahren 2013 bis 2015 finden sich kaum Berichte über direkte Konfrontationen zwischen der syrischen Armee und ISIS: Auch die Türkei unterstützte (zumindest) indirekt die Dschi-

---

35 »Islamische Bewegung der freien Männer von Großsyrien/Levante«.

hadisten. Es gibt zahlreiche Berichte über die Lieferung einer Bombenfabrik an ISIS. Ebenso wurde Öl von den Dschihadisten gekauft. Zudem gibt es zahlreiche Bilder von Offiziellen des türkischen Staates mit Dschihadisten, die nach ihrer Verwundung in der Türkei behandelt wurden, um wieder auf das Schlachtfeld zurückzukehren. Auch der freie Grenzübergang war für die Dschihadisten zu lange möglich. Nach zahlreichen ISIS-Anschlägen in der Türkei sollte es offensichtlich geworden sein, warum das ein fataler Fehler war. Allerdings existierte das Problem umgekehrt auch: Wer etwa aus Europa als Dschihadist nach Syrien einreisen wollte, musste nur mit einer Handynummer im Gepäck in die türkische Stadt Gaziantep fliegen und befand sich von da an in »sicheren Händen«.

Der Barbarensturm

Warum die Welt im Frühjahr 2014 von der Eroberung Mossuls durch die schwarz maskierten Mörderbanden von ISIS überrascht war, ist nicht überliefert. Bekannt ist – und war bereits damals – die Entstehungsgeschichte und die Zielsetzung der Terrororganisation. Und der Grund für ihre neue Stärke.

ISIS hatte damals bereits seit fast einem halben Jahr die irakische Westprovinz Anbar – etwa ein Fünftel des Territoriums des Irak – unter Kontrolle. Es gab bereits seit Wochen das Gerücht, dass ISIS Mossul wohl angreifen würde. Es herrschte anscheinend der feste Glauben in der irakischen Regierung, dass die Dschihadisten einen solchen Angriff aufgrund der großen Präsenz der irakischen Streitkräfte vor Ort nicht wagen würden. In Mossul aber kamen zwei Faktoren zusammen, die die Stadt zusammenfallen ließen wie ein Kartenhaus.

Erstens hatte sich ISIS wie oben beschrieben in der Stadt seit Längerem festgesetzt. Zweitens wussten die dort stationierten irakischen Streitkräfte nicht, warum sie eigentlich ihr Leben riskieren sollten. Für die Maliki-Regierung, die Sunniten systematisch an den Rand drängte, wollten die Sunniten sicher nicht kämpfen. Mit dem Fall Mossuls erntete der despotische Premierminister des Iraks die bitteren Früchte seiner Politik der Ausgrenzung der Sunniten.

Besonders spannend aber war auch die angewandte Militärtaktik von ISIS. Die Dschihadisten fuhren mit so genannten »Mad Max«[36]-Fahrzeugen auf feindliche Stellungen zu. Dies waren Fahrzeuge, die mit mehreren aufgeschweißten Metallplatten gepanzert oder in der bereits vorhandenen Panzerung verstärkt wurden. Sie lassen sich nur mit schwerem Geschütz aufhalten, nicht etwa mit einem einfachen Sturmgewehr. Erreichen die Fahrzeuge, in Kolonne fahrend, ihr Ziel, sprengen sie sich und die Feinde in die Luft. So lassen sich ganze Städte mit gepanzerten Selbstmord-Fahrzeugen in kürzester Zeit erobern.

Dazu kam es allerdings nicht einmal, denn die irakischen Soldaten, die nicht zu ISIS überliefen, hinterließen nicht nur ihre gesamte Ausrüstung inklusive schwerem Gerät, sondern auch ihre Uniformen, damit sie unerkannt besser fliehen konnten. So wurde ISIS über Nacht nicht nur mit schweren Waffen ausgerüstet, sondern auch mit Armeeuniformen, mit denen es beispielsweise Selbstmordattentäter leichter hatten, die Streitkräfte zu unterwandern.

Die psychologische Schockwelle der schnellen Eroberung der Millionenstadt Mossul war immens. Dies wusste ISIS propagandistisch sehr gut auszuschlachten, mit Videos von panzerfahrenden Dschihadisten, vor Hubschraubern posierenden Kämpfern und vor allem mit dem flankierenden Video der Bulldozer, die auf dem Weg zu ihren Eroberungen die Grenzstation zwischen Syrien und Irak zerstörten. Auch hier ist die Botschaft klar: ISIS hält sich nicht an Grenzen, sondern zerstört die willkürlich gezogenen Trennlinien der alten Kolonialherren Sykes und Picot.

---

36 Eine Anspielung auf die Fahrzeuge der Banden in den ›Mad Max‹-Filmen.

Das Territorium, das ISIS eroberte, war im Übrigen riesig und beinhaltete unter anderem auch Ölfelder und den Mossul-Damm. Wer diesen größten Staudamm des Iraks kontrolliert, kontrolliert auch die Wasserversorgung weiter Teile Iraks. Der Mossul-Damm, damals wie heute aus Altersgründen vom Zusammenbruch bedroht, wurde zudem mit zahlreichen Sprengfallen versehen. Sprengfallen, die ISIS mittlerweile in der syrischen Stadt Raqqa in Serie produzierte.

Am 29. Juni 2011 rief Abu Bakr-Al Baghdadi das Kalifat aus, ernannte sich selbst zum Kalifen und nannte das von ihm kontrollierte Gebiet »Islamischer Staat im Irak und Scham«[37] (ISIS). Damit unterstrich er erstens den großen Erfolg seiner Organisation in Syrien und im Irak und zweitens die Grenzenlosigkeit seines Herrschaftsanspruchs. Es geht also nicht mehr um die Levante allein, sondern um die ganze (islamische) Welt.

Zudem stellte die Eroberung Mossuls eine faktische Verlegung der Hauptstadt der Terrororganisation von Raqqa nach Mossul dar. Die irakische Großstadt war auch bis dahin das Herz von ISIS gewesen, nun gehörte sie ihm »offiziell«. Dennoch behauptete ISIS weiterhin, Raqqa wäre die Hauptstadt des neu ausgerufenen »Islamischen Staats«. Dabei war Raqqa nach der Eroberung von Mossul die zweite Hauptstadt des selbsternannten Staates.

Doch hatte ISIS seine Wurzeln in Mossul geschlagen. Da die meisten Kader der Organisation Irakis sind, ist Mossul stets wichtiger als Raqqa gewesen. Raqqa wurde aber zum Schaufenster der Dschihadisten. Journalisten wurden in Raqqa herumgeführt, wo man ihnen die Parks und die Strafzettel verteilenden »Verkehrspolizisten« zeigte und die »intakte Staatlichkeit« vorführte. Die bekanntesten Videos von öffentlichen Exekutionen stammen wahrscheinlich aus Raqqa. Das Herz von ISIS aber war stets Mos-

---

37 *Scham* ist das arabische Wort für Levante, also Großsyrien. Dies beinhaltet die heutigen Länder Irak, Syrien, Jordanien, Libanon, Israel und die palästinensischen Gebiete.

sul, weshalb al-Baghdadis Schergen stets darauf achteten, dass keine Informationen aus Mossul hinausdrangen. Die Weltgemeinschaft folgte auch in diesem Punkt der Rhetorik der Dschihadisten, monatelang wurde Raqqa bombardiert, Mossul aber lange in Frieden gelassen.

Die militärische Taktik der »Mad Max«-Fahrzeuge, der Barbarensturm, wurde immer wieder praktiziert. So eroberte ISIS sowohl viele kleine Städte im Irak und Syrien, als auch größere wie Ramadi in der irakischen Provinz Anbar und syrische Städte wie Deir-al-Zor und Palmyra, eine der Wiegen der Zivilisation. In den Wochen nach dem Fall von Mossul kam ISIS auch Erbil, der Hauptstadt der kurdischen Region im Nordirak, gefährlich nah (bis zu 50 Kilometer) – es war zwischenzeitlich nicht klar, ob es seinen Sturm ohne Unterbrechung bis nach Bagdad fortsetzen könnte.

Der Staat im »Islamischen Staat«:
Mehr als Propaganda

Natürlich ist die Selbstbezeichnung als Staat ein Propagandabegriff. Er ist auch eine Anmaßung. Der »Islamische Staat« ist kein Staat, aber er weist Merkmale eines Staates auf und übernimmt auch teilweise hoheitliche Aufgaben eines Staates. Genau das macht ihn für seine Anhänger und Unterstützer attraktiver als eine Terrororganisation. Beim 13. Symposium des Bundesamtes für Verfassungsschutz »Der ›Islamische Staat‹ – Eine globale Bedrohung« im Mai 2016 hat das der Präsident des Bundesverfassungsschutzes so ausgedrückt: »Der IS gibt nicht nur vor, ein Staat zu sein, sondern hat tatsächlich quasi-staatliche Strukturen aufgebaut, mit einer Regierung, Verwaltung, Justiz, mit Steuern, sogar sozialer Versorgung. Ein kleiner Beleg für die Quasi-Staatlichkeit des IS ist auch die Erstellung von Registern bei der Einreise in bzw. die Ausreise aus einem vom IS kontrollierten Gebiet. Kaum eine andere Terrorstruktur führt so detaillierte Mitgliederlisten … Die Begriffe Terrororganisation oder Terrormiliz passen nach meiner Einschätzung auf den IS nicht mehr. Sie verniedlichen in Teilen das Problem. Wir haben es im Fall des IS mit einer territorial verankerten quasi-staatlichen Terrorstruktur zu tun, die global agiert und die die Destabilisierung von Staaten nutzt, um sich weiter auszubreiten«.[38]

Der IS baut also Verwaltungsstrukturen auf, versucht, sein Gebiet zu sichern und zu erweitern. Und trotzdem: Die Propagandawirkung ist immer noch der entscheidende Punkt. Indem sich der IS das Staat-Sein anmaßt, und darüber hinaus den emotional noch stärker aufgeladenen Begriff des »Kalifats«, versetzt er sich auf perverse Art und Weise in die Lage, auch den Wunsch nach einer positiven Utopie zu erfüllen. Das Versprechen auf einen Gottesstaat, in dem »die Muslime« friedlich zusammenleben können. Dass mit den Muslimen nur eine kleine extremistische Minderheit gemeint ist und dass der Frieden in dieser Gemeinschaft enorme Züge des Terrors aufweist, wird dabei ausgeblendet.

Die drei »Onkel« des ISIS

Osama bin Laden ist sicher der Vater des modernen Dschihadismus. Daneben gibt es noch einige andere, denen diese »Ehre« verliehen werden könnte: al-Zarqawi etwa wegen seiner damals noch neuen und konsequenten Medienstrategie, die dem heutigen Propagandaapparat des »Islamischen Staates« den Weg geebnet hat. Oder Abdullah Yusuf al-Azzam, bin Ladens Mentor, der den »Export« des Dschihadismus (in seinem Falle nach Afghanistan) mit der kompletten dazu gehörigen Logistik und Finanzierung in

---

38 https://www.verfassungsschutz.de/de/oeffentlichkeitsarbeit/symposium/symposium-2016

der Form erstmals auf die Beine gestellt hat. Oder eben auch Abu Bakr al-Baghdadi, der als erster Dschihadist ein Kalifat ausrief.

ISIS hat im Kontext seiner Genese jedoch auch drei »Onkel«:

- George W. Bush hat einen Krieg gegen den Irak begonnen, der auf erfundenen Anlässen basierte, und – noch schlimmer – für dessen Ende es keine Pläne gab. So wurde die Staatlichkeit des Iraks ersatzlos aus den Angeln gehoben. Die Amerikaner entließen zahlreiche Offiziere der Baath-Partei, von denen viele schließlich mit ihrem militärischen Wissen, ihren Kontakten und Netzwerken bei ISIS anheuerten und dort Führungspositionen einnahmen. Das entstandene Vakuum bereitete den Dschihadisten den Boden und verschaffte ihnen den benötigten Raum für ihr Wachstum.
- Kaum hatten die Amerikaner begonnen, aus diesen Fehlern zu lernen, kam Nuri al-Maliki in Bagdad an die Macht und wiederholte Teile der Fehler der Amerikaner, sicher aus biografisch gewachsener Aversion[39] gegen diese irakische Minderheit. Damit trieb er den Keil zwischen Sunniten und Schiiten im Irak während seiner Zeit als Ministerpräsident, zwischen 2006 und 2014, nur noch weiter, indem er sein Versprechen, die Sunniten nach Abzug der US-Streitkräfte in politische und gesellschaftliche Prozesse einzubinden, brach und vielmehr sunnitische Teilnehmer von Demonstrationen und Aufständen mit harter Hand bestrafte, foltern, ermorden und hinrichten ließ. Schlüsselpositionen im Militär und Geheimdienst wurden unter Maliki fast ausschließlich mit Schiiten besetzt. Auch wenn Maliki mittlerweile keine Regierungsverantwortung mehr trägt, ist er als politischer Akteur immer noch hoch relevant. So vermuten

---

39 Maliki musste 1980 unter Saddam Hussein, der wiederum systematisch die schiitische Mehrheit des Iraks ausgegrenzt hatte, aus dem Irak fliehen, um der eigenen Hinrichtung zu entkommen.

Insider, dass immer noch 800.000 schiitische Milizen auf sein Kommando hören.

- Baschar al-Assad wiederum ließ die Dschihadisten während der Präsenz der US-Streitkräfte im Irak im eigenen Land gewähren, weil er die Amerikaner »beschäftigt halten« wollte. Es gab schließlich direkt nach dem Fall Bagdads laute Stimmen in Washington D. C., die einen anschließenden amerikanischen Feldzug gegen Syrien verlangten. Nach Beginn des Aufstands gegen ihn ließ Assad die Dschihadisten mindestens indirekt gewähren, in dem er sie nicht bekämpfte und ihnen so die Möglichkeit gab, sich immer weiter auszubreiten. Sein Ziel war stets, dass es in Syrien nur zwei wahrnehmbare Parteien gibt: die finsteren Dschihadisten einerseits und ihn, der sie am Ende doch bekämpft, auf der anderen Seite. Zudem ist Assad für das Erstarken von ISIS auch im Irak mitverantwortlich, weil der Bürgerkrieg in Syrien genug Chaos und Vakuum geschaffen hat, um ISIS einen signifikanten Rückzugsraum zu schaffen. Und für diesen Bürgerkrieg trägt Assad mit seiner brutalen Repression gegen das eigene Volk die Hauptverantwortung.

Um Missverständnisse zu vermeiden: Hier geht es nicht um die Gleichsetzung der Personen, George W. Bush war ein demokratisch gewählter Präsident des führenden Landes der sogenannten freien Welt, während Assad ein blutrünstiger Diktator ist, der die Hauptverantwortung für den Tod von einer halben Million Bürgern seines Landes trägt. Diese Aufzählung soll aber klarmachen, dass die falsche Reaktion auf den Terrorismus wie bei Bush ähnlich fatale Folgen haben kann, wie die bewusste Diskriminierung großer Volksgruppen bei Maliki oder das Abwerfen von Fassbomben und Chemiewaffen auf Zivilisten bei Assad.

Die sieben Phasen des Dschihadismus

Der jordanische Journalist Fuad Hussein hat in seinem 2005 erschienenen Buch ›Al-Zarqawi: The Second Generation of Al Qaeda‹ nach Gesprächen und Korrespondenzen mit führendem Al-Qaida-Personal, wie etwa mit der damaligen Nummer drei, Saif al-Adl, oder eben mit dem damaligen Kopf der Al-Qaida im Irak, Abu Musab al-Zarqawi, eine Phasen-Agenda der Al-Qaida aufgeschrieben, so etwas wie einen dschihadistischen Zwanzigjahresplan:

1. Phase: Das Erwachen (2000–2003)
2. Phase: Das Augenöffnen (bis 2006)
3. Phase: Das Aufstehen und Standhaftbleiben (bis 2010)
4. Phase: Sturz arabischer Regierungen (bis 2013)
5. Phase: Kalifat ausrufen (bis 2016)
6. Phase: Totale Konfrontation, Schlacht zwischen Glauben und Unglauben (bis 2020)
7. und letzte Phase: endgültiger Sieg[40]

Schaut man sich die aktuellen Geschehnisse an, so kann jemandem angst und bange werden ob der zeitlichen Präzision der einzelnen Stufen. »Das Erwachen« lässt sich aus dschihadistischer Sicht sicher mit den Anschlägen vom 11. September 2001 verbinden, »das Augenöffnen« mit der offensichtlich falschen Reaktion der USA im Irak-Krieg. Bis zum Ende der dritten Phase (2010) waren die Widerstände gegen die militärischen Einsätze des Westens weder in Afghanistan noch im Irak gebrochen. Der Sturz arabischer Regierungen (in Tunesien, Ägypten, Libyen und Jemen) folgte im »geplanten« Zeitrahmen. Auch das Ausrufen des Kalifats folgte nach Zeitplan. Und unter »totale Konfrontation« kann man

---

40 Die Phasen in Englisch: »The Awakening«, »Eye-Opening«, »Arising and Standing Up«, »Toppling the regimes«, »Declaration of Caliphate«, »Total Confrontation« und »Definitive Victory«.

die Zunahme der Anschläge auf westliche Gesellschaften verstehen. Jetzt müssen wir also nur noch auf den »endgültigen Sieg« der Dschihadisten warten?

Hinter dieser Scheinklarheit entstehen jedoch Brüche:

1. Die beiden ersten Phasen »Erwachen« und »Augenöffnen« sind rückwirkend geschrieben – und damit wohlfeil.
2. Die dritte Phase – »das Aufstehen und Standhaftbleiben« – bezieht sich bei Hussein auf Syrien, Israel und die Türkei, nicht etwa auf Irak und Afghanistan.
3. Bei der vierten Phase handelt es sich um den Sturz von Regierungen, die von den USA unterstützt werden. Dazu kann man Ägypten zählen, aber sicher nicht Libyen.
4. In Phase fünf wird das Kalifat bis zum Jahr 2016 ausgerufen. Dass dies zutrifft, kann auch daran liegen, dass al-Baghdadi das Buch Husseins sicher kannte und die Ausrufung des Kalifats eher als Effekthascherei gemeint hat. So, wie es ISI 2006 schon einmal getan hatte.
5. Phase sechs – »die totale Konfrontation« – ist Teil der Erzählung aller totalitaristischer Ideologien und kommt immer kurz vor Schluss, dem »endgültigen Sieg«.

Dennoch ist Husseins Buch mehr als nur eine Erwähnung wert. Nicht nur, dass es bis heute große verschwörerische Furore in Internetforen (nicht nur) der Dschihadisten weltweit macht. Nicht nur, weil man diesen Phasenplan wegen der großen Aufmerksamkeit, die er bekommt, dekonstruieren muss. Sondern auch, weil es zeigt, wie es kommen kann, wenn wir falsch auf die dschihadistische Bedrohung reagieren.

Wir brauchen einen durchdachten Plan, der aus den zahlreichen Fehlern der Vergangenheit lernt. Und der sich aller uns zur Verfügung stehenden Instrumente des Rechtsstaats bedient. Nicht nur, nicht in erster Linie, aber auch der Instrumente des Bekämpfens der Dschihadisten.

4.

Dschihadismus »glokal«

> *»What happens in the Middle East*
> *does not stay in the Middle East.«*
> *(Turki al-Faisal)*

Der Terror, wie wir ihn heute erleben müssen, ist längst zu einem Problem mit glokalen Zügen geworden. Diese Wortschöpfung beschreibt, was wir seit Monaten sehen – auch auf der Ebene des Terrors. Denn auch dieser macht sich die Mittel, Wege und leider auch Errungenschaften der Globalisierung zunutze. Glokal[41] bedeutet, dass lokale und regionale Geschehnisse und Prozesse eine globale Bedeutung haben. Weil sie sich rasant über die Social Media ausbreiten. Weil örtliche Netzwerke auch weit darüber hinaus wirken. Weil Botschaften, die unter bestimmten lokalen Bedingungen ausgesendet werden, auch den Rest der Welt erreichen, selbst wenn dort andere Umstände herrschen. Die Adaption dieser Bilder, Worte und Taten auf die eigene Umgebung und Gesellschaft macht daraus etwas Globales. Das gilt in gleichem Maße für den glokalen Terrorismus, der in Zukunft noch stärker in Erscheinung treten wird.

Dort, wo Hass entsteht, muss er sich nicht zwangsläufig entladen. Er kann mitgebracht oder adaptiert werden. Das sieht man nicht nur an dschihadistischen Anschlägen in Australien, sondern auch an der in Syrien kämpfenden ISIS-Einheit mit etwa 80 Kombattanten aus Chile. Religiöser Fanatismus kann leicht auf Frustrationen treffen, die auf einer ganz anderen Ebene stattfinden, und daraus

---

41 Eine treffende Wortschöpfung des israelischen Terrorismus-Experten Boaz Ganor.

eine gefährliche Mischung machen. Dafür müssen nicht zwangs-läufig die sozialen Medien dienen. Auch der Kontakt zu Menschen, die wiederum Kontakt zu anderen Menschen haben, ist ein Weg, extremistische Botschaften in die Welt zu tragen. Auch Messenger-Dienste wie Telegramm, Darknet, Wickr und Imo, die Terroristen für ihren Austausch nutzen, sind solche glokalen Vehikel.

Doch fernab technologischer Errungenschaften gibt es eben auch »klassische« Phänomene wie den Klimawandel, Zuwachs der Bevölkerung und den Kampf um überlebenswichtige Ressourcen wie Wasser. Die Situation um das Niger-Bassin beleuchtet sehr deutlich, wie sich lokale und regionale Konflikte zu einem globalen Sturm auswirken können.

Das Niger-Bassin

Das Bassin des Niger-Flusses, der mit 4100 Kilometern der längste Fluss Westafrikas und nach Nil und Kongo der drittlängste Fluss Afrikas ist, erstreckt sich über 7,5 Prozent des Kontinents und über zehn Länder. Sieben von ihnen gehören zu den 20 ärmsten Ländern der Welt. 130 Millionen Menschen mit einer durchschnittlichen Lebenserwartung von 50 Jahren zählt das Bassin. Davon leben 70 Millionen auf dem Land.

Rund neun Prozent der Bassin-Fläche befinden sich jeweils in Algerien und dem Tschad. Dort macht der Niger-Fluss gleichzeitig die wichtigste Wasserquelle aus. Nur vier Prozent der Niger-Bassin-Fläche liegt in Guinea. Dort aber befindet sich die Quelle des Niger-Flusses.

In Mali, Niger und Nigeria wiederum befinden sich jeweils 25 Prozent der Niger-Bassin-Fläche. Noch wichtiger ist, dass Mali und Niger praktisch abhängig sind vom Wasser des Niger-Flusses und dass Niger 90 Prozent seines Wasserbedarfs von außerhalb seiner Grenzen bezieht, also aus dem Niger-Fluss und aus anderen Neben- und Zuflüssen in Burkina Faso und Benin. Hinzu kommt, dass diese Länder zu den ärmsten auf dem Kontinent gehören. Niger belegt auf dem Index der menschlichen Entwicklung (Human Development Index) der Vereinten Nationen mit Rang 188 den vorletzten Platz und damit auch einen Platz hinter dem Tschad.

Die Bevölkerung der Staaten im Niger-Bassin wächst – in den nächsten 15 Jahren um bis zu 75 Prozent auf dann 337 Millionen Menschen, von denen über die Hälfte jünger als 25 Jahre sein wird. Und diese jungen Menschen werden Land benötigen, um zu überleben. Der Teufelskreis ist bereits heute vertrackt genug:

- Nur sechs Prozent des Bassins sind mit Bewässerungssystemen ausgestattet.
- Dadurch ist ein Großteil der Landwirte abhängig vom Niederschlag.
- Niedrige Erträge zwingen Landwirte dazu, immer größere Landflächen immer häufiger zu bepflanzen.
- Dem Boden wird dadurch die Zeit für Erholung genommen.
- Daraus schließlich resultieren immer weiter abnehmende Erträge.

Die jetzt schon gefährlichen Auseinandersetzungen zwischen Landwirten und Nomaden, die um sowieso schon rar gesäte Weideplätze und Tränken kämpfen, werden sich dadurch weiter verschärfen. Aktuell hat nicht einmal die Hälfte der Menschen in dieser Region Zugang zu sauberem Wasser geschweige denn zu sanitären Einrichtungen.

Das alles wie auch korrupte Regierungen, eine ungleiche Verteilung von Aufstiegschancen und kein Zugang zu wichtigen Ressourcen für die Mehrheit der Bevölkerung destabilisiert eine ganze Region und viele Staaten. Dies wiederum ebnet den Boden für Terrororganisationen wie Boko Haram. Diese wird sich der bestehenden Missstände bedienen, um vor allem junge Männer zu rekrutieren. Und den Terror trägt Boko Haram weit über die Grenzen des Niger-Bassins in die Welt.

Dschihadismus ist nicht nur ISIS

Boko Haram in Nigeria gehört sicher zu den dschihadistischen Gruppen, die man noch am ehesten kennt, auch weil sie traurige Berühmtheit durch die Entführung junger Frauen erlangte. Tatsächlich gibt es weltweit viele weitere Terrororganisationen, die mehr oder minder bekannt, dafür aber nicht weniger grausam als Boko Haram, ISIS oder Al-Qaida sind. In Afrika, Asien und dem Nahen Osten finden wir eine Vielzahl kleinerer oder größerer terroristischer Gruppen, die trotz ihrer Unterschiede auch Gemeinsamkeiten aufweisen. Es gilt, in deren Bekämpfung sowohl das, was sie unterscheidet, wie auch das, was sie verbindet, zu verstehen, um Strategien zu entwickeln. Keine Masterpläne, sondern lokale und regionale Maßnahmen, die vorwiegend politisch ansetzen und umfassend wirken sollen.

Wenn wir uns nämlich die einzelnen dschihadistischen Gruppen ansehen, werden wir überall, wo sie auftreten, feststellen, dass dort beispielsweise immer instabile Regierungen an der Macht sind, dass Korruption, ungleiche Chancen auf Bildung und Wohlstand, kein Zugang zu lebenswichtigen Ressourcen für alle Bevölkerungsgruppen und Perspektivlosigkeit für eine große Gruppe junger Menschen herrschen. Und dann werden wir zudem sehen, dass es dschihadistische Prediger und Radikale sind, die diese Vakuums zu füllen wissen – mit ihren falschen Versprechen, ihrer Ideologie und damit, diesen Hoffnungs- und Mittellosen eine einende Identität im Dschihadismus zu geben.

Es geht zudem um Repressalien und Willkür, denen viele Ethnien und Gruppen, die sich zum Dschihadismus wenden, seitens staatlicher Stellen über Jahrzehnte ausgesetzt waren. Es geht auch um Territorien, um den Kampf zwischen Landwirten und Viehzüchtern, um eine »Double-Standard«-Politik des Westens, wobei einerseits Diktaturen und autoritäre Regimes unterstützt oder gar hofiert bzw. mit Geld und Waffen ausgestattet werden und man dann andererseits erschüttert ist, wenn Diktatoren diese

Mittel nutzen, um Minderheiten in ihrem Land noch weiter zu unterdrücken und zu töten, woraus wiederum und nicht zuletzt auch immer wieder neue Flüchtlingswellen ausgelöst werden. Das alles mehrt den Hass der Dschihadisten auf die lokalen Regimes und den Westen im Allgemeinen. Es spielt zudem den Extremisten in die Hände, müssen diese doch nur auf solche Missstände verweisen, um ihren »Heiligen Krieg« zu rechtfertigen.

Nur wenn wir Lebenswelten und -modelle dort unterstützen, die attraktiver als der Dschihadismus sind, können wir den Terror am Ende besiegen. Vor Ort und mit auf die Regionen zugeschnittenen Mitteln. Das sieht man sehr gut an der Verbreitung der Al-Qaida seit Mitte der 1990er-Jahre.

Al-Qaida und ihre regionalen Ableger [42]

Die Ideologie von Al-Qaida strahlt weit über die Grenzen ihres Kerngebietes – also der arabischen Halbinsel – heraus. Bis in den Irak, den Jemen, den Maghreb und Afghanistan und Pakistan lassen sich regionale Al-Qaida-Ableger beobachten. Dazu gehören beispielsweise »Ansarul Islam« in Burkina Faso oder auch »Jama'at Nusrat al-Islam wal Muslimeen« in Mali und »AQIM« (»Al-Qaeda in the Islamic Maghreb«), Al-Qaidas Ableger in Nordafrika. Die Gefahr, aber gleichzeitig auch Chance auf erfolgreiche Bekämpfung liegt bei diesen und vielen anderen Al-Qaida-Ablegern darin, dass sie – weil sie verhältnismäßig kleine Gruppen sind – (noch) nicht über eine eigene, unabhängige Ideologie verfügen und daher praktisch die von Al-Qaida adaptieren. Sie passen sie an ihre regionalen, lokalen und ethnischen Besonderheiten an, gehören nicht direkt zur inneren Al-Qaida-Struktur, sind aber so-

---

42 Diese sind: »Al-Qaida im Irak« (»al-Tawhid wa'al-Jihad«), »Al-Qaida im Jemen« und »Al-Qaida in Maghreb« (Nordwestafrika).

wohl militärisch wie eben auch ideologisch eng verbunden. Vor allem im Irak kommt es immer wieder zu Kämpfen zwischen ISIS und Al-Qaida. Das zeigt, dass die Ableger der aus Afghanistan stammenden Terrorgruppe auch durch Auseinandersetzungen mit lokalen Extremisten und Warlords zerrieben werden können; genauso kann es aber auch dazu kommen, wie im Falle von »Jama'at Nusrat al-Islam wal Muslimeen« in Mali, dass sich mehrere kleine Gruppen zu einer großen zusammenschließen, die ihrerseits dann Al-Qaida die Treue schwört.

Einsichten

Dafür brauchen wir Einsichten. Dieses Kapitel will versuchen, einen Einblick in die Situation einzelner Länder zu geben, die vom Dschihadismus betroffen sind. Dabei gibt es keinerlei Anspruch auf Vollständigkeit. Gleichzeitig geht es nicht darum, mit dem ausgestreckten Zeigefinger auf andere Staaten zu zeigen. Dass wir in Deutschland, wir in der Europäischen Union selbst genug unerledigte Hausaufgaben im Kampf gegen den Dschihadismus gesammelt haben, zeigt sich in diesem Buch sehr eindeutig. Ob Frankreich, Belgien, Schweden, Dänemark, Großbritannien, Niederlande oder Deutschland: All diese Länder haben nicht ausreichend Präventionsarbeit geleistet, all diese Länder haben – wie an zahlreichen anderen Stellen in diesem Buch beschrieben – im Umgang mit dem Dschihadismus Fehler gemacht. Diese Fehler zu beheben und aus ihnen zu lernen, das ist unsere wichtigste Hausaufgabe.

Doch wird dies in einer vernetzten Welt gegen eine globale Bewegung nicht ausreichen. Sie nutzt gnadenlos jeden Spielraum aus, den wir geben, jedes Vakuum. Sei es ein Vakuum in der Sozial- oder Integrationspolitik einer europäischen Großstadt, sei es ein Vakuum der Staatlichkeit in einem armen Land in Afrika. Hinzu kommt, dass der Dschihadismus trans- und international operiert. Dabei erkennt er keine Grenzen an.

Gesprengte Grenzposten

Die Ideologie von ISIS beruht vor allem auf dem Niederreißen alter, kolonialer Grenzen. Gerade dieses Ziel garantiert den Dschihadisten dynamische Bilder, die beweisen sollen, dass sie sich auf dem Weg vom Proto-Staat zum Kalifat befinden. Umso wichtiger sind ISIS Aufnahmen, die sie beim Niederwalzen von syrisch-irakischen Grenzbefestigungen zeigen oder auch Angriffe von der libysch-tunesischen Grenze. Im Prinzip alles, was auf das Erbe der Grenzziehung von Sykes-Picot 1916 hindeutet, ist den Dschihadisten ein willkommenes Angriffsziel. Nur so nämlich können sie ihren Anspruch auf Territorialität durchsetzen.

Die von ISIS beabsichtigten neuen Grenzen sollen natürlich aber auch ein Signal an potenzielle Rekruten und Sympathisanten sein. Es soll zeigen, dass hier alles möglich ist: ein Neuanfang in einem utopischen Islamischen Staat, dessen Grenzen eben gerade dadurch entstehen, dass alte und ungerechte, weil willkürlich durch die Ungläubigen gezogene Trennlinien aufgehoben werden.

Umso größer, so die Berechnung von ISIS, ist die Faszination, die die Chance, von Anfang an dabei zu sein, für (potenzielle) Dschihadisten bereithält. Das ist weniger politisch, als dass es persönlich ist, d. h., auf jene Individuen zielt, denen das Gestalten, Mitsprechen und Entscheiden in ihrer Heimat verwehrt geblieben ist.

Es wird kaum jemand bestreiten, dass das Sykes-Picot-Geheimabkommen von 1916 zwischen Frankreich und Großbritannien nicht nur den Irak und Syrien erschaffen hat, sondern vor allem Ursprung vieler Konflikte in Nahost war und ist. Diese Grenzen jedoch rückgängig zu machen bzw. zuzulassen, dass Staaten wie Syrien zerbrechen und die Grenzen dadurch womöglich auch durch ISIS neu definiert werden, löst die Probleme allerdings nicht.

Das Sykes-Picot-Dilemma

Von all den Verträgen, mit denen die auswärtigen Mächte den Nahen Osten geprägt haben, ohne jemals die Bevölkerung vor Ort zu fragen, ist das von dem Briten Mark Sykes und dem Franzosen François Georges-Picot ausgehandelte Geheimabkommen der bekannteste, verhassteste und symbolträchtigste. Das Geheimabkommen wurde am 16. Mai 1916 unterzeichnet und führte nach fünf weiteren blutigen Jahren zu den Grenzen, die wir heute kennen.

Gerade vor dem Hintergrund des Zerfalls mehrerer Staaten des Nahen Ostens stellt sich die Frage, ob die Grenzen von Sykes-Picot, durch ihre Willkür eine Ursache für die Konflikte in der Region, noch haltbar sein können. Experten haben bereits das Ende Syriens verkündet. Der bekannte US-Autor und Journalist David Ignatius forderte gar eine komplett neue Grenzziehung für den Nahen Osten.

Fakt ist, dass die koloniale Struktur von Sykes-Picot vor dem Kollaps steht, wie man es heute in Syrien und Irak sehen kann. Angesichts dieser Zersplitterung klingt die Forderung nach neuen Grenzen verlockend: Jede Volksgruppe bekäme Souveränität über ihren Staat – der Streit um Selbstbestimmung, um Unterdrückung und Benachteiligung hätte ein Ende. Doch so einfach ist es nicht. Die Konsequenzen einer neuen Grenzziehung könnten noch gravierender sein als die gegenwärtige Situation. Als Beispiel kann die Volksgruppe dienen, die von Sykes-Picot am stärksten benachteiligt wurde: die Kurden, die auf vier Staaten verteilt wurden – auf Türkei, Syrien, Irak und Iran.

Die »Kurden-Frage«

Für die Idee eines unabhängigen Kurdistans gibt es viel Sympathie, auch in Deutschland. Gerade im Nordirak haben die Kurden in den letzten 20 Jahren eine Oase relativer Stabilität geschaffen. Vor fünf Jahren noch waren die beiden Metropolen Erbil und Suleymania blühende Landschaften ökonomischer und politischer Prosperität sowie relativer Toleranz.

Die Schockwellen einer Unabhängigkeit aber wären gewaltig. In der Türkei führt Präsident Erdogan einen Krieg gegen die Kurden, die er für ein größeres Risiko als den IS hält. Bei diesem Konflikt greift die türkische Armee auch Stellungen in Syrien und im Irak an. Die Revolutionswächter im Iran haben in den letzten Monaten wiederholt mit einem Einmarsch in den Nordirak gedroht, sollten die Kurden ihre Unabhängigkeit ausrufen. Ein solcher Einmarsch wäre für die Region katastrophal.

Es gibt innerkurdische Rivalitäten. Es gibt Spannungen zwischen den großen Parteien »Demokratische Partei Kurdistans« und »Patriotische Union Kurdistans«, die neue dritte Kraft »Gorran« wurde vom Parlamentsbetrieb ausgeschlossen. Ebenso kehrt die Feindschaft der Parteien mit der in der Türkei beheimateten »Arbeiterpartei Kurdistan« (PKK) stärker an die Oberfläche zurück, auch wegen der neuen Radikalisierung in der PKK infolge der von Erdogan begonnenen Auseinandersetzungen in der Türkei. Hinzu kommen noch die »Partei der Demokratischen Union« (PYD, auch als syrische PKK bekannt) und ihre Volksverteidigungseinheiten (»Yekîneyên Parastina Gel«, YPG). Diese kämpfen heroisch gegen den IS, wie man in Kobane gesehen hat. Zugleich sind sie nach innen totalitär. Kritiker werden verschleppt, Kindersoldaten zwangsrekrutiert.

Gewalt kennzeichnet auch die umstrittenen Gebiete am Rande des heutigen kurdischen Autonomiegebiets. So haben nach Angaben von Amnesty International und Human Rights Watch kurdische Peschmerga in den irakischen Provinzen Kirkuk und Diyala den IS aus Dörfern vertrieben, danach aber auch den Rest der sunnitischen Zivilisten – mit aus Deutschland gelieferten Waffen. Das hilft wieder den Dschihadisten, die sich als Retter der Sunniten stilisieren.

Dieses Beispiel zeigt, welche Risiken das Ende von Sykes-Picot brächte. Vor allem aber zeigt es, dass die Neuziehung von Grenzen per se keine Probleme löst. Das koloniale Erbe des Westens sollte uns Warnung genug sein, keine neuen Masterpläne für den Nahen Osten zu entwerfen – weder durch die Neuziehung von Grenzen, noch durch sklavisches Festhalten an den alten.

Unsere Aufgabe als Europäer ist es, zu zeigen, dass wir verstanden haben. Dass diese willkürlichen Grenzziehungen durch ehemalige Kolonialmächte, sei es im Nahen Osten wie auch in Afrika, zu schweren Konflikten geführt haben. Dies einzugestehen wäre ein wichtiges Signal, das zeigen würde: Wir haben verstanden.

I. IRAK

Im Kontext des dschihadistischen Terrors gilt der Irak als Geburtsstätte und zugleich Herz von ISIS. Deshalb lohnt ein besonderer Fokus auf den Irak. Eigentlich als Ableger von Al-Qaida, die sich nach dem Sturz Saddam Husseins im Irak ausbreitete, und als Folge des Machtvakuums nach dem Abzug der US-Truppen Ende 2011 entstanden, setzt sich »Al-Qaida Plus« – wie ISIS von den Irakern genannt wird – aus Dschihadisten zusammen, die zum größten Teil bereits gegen die US-Streitkräfte bis zu deren Abzug kämpften. Auch rekrutierte ISIS nach Abzug des US-Militärs viele Sunniten in seine Reihen, weil diese sich vom ehemaligen Präsidenten Maliki betrogen sahen, hatte dieser doch sein Versprechen, die Sunniten in der Schaffung eines neuen Iraks auf Augenhöhe einzubinden, nicht eingehalten. Zudem wurden friedliche Aufstände vor allem in der mehrheitlich sunnitischen Westprovinz

Anbar blutig niedergeschlagen. Hinzu kommen destabilisierende Faktoren wie die grassierende Korruption oder die fehlende Präsenz der Sunniten in den oberen Rängen der Armee, die am Ende zu einer Erosion staatlicher Strukturen führten bzw. nicht zuließen, dass sich das Land nach dem Sturz Husseins und nach dem Abzug der Amerikaner neu und fair ordnen konnte. Dieses auf vielen Ebenen vorzufindende Vakuum hat ISIS gefüllt, mit eben seinen Strukturen, Vorstellungen und der Utopie eines Islamischen Staates, eines Kalifats, das am Ende auch die verhassten Grenzen der Kolonialmächte auslöscht. Eine Woche vor dem Fall von Mossul traf ich in Bagdad Stammesführer aus der Provinz Anbar. Dort hatte ISIS seit Monaten bereits die Kontrolle übernommen. Ich fragte diese Ältesten, warum sie die Terrororganisation unterstützten. Die Antwort war so grausam wie selbsterklärend: »Wir hatten die Wahl zwischen schlecht Leben unter ISIS oder Sterben unter Maliki.« Trotz aller »Internationalität« und Verbreitung ist und bleibt ISIS eine irakische Organisation, die aus dem irakischen Ableger von Al-Qaida hervorgegangen ist, einer der wichtigsten Gruppen im Aufstand gegen die US-geführte Invasion und die irakische Übergangsregierung. Wer ISIS erfolgreich bekämpfen will, muss das verstehen und sich der tiefsitzenden politischen Krise im Irak annehmen, denn mit dem Erstarken von ISIS wiederholt sich die jüngste Nachkriegsgeschichte des Landes. Bereits die Vorgängerorganisationen von ISIS haben Kapital aus bestehenden konfessionellen und ethnischen Spannungen geschlagen. Damals wie heute sind es zunehmend marginalisierte Sunniten und ehemalige Anhänger des Baath-Regimes, die sich ISIS anschließen und mitverantwortlich sind für die rasanten Gebietsgewinne und hohe militärische Schlagkraft. ISIS entstand im Wesentlichen aus der Frustration angesichts des hochgradig unbefriedigenden politischen Transitionsprozesses nach dem Fall Saddam Husseins im Jahre 2003. Kollaps durch Korruption und Chaos, so lässt sich wahrscheinlich am besten beschreiben, was das Entstehen und Erstarken von ISIS im Irak begünstigte. Ebenso wie der Aufstieg von ISIS seine Wurzeln in politischen Missständen im Irak hat, liegen dort auch wesentliche Teile der Lösung. Auf der einen Seite schwand die kurz nach der amerikanischen Invasion 2003 aufgekommene Euphorie über die Befreiung von einem Diktator der Ernüchterung. Angesichts grassierender Korruption, intransparenter politischer Prozesse und des Fehlens einer funktionierenden Justiz verwandelte sich der Vorschuss an Vertrauen in die Regierung schnell in Frustration und Gewalt – vor allem, weil die USA und die lange von ihnen unterstützte Regierung Nuri al-Malikis das politische Versprechen einer dauerhaften Einbindung der Sunniten (und Kurden) in Politik und Wirtschaft des Iraks nie einlösten. Zwar hatten die USA bereits Mitte der ersten Dekade des 21. Jahrhunderts versucht, die Verbindung zwischen den Islamisten und sunnitischen Stämmen zu lösen. Zwar kooptierten die USA erfolgreich mit lokalen Stammesführern und drängten die Vorläufer von ISIS an den Rand der Bedeutungslosigkeit. Doch Initiativen zur langfristigen und gerechten Beteiligung der Sunniten an der Politik und am Reichtum des Landes blieben letztlich aus. Vielmehr fachte die Politik der Regierung die ohnehin schon existierenden Spannungen zwischen den verschiedenen Bevölkerungsgruppen im Land nur noch weiter an. Legitime politische Forderungen der Sunniten wurden vom ehemaligen schiitischen Ministerpräsidenten al-Maliki mit harter Hand niedergeschlagen. Schließlich zeigten sich die fragilen politischen wie militärischen Institutionen des Landes nicht imstande, der Bedrohung durch ISIS effektiv Einhalt zu gebieten. Je mehr also institutionelle Kräfte an Boden verloren, umso größer wurden die Gebietsgewinne des ISIS – geografisch, militärisch und gesellschaftlich. Auch gingen weder die USA noch die europäischen Partner eine Auseinandersetzung mit den politischen Missständen im Irak ernsthaft an. Doch genau in dieser fehlenden Auseinandersetzung mit dem ISIS auf politischer Ebene liegt eine Chance, diese dschihadistische Organisation erfolgreich zu bekämpfen.

Iraq First!

Eine politische Strategie gegen ISIS muss in dem Land ansetzen, in dem die Organisation verwurzelt ist, also im Irak. Dabei reicht ein bloßes Ausrufen einer solchen Strategie, wie es der ehemalige US-Präsident Barack Obama im Kampf gegen ISIS bereits im Jahr 2014 mit »Iraq First«[43] tat, nicht aus, auch wenn diese Strategie richtig ist, alleine schon aufgrund der regionalen Fokussierung. Nein, politischen Plänen und einer übergreifenden Strategie müssen auch konkrete Taten folgen, die dann im Irak politisch, militärisch und zivilgesellschaftlich umgesetzt werden müssen.

Erste Teilerfolge lassen sich bereits beobachten: Die Bedrohung durch ISIS hat mittlerweile viele relevante Kräfte des Landes zumindest vorübergehend geeint. Die Iraker fordern von ihrer Regierung Reformen ein, und in vielen Ländern gibt es die politische Bereitschaft für eine Unterstützung des Iraks. Und ISIS hat weite Teile seines Territoriums verloren. Dennoch: Auch wenn es insgesamt scheint, als wäre ISIS weitgehend verdrängt worden und wichtige Städte wie Ramadi und Falludscha zurückerobert wurden, ist ISIS im Irak damit lange noch nicht besiegt, verüben die Dschihadisten doch gerade aufgrund ihrer Schwächung vermehrt Attentate und Anschläge. Das wiederum trägt zu einer instabilen Sicherheitslage bei bzw. legt Defizite in diesem sensiblen Bereich offen.

Am Ende kann nur eine langfristige und gerechte Beteiligung der Sunniten an der Politik und am Reichtum des Landes diesen Terrororganisationen das Wasser abgraben. Mit einem kurzfristigen Herauskaufen und Bewaffnen wird es nicht getan sein.

Deshalb muss man Premierminister Abadi bei seinen mutigen Reformbemühungen unterstützen. Die Ankündigung einer tiefgreifenden Verwaltungs- und Kabinettsreform und sein Bemühen um Korruptionsbekämpfung müssen gewürdigt und aktiv unter-

---

43 Sein Nachfolger allerdings spricht nur noch von »America First!«.

stütz werden. Angebote könnte Europa machen, beispielsweise im Bereich der Reform des Sicherheitssektors, aber auch des Justizwesens. Deutschland hat aufgrund seiner eigenen Geschichte besondere Expertise, wenn es um Aufarbeitung der eigenen Geschichte und damit aktive Versöhnungsarbeit geht. Eine solche Versöhnungsarbeit durch die Aufarbeitung der irakischen Geschichte unter Saddam Hussein und der Zeit seit der amerikanischen Invasion müssen irgendwann angegangen werden, sollen die verschiedenen Teile der irakischen Gesellschaft (wieder?) zueinander finden.

Das Wichtigste für den Irak:
Korruption[44] bekämpfen!

Der Irak, eines der ölreichsten Länder der Welt, belegt beim Korruptionsindex von Transparency International Rang 161 von 168 Staaten. Beim Korruptionswahrnehmungsindex 2016 von Transparency International nimmt das Land Rang 166 von insgesamt 176 Staaten ein. Kurzum: Irak ist nicht nur politisch und ethnisch zerrissen. Auch in Sachen Ungleichheit, was die Verteilung von Ressourcen, Chancen auf Bildung, medizinischer Versorgung und Wohlstand oder auch Teilhabe an staatsbildenden Prozessen angeht, bildet Irak eines der weltweiten Schlusslichter, knapp vor Ländern wie eben auch Afghanistan, Libyen und Sudan. Hält man sich vor Augen, dass mit Ayad Allawi ausgerechnet einer der ehemaligen Vize-Ministerpräsidenten des Iraks in den Enthüllungen rund um die Panama Papers und darin als Besitzer einiger Luxusimmobilien in London auftaucht, wird die Korruption im Irak nur noch deutlicher, weil sprichwörtlich persönlicher.

---

44 »In too many countries, people are deprived of their most basic needs and go to bed hungry every night because of corruption, while the powerful and corrupt enjoy lavish lifestyles with impunity.« (José Ugaz, Chair of Transparency International).

Auch dieses Beispiel zeigt, dass die vermutlich größte Herausforderung des Landes darin besteht, die Korruption zu bekämpfen und damit den Teufelskreis aus Benachteiligung, Ungleichheit, einem Angebot politischer Vertreter, das nicht die gesellschaftlichen Verhältnisse im Land, sondern die Machtinteressen Weniger widerspiegelt, und letztlich auch das Aufkommen extremistischen Terrors als »Antwort« der Enttäuschten, zu durchbrechen.

Das schafft man im Irak natürlich nicht, wenn das Vertrauen in die Regierung durch Korruptionsvorwürfe und Ermittlungen gegen selbige stückweise erodiert wird. So musste sich die zuständige Parlamentskommission vergangenes Jahr mit über 13.000 Beschwerden von Korruption in der Regierung befassen. 18 davon richteten sich gegen ehemalige oder aktive Minister. Zu Zehntausenden gehen die Menschen seit einigen Jahren auf die Straße und fordern lautstark die schnelle Umsetzung der angekündigten Reformen von ihrer Regierung. Sie wollen zudem, dass das Rechtssystem reformiert und die »Transitional Justice« – der rechtliche Umgang sowohl mit den Problemen aus Saddams Zeit als auch mit denen aus den turbulenten Jahren nach der US-Invasion – konsequent angegangen wird. Dazu gehört vor allem die Frage danach, wie mit den ehemaligen Baath-Kadern umgegangen werden soll. Die Mitglieder von Saddams Staatsführung sind derzeit wichtige Verbündete von ISIS. Gelänge es, sie durch einen historischen Kompromiss aus diesem Bündnis herauszulösen, könnte der Organisation ein entscheidender Schlag versetzt werden.

Spannungen beseitigen und alle Gruppen am Wiederaufbau beteiligen

Ein weiterer Schritt in Richtung mehr Handlungs- und Wandlungsfähigkeit der Regierung sollte darin bestehen, die Spannungen zwischen den verschiedenen Bevölkerungsgruppen abzumildern. Die unter Ex-Ministerpräsident al-Maliki einseitige Begünstigung schiitischer Gruppen, was die Verteilung politischen Einflusses oder auch den Zugang zu Gebieten, Ressourcen und staatlichen Versorgungsleistungen angeht, wie auch die unter ihm brutal niedergeschlagenen Proteste der sunnitischen Gruppen lassen sich sicher als einer der stärksten Treibstoffe für das Aufkommen und Aufsteigen von ISIS nennen, unterstützen doch viele Sunniten gerade aus Frustration über ihre Benachteiligung die dschihadistische Terrororganisation. Rückgängig zu machen ist all dies nicht. Sehr wohl jedoch sollte es beim Bekämpfen von ISIS jetzt umso mehr darum gehen, Sunniten nicht pauschal wegen der Taten von ISIS zu verurteilen und zu bestrafen. Schließlich geht es auch darum, die Rückkehr in vom ISIS zurückeroberte Gebiete offen für alle zu gestalten – auch für Sunniten und mit gleichen Chancen auf einen Neuanfang. Ein Weiter-wie-bisher würde den Zyklus aus Gewalt, Vergeltung, Terror und Krieg nur wieder anheizen.

Genauso ist bei der zivilgesellschaftlichen und politischen Bekämpfung von ISIS wichtig, dass bestehende staatliche Institutionen gestärkt werden. Die Herausforderung der Sicherheitssektorreform ist hierfür exemplarisch. So existieren neben der eigentlichen irakischen Armee zahlreiche, fast gänzlich unabhängige schiitische Milizen, sunnitische Stammesmilizen und verschiedene Ausrichtungen kurdischer Peschmerga. Dabei sind die staatlichen Einheiten nicht unbedingt die schlagkräftigsten. Als entsprechend schwierig erweist sich folglich die Herausforderung, die anderen Einheiten unter ihr Kommando stellen zu wollen.

Die kurdischen Peschmerga verdeutlichen dieses Problem noch deutlicher. Ihre Aufstellung gehorcht weniger militärischen als vielmehr politischen Maßgaben. Einige sind dem zuständigen Ministerium, andere politischen Parteien unterstellt. Der Sold der Kämpfer ist seit Monaten überfällig, die Bewaffnung trotz ausländischer Waffenlieferungen häufig schwer und bisweilen gar hoffnungslos veraltet.

Das macht ein nachhaltiges Engagement der internationalen Gemeinschaft vor allem im politischen Prozess umso wichtiger. Dazu gehört auch jenes der Bundesregierung, die ihre Möglichkeiten bei Weitem noch nicht ausgeschöpft hat. Leider, denn sie genießt ein hohes Ansehen im Irak, was zu einem großen Handlungsspielraum führen kann. Statt diesen auszunutzen, besetzt die Bundesregierung die deutsche Botschaft in Bagdad mit gerade einmal anderthalb deutschen Dienststellen. In Kurdistan wiederum liefert sie Waffen an die Regionalregierung, schaltet sich dann aber nicht hinreichend in den politischen Prozess ein. So schloss vor einiger Zeit die Regierung die zweitgrößte Partei des Parlaments aus, obwohl sie den Peschmerga-Minister verfassungswidrig abgesetzt hatte. Auch wenn völlig unklar ist, wie die bisher gelieferten Waffen eingesetzt wurden, sollen nun weitere Gewehre geliefert werden. Statt politisches Kapital zur Reform politischer Verhältnisse zu investieren, wurden riesige Summen für so genannte »Cash for Work«-Initiativen angesetzt, die Binnenvertriebenen helfen sollen, bei denen aber völlig unklar ist, wie sie so schnell überhaupt ausgegeben werden können.

Diese Politik bringt uns bei der Bekämpfung des ISIS keinen Schritt weiter. Wenn wir ISIS besiegen wollen, müssen wir uns zuerst um den Irak bemühen. Wenn wir dieses Land stabilisieren wollen, brauchen wir eine vielfältigere, engagiertere und kleinteiligere Politik. Dazu braucht es mehr Interesse, Engagement und Geduld mit dem Irak, als alle internationalen Partner, wie aber auch viele Vertreter des Iraqi Interim Government (IIG) bisher an den Tag gelegt haben. Wir sollten dabei nie vergessen, dass im Gegensatz zu Dschihadismus als solchem der ISIS als konkrete dschihadistische Organisation durchaus besiegbar ist. Bislang jedoch profitiert ISIS im Irak davon, dass trotz aller öffentlichen Bekundungen seine Bekämpfung für keinen der relevanten Akteure oberste Priorität darstellte und auch, dass der große unsichtbare Teil des Eisbergs nicht mit vereinten Kräften ins Visier genommen wurde.

Rolle der Regionalmächte mitdenken

Der Irak ist zahlreichen Einmischungen seiner Nachbarstaaten ausgesetzt. Im Süden des Landes, rund um die Hafenstadt Basra, dominiert spätestens seit dem Abzug der britischen Truppen 2009 der Iran. Seit 2014 hat vermehrt auch das schiitische Milizenbündnis »al-Hashdash-Sha'bi« das Sagen, das zur Bekämpfung von ISIS gegründet wurde. Die sich unter diesem Namen sammelnden paramilitärischen Volksmobilisierungseinheiten unterstützen zwar die reguläre irakische Armee, unterstehen jedoch im Zweifelsfall den iranischen Revolutionsgarden. Von diesen werden sie ausgebildet und finanziert. Ihre militärischen Erfolge mehren damit auch den Einfluss Irans auf den Irak. Zudem werden al-Hashdash-Sha'bi grausame Verbrechen an der sunnitischen Zivilbevölkerung der zurückeroberten Städte und Gegenden vorgeworfen, wie auch willkürliche Verhaftungen und Hinrichtungen von Zivilisten. Mit al-Hashdash-Sha'bi befindet sich der Irak in einem tiefen Dilemma: Einerseits braucht die schwache Zentralregierung die Milizionäre zur Verdrängung von ISIS, andererseits zersetzen sie die Autorität genau dieser Regierung durch ihre Gewalt und den zunehmenden Einfluss Irans.

Der Raum um Bagdad steht unter dem Einfluss der Regierung um Präsident Haidar al-Abadi, auch wenn der Iran bei politischen Prozessen in Bagdad eine Vetomacht ist. Der Nordirak untersteht der Regierung, in denen nicht nur die Peschmerga, sondern auch die kurdischen Volksverteidigungseinheiten (YPG) gegen ISIS kämpfen – und ihrerseits vom türkischen Militär angegriffen werden. Jeder Lösungsansatz für den Irak muss die Regionalmächte also mitdenken.

Humanitäre Hilfe leisten,
Sicherheitssektor-Reform unterstützen

Der Irak leidet nicht zuletzt auch an den humanitären Folgen des Bürgerkrieges und des Kampfes gegen ISIS. Regionen wie Dohuk oder Diyala haben Hunderttausende Flüchtlinge aufgenommen, ohne sie auch nur mit den grundlegendsten Gütern des Lebens versorgen zu können. Die internationale Gemeinschaft ist bei der Hilfe bis heute zögerlich. Dies schafft weitere Instabilität im Land.

Nicht zuletzt deswegen benötigt der Irak eine Sicherheitssektor-Reform. Auch muss das Land lernen, die unter Hussein, aber auch unter Maliki vergangenen Verbrechen aufzuarbeiten, am besten durch Beitritt zum Internationalen Strafgerichtshof in Den Haag und eine detaillierte und transparente Auswertung der Baath-Partei-Archive. Nur so kann die Kultur der Rache überwunden werden.

Ein reiches Land

Der Irak ist ein reiches Land, reich an Öl und Kultur. Doch er ist auch ein fragiles Konstrukt, das nur zusammengehalten und stabiler neu geordnet werden kann, wenn die sunnitische Minderheit das Gefühl hat, dass die Schiiten sie leben und teilhaben lassen.

»Wir hatten die Wahl zwischen schlecht Leben unter ISIS oder Sterben unter Maliki«: Diese fatale Spirale von Entweder-Oder muss endlich durchbrochen werden. Zerfällt der Irak, dann zerfällt die verbliebene und berechtigterweise verhasste Sykes-Picot-Ordnung in der Region, ohne dass vorher gemeinsam eine neue gefunden worden wäre. Das hätte verheerende Folgen. Noch mehr Chaos wäre die unweigerliche Folge und das Auseinanderbrechen weiterer Länder.

II. SYRIEN

Die syrische Katastrophe ist immer noch in vollem Gange. Ihr Beginn lässt sich zumindest zeitlich recht genau datieren, wenn auch die Ursachen für den Ausbruch des Bürgerkrieges noch weiter zurück in der Zeit und tief unter der gesellschaftlichen Oberfläche dieses alten, schönen und sterbenden Landes liegen.

Im Frühjahr 2011 erreichen die ersten Ausläufer des Arabischen Frühlings vom Tahrir-Platz in Kairo aus auch vereinzelte Städte in Syrien. Je stärker die Repressalien des Assad-Regimes gegen einzelne Proteste und Demonstranten wurden, desto mehr forderten diese nicht nur mehr Reformen, sondern den Rücktritt Baschar al-Assads.

Die Verhaftung von Kindern in Daraa, weil diese Assad-feindliche Graffiti an die Schulmauern gesprüht und sie darauf gefoltert wurden, löst massive Demonstrationen aus. Es folgen bewaffnete Aufstände in Homs und Hama, die wiederum brutal niedergeschlagen werden. Massenverhaftungen und die Entlassungen von Dschihadisten aus den Gefängnissen zur Unterwanderung der Aufständischen folgen.

Die weitere Chronologie des syrischen Grauens ist weitgehend bekannt. Zu präsent sind schließlich noch die Bilder aus den vergangenen sechs Jahren, die Zehntausende Opfer des Krieges zeigen: Zivilisten, die durch Fassbomben und Giftgasangriffe des Assad-Regimes niedergemetzelt wurden; die Gräueltaten von ISIS; Bombenattentate der islamistischen Fatah al-Scham; desertierende Soldaten der syrischen Armee, die sich den Aufständischen anschließen. Millionen von Flüchtlingen, die aus den umkämpften Gebieten, aus Aleppo, Palmyra oder Homs, in das Kreuzfeuer von Aufständischen, Regierungstruppen oder den Dschihadisten geraten sind. Ertrunkene Kleinkinder – gestorben beim Versuch, dem Grauen zu entfliehen.

Geostrategie des Grauens

Das alles passierte und geschieht immer noch in Syrien. Dass es immer wieder eine neue Stufe der Eskalation gibt, liegt zu einem großen Teil auch an der direkten und indirekten Beteiligung vieler ausländischer Kräfte, die ihrerseits unterschiedliche Interessen in Syrien verfolgen. Neben dem Iran unterstützen mittlerweile auch Russland und die Türkei die Assad-Regierung und bekämpfen in erster Linie die Aufständischen (die Türkei die kurdischen), nicht aber zwangsläufig auch und immer die Dschihadisten.

Doch auch die USA und die Internationale Allianz gegen den Islamischen Staat verfolgen ihre Ziele. Vor allem Saudi-Arabien als Teil dieser Koalition hat ein starkes Interesse daran, Präsenz in Syrien zu zeigen, weil das Königreich fürchtet, dass sein Erzfeind Iran ansonsten an Macht gewinnt. Teile der Regierung in manchen Golfstaaten, in jedem Fall aber einflussreiche Privatleute unterstützen konservative islamische Gruppen oder auch islamistische Hilfsorganisationen, die wiederum den Wahabismus nach Syrien bringen.

Iran wiederum verbindet eine seit gut 40 Jahren währende Zusammenarbeit und Freundschaft, die bereits unter Baschar al-Assads Vater Hafis al-Assad und Khomeini begann. Teherans Unterstützung für das Regime zielt aber nicht nur auf einen Verbleib Assads an der Macht. Denn auch, wenn er gehen müsste, würde der Iran durch seine Verbindungen zu schiitischen Milizen bzw. durch deren Ausbildung im Iran, weiter Kontrolle auf Damaskus ausüben und die logistische Brücke zur libanesischen Hisbollah aufrechterhalten können. Also lässt sich Teheran die Unterstützung für Assads Machtapparat zweistellige Milliardenbeträge kosten, liefert Öl, Kredite, Kriegs-Know-how und Kämpfer und erhält Assad damit am politischen Leben.

Am Ende scheiden sich die Strategien und scheitern Friedensverhandlungen auch daran, dass in erster Linie die »fremden« Interessen zu bestimmen scheinen, was aus Syrien werden soll:

Ein Land mit oder ohne Assad? Ein Frieden mit oder ohne ISIS? Eine Lösung, die sowohl Riad als auch Teheran akzeptieren? Ein militärisches Ende oder doch eher politische Entscheidungen und Kompromisse, die die Waffen zumindest so lange schweigen lassen, bis sich weitere Fortschritte ergeben?

Die Lösungsansätze und -möglichkeiten für einen dauerhaften Frieden in Syrien sind ebenso komplex wie die Ursachen, die zu dem Konflikt führten und die Interessen unterschiedlicher Mächte, die einen Frieden bisher blockieren. Fest steht, dass die Islamisierung und Militarisierung Hand in Hand gingen und dass sich einige der involvierten Staaten der Dschihadisten bedient haben oder noch bedienen, um die andere Seite zu unterminieren und zu destabilisieren.

Unsere Versäumnisse

Fest steht auch, dass wir im Westen vieles versäumt haben, was die Eskalation des Syrien-Krieges hätte verhindern können. Die fehlende politische Unterstützung der hilfesuchenden moderaten Opposition gehört sicher dazu. Und, ja, es gibt eine moderate syrische Opposition, auch wenn Assad und Russland dies konsequent negieren. Ich habe viele dieser Menschen auf meinen zahlreichen Reisen nach Syrien (vor dem Krieg) kennengelernt, teilweise zwischen zwei ihrer Gefängnisaufenthalte. Zu viele dieser Menschen sind mittlerweile getötet worden. Viele von ihnen würde ich ohne Bedenken »lupenreine Demokraten« nennen. Unsere Tatenlosigkeit hat zur Erschaffung jenes Vakuums beigetragen, das ISIS und Fatah al-Scham dann füllen konnten.

ISIS von Assad bekämpfen lassen?

Einen durchaus provokanten Ansatz[45] zur Bekämpfung von ISIS wählte der renommierte liberale ›New-York-Times‹-Journalist Thomas L. Friedman. Seine These ist ebenso einfach wie gefährlich: Man sollte es Iran, Russland, der Hisbollah und Assad überlassen, ISIS in Syrien zu bekämpfen und letztlich zu besiegen. Nur so könne sichergestellt werden, dass auch die moderaten Rebellen am Ende – also wenn ISIS besiegt ist – eine Rolle in der Neuverteilung der Macht in Syrien spielen. Ein Zwei-Fronten-Krieg würde zudem Klarheit in die komplexen Bündnis- und Interessen-Verhältnisse bringen und den sunnitischen Rebellen in der Provinz Idlib am Ende eine starke Ausgangsposition für Verhandlungen geben. Und damit automatisch auch die Macht Assads und den Einfluss Russlands schwächen. Würden die USA gemeinsam mit ihren syrischen Verbündeten ISIS besiegen, würden sie Druck von Assad nehmen, könnte der dann doch seine geballten Kräfte dafür nutzen, die sunnitischen Rebellen anzugreifen, zusammen mit Russland, dem Iran und der Hisbollah.

Was daran falsch ist: Es ist eindeutig, dass mit Assad als Symbolfigur der Fassbomben, Chemiewaffen und Ruinen für die Mehrheit der Bevölkerung kein nationaler Versöhnungsprozess denkbar ist. Viele meiner syrischen Freunde sagen mir bis heute: »Wenn Ihr (der Westen) mit Assad paktiert, bleibt uns nichts anderes übrig, als mit denjenigen gemeinsam gegen Assad zu kämpfen, die noch übrig sind.« Ins »Irakische« übersetzt hieße das: »Wir haben die Wahl zwischen schlecht Leben unter ISIS oder Sterben unter Assad.«

---

45 Thomas L. Friedman, »Why is Trump fighting ISIS in Syria?«, ›New York Times‹, 12. April 2017, https://www.nytimes.com/2017/04/12/opinion/why-is-trump-fighting-isis-in-syria.html

Als internationale Gemeinschaft müssen wir verstehen, dass Assad in diesem Krieg nicht in erster Linie die Dschihadisten bekämpft, sondern die Rebellen und sein eigenes Volk. Wer mit Assad paktiert, unterstützt genau dieses Deckmantel-Vorgehen. Wer Frieden ohne Dschihadisten will, darf Assad nicht unterstützen. Das muss auch die Trump-Administration verstehen, die Assad zwar militärisch bekämpft, ihn auf der anderen Seite jedoch bisher als eine Art Stabilitätsanker im Nahen Osten sieht.

Wir dürfen nicht vergessen, dass wir den Menschen in Syrien glaubhaft erklären müssen, warum wir Bomben, nicht aber Hilfsgüter über belagerte Städte abwerfen können, obwohl es technisch geht. Und warum die Islamisten von Jabhat al-Fatah al-Scham die Einzigen waren, die versucht haben, den Belagerungsring der syrischen Armee um Aleppo zu durchbrechen. Aleppo, einst die Perle Syriens: Hier mussten bis zu 200.000 Menschen ausharren. Unsere Ohnmacht hatte Gründe. Wir müssen uns für diese Ohnmacht aber auch rechtfertigen. Dafür, dass wir Zugang zu humanitärer Hilfe gefordert, selten aber durchgesetzt haben. Schließlich begannen irgendwann alle Kriegsparteien, nach Assadschem Vorbild die Zivilbevölkerung einzukesseln und von der Versorgung mit Lebensmitteln, Wasser und Medikamenten abzuschneiden.

Wir müssen an morgen denken, wenn Vertriebene zurückkehren. Wie wird das Verhältnis zwischen ihnen und jenen Nachbarn sein, die sie verraten haben – an ISIS, Assad oder an die YPG? Wir brauchen eine Aufarbeitung und nicht bloß eine Archivierung der Gräueltaten und Verbrechen. Der Wiederaufbau und die humanitäre Hilfe sind zentral für die Zukunft Syriens genauso wie es die Aussöhnung der Konfliktparteien ist. Unabhängige Untersuchungen durch die Vereinten Nationen wie auch die Zusammenarbeit mit dem Internationalen Strafgerichtshof in Den Haag, was unter anderem auch die Verurteilung der Schuldigen des Giftgaseinsatzes in der Ortschaft Chan Scheichun und anderer Kriegsverbrechen angeht, sind unabdingbar.

Ein weiteres großes Hindernis zum Frieden in Syrien sind die ausländischen Milizen, Soldaten oder Dschihadisten, die »Foreign

Fighters« also. Nicht nur stehen diese in Syrien mit ihrer Präsenz einem Friedensprozess im Wege und sorgen für immer neue Eskalation, sondern stellen auch als radikalisierte und kampferfahrene Rückkehrer eine Bedrohung für die innere Sicherheit in unseren Ländern dar. Das gilt ungeachtet der Frage, auf »welcher Seite« sie gekämpft haben. Deshalb ist es so zentral, Dschihadisten »Made in Germany« von der Ausreise abzuhalten.

Ebenso von zentraler Bedeutung ist, zu verstehen, dass die Lieferung von (europäischen) Waffen an die Rebellen nie eine Lösung dargestellt hat und zudem gefährlich ist: Je mehr Waffen wir geliefert haben, desto größer wurde die Aufrüstung des Assad-Regimes durch Russland und Iran. Zudem haben wir nie nachvollziehen können, in welche Hände die Waffen geraten sind, gibt es doch immer noch rund 1.500 separate Einheiten der Freien Syrischen Armee (FSA), die sich teilweise nicht nur gegenseitig bekämpfen, sondern auch gegen die Zivilbevölkerung richten. Nicht zu vergessen: Wenn es einen Frieden in Syrien geben sollte, werden sich die jeweiligen Gruppen dennoch nicht einfach so entwaffnen lassen. Damit blieben auch viele europäische Waffen im Land, die in den falschen Händen bzw. in denen der Dschihadisten wiederum in andere Krisenregionen gebracht würden, um dort im Namen des Dschihad und Terrors eingesetzt zu werden. Auch würden UNO-Blauhelme, die viele gerne nach dem Ende des Konflikts nach Syrien verlegen möchten, in große Gefahr geraten.

Wir müssen letztlich auch überprüfen, wer die strategischen Partner des Westens in diesem Konflikt sind und welche sich nur dafür ausgeben, um am Ende unter dem Deckmantel einer »Allianz der Guten« ihre geopolitischen und religiösen Interessen rücksichtslos verfolgen.

Das Wichtigste jedoch ist die humanitäre Hilfe für alle Bedürftigen. Assad lässt seit Beginn des Konfliktes humanitäre Güter (fast) nur in Regionen, die ihm zu Seite standen. Gegen diese Politik hat sogar Russland im Sicherheitsrat der Vereinten Nationen votiert. Nur: Bei allem Einfluss Moskaus in Damaskus haben sie dagegen nie etwas unternommen.

Europa könnte mehr tun

Europa kann im Syrien-Konflikt eine weit größere Rolle spielen. Russland hat kein Interesse daran, dass Syrien dauerhaft in Schutt und Asche liegt. Die Europäer könnten ihre Hilfe für einen Wiederaufbau nach einer Beendigung des Konfliktes anbieten, diese Hilfe aber an Bedingungen knüpfen: humanitäre Hilfe für alle, das Ende der Belagerungen und der Vertreibungen, Freilassung der Zigtausenden politischen Gefangenen aus den Folterkerkern Assads, Wiederaufbau für alle (nicht nur für Assad-Getreue), ein fairer Machtübergang unter Einschluss aller Seiten, den Abzug ausländischer Truppen und – last but not least – eine Aufarbeitung der begangenen Kriegsverbrechen mit dem Ziel eines Prozesses nationaler Aussöhnung.

Das Problem der Europäer ist leider auch in diesem Fall ihre Uneinigkeit. Während einige Staaten Waffen an die Rebellen liefern, liefern andere EU-Mitglieder wiederum Waffen an Assad. Dass unter diesen Umständen die EU schwach ist und auch nicht mehr am Haupttisch der Verhandlungen sitzt, ist die traurige Konsequenz dieser Uneinigkeit.

Zudem ist es wichtig, dass wir auf Eindämmung des Konfliktes setzen, d. h. darauf achten, dass die Länder um Syrien herum – also vornehmlich der Irak, Jordanien und der Libanon, wie aber auch in einem gewissen Maße die Türkei – nicht kollabieren oder noch instabiler werden. Denn auch das Ausschließen von grenzübergreifenden Konflikten kann die friedliche Zukunft Syriens unterstützen.

Syrien ist zerstört. Auf Jahre. Für Generationen. Ein Lehrer aus der belagerten Stadt Madaya sagte zu Mitarbeitern der Hilfsorganisation «Save the Children»: »Die Kinder sind psychisch am Ende und todmüde. Wenn wir beispielsweise mit ihnen zu singen versuchen, dann reagieren sie überhaupt nicht. Sie lachen nicht, wie sie es wohl normalerweise tun würden. Sie malen Bilder von Kindern, die im Krieg umgebracht wurden, oder von Panzern oder von der Belagerung oder dem Mangel an Nahrungsmitteln.«

Wir können in Syrien nicht viel tun. Diesen Kindern schulden wir allerdings, dass wir tun, was wir können.

III. JORDANIEN UND LIBANON

Jordanien und Libanon leiden beide unter den mittelbaren und unmittelbaren Folgen des Kriegs in Syrien. Libanon nahm bisher rund 1,2 Millionen syrische Flüchtlinge auf – bei einer Bevölkerung von rund vier Millionen.[46] In Jordanien leben gar rund zwei Millionen Flüchtlinge aus Syrien, bei einer Bevölkerung von 9,5 Millionen. In beiden Ländern findet damit ein harter Kampf um die Verteilung von Ressourcen statt, d. h. um Arbeit, Lebensmittel, Wasser, Bildung und Wohnraum. Die Vereinten Nationen wie auch andere internationale Hilfsorganisationen, die diese Camps betreuen, stellen mittlerweile eine Art Wirtschaftszweig für den Libanon und Jordanien dar, zahlen sie doch Mieten für Büros und Wohnungen und sorgen auch so für mehr Umsatz und sogar für Arbeitsplätze.

Die vom Iran unterstützte schiitische Hisbollah aus dem Libanon kämpft nicht nur in Syrien an der Seite Assads, sie bekämpft auch gemeinsam mit der libanesischen Armee ISIS, deren Kämpfer vor allem über Ersal an der syrischen Grenze und auch über Tripoli im Norden Libanons eindringen bzw. Schmuggelrouten für Waffen erkunden und sichern und dort Fuß fassen wollen.

Was ISIS im Grenzgebiet nicht ganz gelingen will, schafft er aber teilweise in den Flüchtlingslagern der Palästinenser, von denen

---

46 Bei jeder Reise nach Libanon beginnen zahlreiche Gespräche mit dem Satz: »Keine Ahnung, warum. Aber wir sind noch immer nicht kollabiert.« Gott sei Dank!

einige seit 1948 existieren. In Bourj al-Barajneh, einem südlichen Vorort von Beirut, leben 17.945 registrierte palästinensische Flüchtlinge auf engstem Raum. Seither wurden dort Generationen libanesischer Palästinenser geboren – und viele auch radikalisiert. Mittlerweile treffen sie dort auch auf syrische Flüchtlinge. Die Tatsache, dass palästinensische Flüchtlinge wie auch die syrischen marginalisiert sind und kaum Zugang zu Bildung, Jobs und anderen Ressourcen haben, steigert das dschihadistische Potenzial und erhöht die Gefahr einer Radikalisierung, auch weil nicht nur das Camp immer wieder von radikalen Predigern besucht wird und es viele Menschen mit Verbindungen zu dschihadistischen Gruppen gibt.

Derzeit dürfte die Bevölkerung des Lagers auf über 30.000 Menschen angewachsen sein. Es sterben im Schnitt über 30 Menschen im Jahr im Lager allein daran, dass sie an die vielen lose auf der Straße hängenden Stromkabel geraten. Eine Jugendorganisation, die ich dort getroffen habe, nennt sich »ich will den Himmel sehen«, weil man traurigerweise ein Leben lang in Bourj al-Barajneh verbringen kann, ohne dass man in den engen Gassen und zwischen den Strom- und Antennen-Kabeln den Himmel sieht.

Die Situation in Jordanien ist nicht weniger prekär. 650.000 Menschen aus Syrien sind seit dem Krieg in das kleine Königreich mit rund 9,5 Millionen Einwohnern geflohen – offiziell. Alleine das Flüchtlingslager Zaatari an der Grenze zu Syrien gehört zu den größten der Welt. Das Lager ist mittlerweile eine der größten »Städte« Jordaniens, ich war bei zahlreichen Besuchen jedes Mal vom Ausmaß des Wachstums des Lagers überrascht. Auch aus Angst vor ISIS-Übergriffen schottete Jordanien die Grenze zu Syrien ab und damit auch den Zugang für weitere Flüchtlinge

Auch wenn Jordanien nicht erst seit 1948 viel Erfahrung mit Flüchtlingen aus Palästina und später aus dem Irak gesammelt hat, wird es immer schwieriger für das Land, in dem über ein Viertel der Bevölkerung arbeitslos ist und gut jeder Zehnte unterhalb der Armutsgrenze lebt, die Zahl der syrischen Flüchtlinge alleine zu stemmen und ihnen langfristige Bleibeperspektiven zu bieten. Gepaart mit einem hohen Grad an Korruption und den während des Arabischen Frühlings versprochenen und dennoch ausgebliebenen Reformen, wächst der Unmut. Und damit auch die Stabilität des Landes.

Hinzu kommt die Rolle Ammans im Kampf gegen ISIS, vor allem an der Seite der USA. Je aktiver Jordanien in Syrien eingreift, desto eher wird es Ziel der Dschihadisten und womöglich auch Teherans. Zudem gibt es in Jordanien eine »blühende« salafistische Szene, die in den letzten Jahren sehr viele Repressionen erfahren hat. Sogar für salafistische Verhältnisse ist diese Szene ausgesprochen radikal. Nicht zufällig war der Vorgänger al-Baghdadis, Abu Musab al-Zarqawi, Jordanier.

Sowohl Libanon wie auch Jordanien sind zentral für die Stabilität in der Region. Sie dürfen nicht kollabieren oder zerrieben werden und brauchen deshalb jede erdenkbare Hilfe, nicht nur, was die Bewältigung der großen Zahl an syrischen Kriegsflüchtlingen angeht. In erster Linie wünschen sich diese Staaten Hilfe beim Ausbau der Infrastruktur in ihren Kommunen. Damit die Verteilungskämpfe um Wasser, Strom, Wohnraum oder Bildung beherrschbar bleiben. Darüber hinaus braucht der Libanon auch Unterstützung beim Aufbau einer Streitkraft, die das Gewaltmonopol des Staates herstellen und damit die Hisbollah als stärkste militärische Macht im Land überflüssig machen kann.

IV. BAHRAIN

In Bahrain herrscht ein sunnitisches Königshaus über eine schiitische Mehrheit der Bevölkerung. Diese Konstellation an sich muss nicht zwingend für konfessionelle Spannungen stehen. Doch im Falle von Bahrain kann man davon sprechen, ohne dabei jedoch außer Acht zu lassen, dass es dort nicht nur um Sunniten gegen Schiiten, sondern auch um Volk gegen Königshaus geht. Die blutige Niederschlagung der von der Oppositionspartei Al-Wefaq angeführten Proteste Anfang 2011 durch Saudi-Arabien hat zur Konfessionalisierung der Spannungen massiv beigetragen. So wurden die Stimmen für mehr Reformen zum Schweigen gebracht.

Seither wird jeder Protest hart verfolgt, Zivilisten können – wenn sie des Terrorismus oder der Gefährdung der öffentlichen Sicherheit angeklagt werden – vor Militärgerichte gestellt werden. Wenn große Teile der westlichen Welt dies zuließen, dann wohl auch aufgrund der Unterstellung des Golfkooperationsrats (GCC)[47] und damit auch Bahrains, die Reformbewegung sei von Iran unterwandert, werde von Teheran gezielt unterstützt und zur Schwächung des Königshauses genutzt. Spätestens dies hat der Iran zum Anlass genommen, Teile der Opposition tatsächlich zu unterstützen – ein weiterer Brandbeschleuniger.

Wenn auch Barack Obama Ende 2016 die Waffenlieferungen nach Bahrain stoppte und an eine Verbesserung der Menschenrechte im Golfstaat knüpfte, hob sein Nachfolger Donald Trump dieses Embargo zügig wieder auf, was den Druck von der Königsfamilie nahm, mehr Freiheiten zuzulassen. Das sind zweifelsohne die falschen Zeichen an einen Staat, der ähnlich wie fast alle GCC-Staaten keine Opposition zulässt, konfessionelle und gesellschaftliche Spannungen schürt und damit am Ende auch Extremisten den Weg bahnt, auch für Personen wie den schiitischen Hassprediger Murtaza Sindi.

Die Aberkennung der Staatsbürgerschaft für über 200 Bahrainis, die angeklagt wurden, in terroristische Akte verwickelt zu sein, das Verbot der Al-Wefaq-Partei – der größten Oppositionspartei des Landes –, die Verurteilung wichtigster schiitischer Geistlicher, die Einschränkung der Versammlungs-, Meinungs- und Pressefreiheit: Das sind nur einige wenige Punkte, die zeigen, wie sehr der Bündnispartner des Westens, Saudi-Arabien, Schutz-

---

47 »Gulf Cooperation Council«, eine Allianz von Saudi-Arabien, Vereinigte Arabische Emirate, Kuwait, Katar, Oman und Bahrain, mit dem Hauptsitz in Riyadh.

patron des bahrainischen Königshauses, sich vor Reformbewegungen und Veränderungen fürchtet. Einen solchen Staat mit Waffen aus dem Westen zu versorgen, ist sicher nicht im Sinne der Stabilität am Persischen Golf. Zumal Bahrain schiitische Milizen immer wieder als Anlass zur Unterdrückung von Sunniten dient: Wasser auf die Mühlen der Dschihadisten.

V. KATAR

Katar ist offiziell ein wahabitischer Staat, stellt damit also eine Essenz des Dschihadismus in Form eines Staatswesens dar. Dieser Vorwurf von saudi-arabischer Seite ausgesprochen, mutet allerdings schwer heuchlerisch an. Der Golfstaat gilt als eines der reichsten Länder der Erde. Rund 80 Prozent der Einwohner sind Gastarbeiter, vornehmlich aus Afrika und Asien, die unter zum großen Teil unmenschlichen Bedingungen leben und arbeiten müssen, nicht nur beim Bau der Sportstätten für die Fußballweltmeisterschaft 2022. Ähnlich wie Saudi-Arabien, Kuwait und Vereinigte Arabische Emirate hat Katar eine sehr hohe Quote an Gastarbeitern aus Süd- und Ostasien, also vornehmlich aus Indien, Pakistan, Bangladesch oder den Philippinen. Sie stellen derzeit die Haupt-»Exporteure« des Wahabismus in ihre Heimatländer dar. Manche von ihnen geraten an extremistische Prediger und kehren mit deren dschihadistischem Gedankengut radikalisiert in ihre Heimat zurück. Gerade bei den teilweise menschenunwürdigen Lebensbedingungen kein abwegiges, überraschendes Phänomen.

Doch auch nach außen schürt das Emirat Konflikte und Zündstoff für konfessionelle Spannungen. Ähnlich Saudi-Arabien »exportiert« es den Wahabismus in Worten und Waffen. Katar spielte bei der Verteilung von Geld und Waffen an Dschihadisten wie »Ansar-e Dine« in Mali, die »Nationale Bewegung zur Befreiung des Azawad« (MNLA), »Al-Qaida im islamischen Maghreb« (AQMI) und die »Bewegung für Einheit und den Dschihad in

Westafrika« (MUJAO) eine wichtige Rolle. Katarische Hilfegruppen in der Sahelzone werden dazu genutzt, den Wahabismus zu verbreiten.

Auch in Syrien spielte Katar von Anfang an eine große Rolle: Fest steht, dass Rebellengruppen wie zum Beispiel »Ahrar al-Scham«, die Katar in Syrien unterstützen, sich im Laufe der Auseinandersetzungen radikalisierten. Klar ist, dass Doha seinen wahabitischen/sunnitischen Einfluss in der arabischen Welt festigen und weiter ausbauen möchte – indem es beispielsweise gute Kontakte zur Nusra-Front unterhält und in Konkurrenz zum schiitischen Iran. Das Ziel: Beim Wettstreit um die Vorherrschaft in der sunnitischen Welt nicht gänzlich abgehängt und von Saudi-Arabien überrollt zu werden.

Also versucht das Emirat am Golf, die Gunst der Stunde zu nutzen und seine Rolle als Unterstützer des Arabischen Frühlings in eine Vermittlerrolle im Kampf gegen ISIS zu verwandeln, indem es seinen Einfluss und den Geldbeutel spielen und Al-Jazeera berichten ließ. So sollen beispielsweise 13 Nonnen wie auch der amerikanische Journalist Peter Theo Curtis 2014 durch das Verhandlungsgeschick Katars und womöglich auch durch die Zahlung hoher Lösegelder aus den Fängen des ISIS in Syrien freigekommen sein.

VI. VEREINIGTE ARABISCHE EMIRATE

Die Vereinigten Arabischen Emirate sind neben Saudi-Arabien die wichtigste Kriegspartei im Krieg im Jemen. So erhalten sie ebenso wie Riad Waffen und Informationen aus den USA, um den Krieg im Jemen zu gewinnen. Da es sich auch bei den Vereinigten Arabischen Emiraten um einen autoritären Staat handelt, der jede Opposition – also auch die friedliche – mit brutaler Härte niederschlägt, sorgt man mit Waffenlieferungen auch dafür, dass die Gegenstimmen im Land mit aller Härte zum Schweigen gebracht werden. Beispiele hierfür liefern die Verurteilungen von 34 Män-

nern im März 2016 zu Haftstrafen von drei Jahren bis lebensläng-
lich, weil sie verdächtigt wurden, die Gruppe »Shabab al-Manara«
gegründet zu haben und damit die Regierung absetzen wollten,
zugunsten eines Staates nach ISIS-Kalifat-Vorbild.

Dass die Männer davor 20 Monate in den tiefen Folterkellern
des Landes verschwunden waren und ihre Geständnisse entsprechend erzwungen wurden, wie Amnesty International berichtet,[48]
zeigt umso mehr, wie groß die Angst vor jeglicher Opposition
auch in den Vereinigten Arabischen Emiraten ist und dass man
ISIS »beschwören« muss, um die Regierung zu stützen. Das Erlassen eines Antiterrorgesetzes im Jahre 2014 ist ein weiteres Beispiel
dafür, willkürliche Verhaftungen und Verurteilungen unter einem
konstitutionellen Deckmantel zu verbergen, der Rechtsstaatlichkeit vorgaukeln soll. Da scheint es eher harmlos, wenn die Schieds-
richter der Arabian Gulf League alle Profifußballer vor jedem Spiel
darauf kontrollieren, ob deren Haarpracht »unethisch« und »unislamisch« ist und in solchen Fällen Verwarnungen aussprechen.

VII. JEMEN

Längst vor dem Krieg der Saudis war der Jemen im Fokus des
Dschihadismus. Im Jemen hatte Al-Qaida es lange vor ISIS ge-
schafft, Territorium zu erobern. Spätestens aber seit dem Beginn
des Krieges der Allianz um Saudi-Arabien gegen die zaiditischen[49]
Huthi-Milizen ist der Jemen ein zerfallener Staat mit starken
dschihadistischen Kräften.

Die Geschichte des Konfliktes ist scheinbar einfach erzählt: In
den revolutionären Tagen des »Arabischen Frühlings« zwang das

---

48 https://www.amnesty.org/en/countries/middle-east-and-north-africa/
    united-arab-emirates/report-united-arab-emirates/

49 Ein Zweig der Schia.

jemenitische Volk den Diktator Ali Abdallah al-Saleh zum Rücktritt. Sein Nachfolger Abd Rabbo Mansur Hadi bekam die zahlreichen Probleme des ärmsten Landes der arabischen Welt nicht in den Griff. Es gab zahlreiche Proteste, die zur illegitimen Machtübernahme der Huthi-Rebellen aus dem Norden des Landes führten. Saudi-Arabien gewährte dem fliehenden Präsidenten Hadi Asyl, beschuldigte den Iran, hinter den Huthis zu stecken, und schmiedete eine Kriegsallianz. Die drei tragischen »Ironien« der Geschichte:

- Die Huthis werden schon sehr lange von den Regierenden schlecht behandelt, beispielsweise bei der Verteilung von Wasser. Der alte Präsident Saleh allein hat sechs Massaker an den Huthis verantwortet. Der korrupte Ex-Herrscher, dessen Vermögen auf 30 Milliarden Dollar geschätzt wird, ist nun der wichtigste Verbündete und Financier der Huthis – sei es, um Rache zu nehmen, sei es, weil er zurück in den Präsidentenpalast strebt.
- Just diesem Saleh hatten die Saudis nach seinem Sturz Asyl gewährt und ihm damit wahrscheinlich das Leben gerettet. Umso größer der Zorn Riads, dass er sich nun gegen die Saudis stellt.
- Die (in den saudischen Erzählungen überschätzte) iranische Unterstützung für die Huthis begann erst nach dem Krieg.

Die Allianz um Saudi-Arabien riegelte Jemen an Land und zu See ab. Und bombte das Land in die Steinzeit. Ganz bewusst wurde dabei die zivile Infrastruktur ins Visier genommen. Großbäckereien, Straßen, Zementfabriken, Weltkulturerbe: Nichts wurde verschont. Die Blockade – auch von Lebensmitteln und Medikamenten – tat ihr Übriges. Tausende sind mittlerweile verhungert, über 10.000 Kinder sind an absolut vermeidbaren Krankheiten gestorben. Der pandemische Ausbruch von Cholera droht. 14 Millionen Menschen brauchen dringend Lebensmittelhilfe.

Die Huthis haben immense Verluste hingenommen, aber nicht

verloren. Es gibt nur einen Sieger dieses Krieges: die Dschihadisten. Sie haben ihre Macht verfestigt, ihr Territorium erweitert. Im Jemen haben Al-Qaida, die dort mit Abstand stärkste dschihadistische Gruppe, und ISIS erstmals eine Kooperation vereinbart. Gleichzeitig werfen die Saudis Gewehre in Holzkisten über Gebieten ab, die nicht von den Huthis beherrscht werden – in der Hoffnung, dass die Empfänger diese gegen die Huthis richten. Die meisten dieser Gewehre sind G-3 und G-36, produziert von Heckler und Koch in einer Gewehrfabrik, die Deutschland bereits in den Neunzigerjahren nach Saudi-Arabien exportiert hat.

Die Amerikaner und die Briten wiederum sitzen mit Militärberatern in der Gefechtszentrale des GCC und helfen mit Rat und Tat (beispielsweise mit Munitionsnachschub), anstatt das Sterben im Jemen zu beenden. Ein weiterer Destabilisator und Radikalisierer im Jemen bleiben die amerikanischen Drohnenangriffe und Spezialkräfte-Operationen auf die Kader von Al-Qaida. Die zahlreichen zivilen Opfer dieser Operationen sind Wasser auf die Mühlen der Dschihadisten.

Was bleibt, ist ein schwer verwundetes Land, dessen zivile Infrastruktur – auch mit Entwicklungsgeldern deutscher Steuerzahler bezahlt – nicht mehr existiert. Ein Land, das leise stirbt, weil schlicht und ergreifend kaum jemand aus der Hölle des Krieges und der Not entfliehen kann – sind doch die Grenzen des Landes dicht. Keine Flüchtlinge, keine Aufmerksamkeit. In unserem schnelllebigen Medienzeitalter bedeutet diese Ignoranz der Welt ein weiteres Todesurteil für den Jemen. Gut für die Dschihadisten.

VIII. KÖNIGREICH SAUDI-ARABIEN

Saudi-Arabiens Einfluss auf die arabische Welt ist groß – religiös, wirtschaftlich, politisch und ideologisch. Die Rolle des Königreichs beim Dschihadismus ist ambivalent und hoch umstritten.

Als Geburtsstätte des Wahabismus und des Salafismus geht Saudi-Arabien mit dem Selbstverständnis der einzig wahren (fundamentalistischen) Auslegung des sunnitischen Islams in die Welt – missionierend und auch militärisch. Auch wenn es keine oder kaum konkrete Hinweise darauf gibt, dass das Königshaus direkt den Dschihadismus unterstützt, existieren dennoch private »Sponsoren« des Extremismus, die vom Hof zumindest gebilligt werden.

Doch auch in Saudi-Arabien selbst hat der Dschihadismus bereits Fuß gefasst, wenn auch noch keinen festen Stand. ISIS-Terroranschläge gegen die im Osten des Königreichs lebende Minderheit der rund zwei Millionen Schiiten mehren sich. So wurde Ende Mai 2015 ein Bombenanschlag auf eine schiitische Moschee in Kudeih, das in der östlichen Provinz Katif liegt, während des Freitagsgebets verübt, bei dem vermutlich über 20 Menschen starben. Einige Tage später riss ein ISIS-Selbstmordattentäter drei Menschen vor einer schiitischen Moschee in Dammam mit in den Tod.

Aber auch ein Anschlag nahe der Prophetenmoschee in Medina wie auch weitere Terrorakte auf saudischem Boden signalisieren deutlich, dass ISIS auch im mehrheitlich sunnitischen Königreich angekommen ist. Einige wundert dies nicht, propagierten doch viele offizielle Stellen ohne Unterlass, dass Schiiten keine Muslime seien, und geben dem konfessionellen Hass im eigenen Land damit weiter Auftrieb. Vielmehr legitimieren sie damit fast schon ISIS-Terroristen und deren Anschläge auf die Schiiten im Land.

Auch die harte Hand, mit der Riad gegen die Proteste der Schiiten und prominent mit der Hinrichtung des wichtigsten schiitischen Predigers Nimr Baker al-Nimr sowie mit dem Todesurteil für seinen Sohn vorgeht, zeugen von immer stärkeren Repressionen gegen die Schiiten. Dies erzeugt nicht nur wütende Reaktionen bei den Schiiten und beim Iran. Es ermutigt auch Dschihadisten in ihrem Kampf gegen die »Ungläubigen«, also gegen alle anderen.

Ein ebenso im Inneren des Landes entstehendes, großes Problem stellen die vielen Gastarbeiter aus Bangladesch, Pakistan, aber auch aus Tadschikistan und den Philippinen dar – und das in vielerlei Hinsicht. Zum einen gibt es die Gastarbeiter, die den Wahabismus während ihrer Arbeitsaufenthalte in Saudi-Arabien auch aufgrund des gehobenen Status, den sie damit verbinden, praktisch aufsaugen und bei ihrer Rückkehr in die Heimat in Konflikte mit der dortigen Auslegung des Islams kommen. Es gibt aber auch Gastarbeiter, die vor allem durch die prekären Arbeitsverhältnisse in Saudi-Arabien den Wahabismus gleichsetzen mit den Demütigungen, die sie als Gastarbeiter erfahren haben. In beiden Fällen entwickelt sich die Radikalisierung der vielen Gastarbeiter in Saudi-Arabien zu einem Problem, durch das der Terror in andere Länder exportiert wird.

Im Inneren laufen derweil Deradikalisierungsprogramme, die aber vornehmlich den Angehörigen des Hofes vorbehalten sind. Auch gibt es Präventions- und Informationsprogramme, wie sie beispielsweise das 2003 ins Leben gerufene »König-Abdulaziz-Zentrum für Nationalen Dialog« darstellt – wenn auch nur rudimentär und ohne dabei namentlich und konkret auch auf die schiitische Minderheit im Lande ein- und zuzugehen.

Bilder von schiitischen Mitbürgern zeigt das »Zentrum für Nationalen Dialog« nicht. Stattdessen sind die Figuren animiert wie in einem Computerspiel, dazu abstraktes Gerede von »Zusammenleben«. »Du wirst wild«, warnt die geheimnisvolle Stimme, »wenn du es nicht schaffst, mit Menschen zusammenzuleben, die anders sind als du.« Noch nicht einmal das Wort »Schiiten« nimmt der Sprecher in den Mund. Die religiöse Minderheit namentlich zu erwähnen, das wäre zu viel des Guten gewesen.

Riad hat gleichzeitig vieles unternommen, um den eigenen Glauben auch in andere Regionen der Welt zu tragen – immer auch mit Blick auf den Erzfeind Iran und dessen Bewegung in der Welt. Saudi-Arabiens Engagements in Syrien, dem Irak oder auch im Jemen sind hierfür nur einige, wenn auch die prominentesten Beispiele. Sie alle zeigen, dass Riad immer dann besonders aktiv wird, wenn die »Iranoia«, also die paranoide Angst vor der Macht Teherans, wieder größer wird. Umgekehrt lässt sich dasselbe beobachten (siehe hierzu Irak, Syrien und Iran).

Das Beispiel Ägypten hat hier fast schon exemplarischen Charakter. Die Beziehungen zwischen Riad und Kairo, von denen vor allem Ägyptens Wirtschaft in Form hoher Investitionen saudischer Unternehmen profitiert, standen nach der ersten demokratischen Präsidentschaftswahl des Landes und damit eines Mitglieds der Muslimbrüder auf einer harten Bewährungsprobe. Hinzu kam, dass diese Wahl fast unmittelbar auf den »Arabischen Frühling« folgte, der auch – durch diverse Demonstrationen sichtbar – bis nach Saudi-Arabien strahlte. Umso erleichterter zeigte sich Riad, als Präsident Mursi im Sommer 2013 abgesetzt, durch General al-Sisi ersetzt und die Verhaftung und Hinrichtung vieler auch hochrangiger Mitglieder der Muslimbruderschaft durchgesetzt wurden.

Am Ende setzte Saudi-Arabien alles daran, al-Sisi an der Macht zu etablieren, wohl auch, um die Aufbruchsstimmung, die Mursi und die Muslimbrüder verbreitet hatten, nicht bis in die Heimat überschwappen zu lassen, und nicht zuletzt, um saudische Investitionen nicht einem Revolutionschaos oder gar einer Reformstimmung auszusetzen. Es folgten Finanzspritzen in zweistelliger Milliardenhöhe für das Militärregime in Ägypten und die kostenlose Versorgung mit Öl und Gas. Dafür wiederum lässt al-Sisi die Salafisten im Land weitgehend in Ruhe – auf der Straße oder im Parlament.

Es sind nicht nur solche Episoden der jüngeren Geschichte, aufgrund derer Saudi-Arabien seine Legitimation als verlässlicher Partner des Westens im Kampf gegen den Dschihadismus und als Mit-Stabilisator in der Region zu verlieren droht. Auch der Kampf Saudi-Arabiens gegen die Huthi-Rebellen im Jemen trägt dazu bei. Die Rolle Riads als Bekämpfer oder gar indirekter Unterstützer des Dschihadismus bleibt vielen unklar.

Die weltweite Finanzierung von Moscheen und Predigern, die den Wahabismus und damit den Salafismus in die Köpfe der Menschen tragen sollen, ist vielen ein Dorn im Auge. Selbst in Molenbeek, dem Stadtteil Brüssels, aus dem drei der Pariser Attentäter wie auch weitere Dschihadisten stammen, ist der Einfluss Saudi-

Arabiens omnipräsent: Die Große Moschee, die das Zentrum des belgischen Islams darstellt, wird ebenso aus Riad finanziert und betrieben, wie auch die meisten belgischen Imame in Saudi-Arabien ausgebildet werden. Aber auch in Deutschland werden wahabitische Moscheen von den Saudis finanziert.

73 Milliarden Euro hat Saudi-Arabien seit den 1970er-Jahren bereits zur Verbreitung des Wahabismus investiert. Unter diesen Umständen weiterhin eine »strategische Partnerschaft« zu unterhalten, ist im besten Falle schlicht naiv. Saudi-Arabien trägt – direkt oder indirekt – immer wieder den Virus des Dschihadismus in unsere Gesellschaften. Wir müssen die strategische Partnerschaft mit Saudi-Arabien endlich beenden und aufhören, Riad Waffen zu verkaufen.

IX. IRAN

Auf der einen Seite ist der schiitische Iran eine Bastion gegen den Dschihadismus und damit der natürlich Feind des ISIS. Deshalb ist es so endlos falsch, wenn US-Präsidenten den Iran zum globalen Hauptakteur des Terrorismus erklären. Auf der anderen Seite kollaboriert der iranische Sicherheitsapparat allerdings immer wieder mit dschihadistischen Gruppen, wenn diese im Kampf gegen die USA dienlich sein könnten. Seien es die Taliban in Afghanistan, sei es die Al-Qaida auf der Flucht aus Afghanistan. Gleichzeitig ist die heutige islamistische Welle ohne die Islamische Revolution im Iran (1978/1979) und den danach proklamierten »Export der Revolution« (in andere muslimische Länder) nicht denkbar.

Der Iran spielt vor allem im Irak eine ambivalente und in Syrien eine zerstörerische Rolle. Das Beispiel des 2014 zur Bekämpfung von ISIS gegründeten schiitischen Milizenbündnisses »al-Hashdash-Sha'bi« zeigt dies deutlich (siehe auch Irak). Je mehr notwendige militärische Erfolge sie gegen ISIS für sich proklamieren können, desto wichtiger wird ihre Rolle und damit auch die des Irans, in einem befriedeten Irak. Auch verübt »al-Hashdash-Sha'bi« grausame Verbrechen an der Zivilbevölkerung der zurückeroberten Städte und Gegenden. So sehr also die schiitischen Milizen zur Verdrängung von ISIS beitragen, so sehr macht ihr Auftreten auch die Verhältnisse im Irak instabiler. Und es führt dazu, dass die Sunniten dadurch noch weniger Aussicht auf eine vollständige Reintegration in die irakische Gesellschaft haben.

Ähnliches gilt für Irans Rolle in Syrien. Hier unterstützt Teheran das Assad-Regime dabei, die Proteste seit dem Jahre 2011 blutig niederzuschlagen. Die iranischen Machthaber haben zwei Jahre zuvor dieselben Erfahrungen im Iran gemacht, als sie die Proteste gegen die gefälschte Präsidentschaftswahl niederschlugen. Das Eingreifen Irans in Syrien gleich zu Beginn der Proteste wiederum veranlasste Saudi-Arabien dazu, einzugreifen – ideologisch und militärisch. Iran unterstützt Assad aber auch aus »Saudonoia«, also der paranoiden Angst vor der Macht Riads, weil es verhindern will, dass Saudi-Arabien und in gewissem Maße auch Katar eine Regierung nach dem Vorbild ihrer Länder anstelle von Assad in Syrien installieren. Also hält Iran die seit vier Jahrzehnten währende Partnerschaft mit dem Hause Assad aufrecht und versucht, durch seine Verbindungen zu schiitischen Milizen wie auch durch deren Ausbildung im Iran auch dann noch Kontrolle auf Syrien ausüben zu können, wenn Assad fallen sollte.

Zusammenfassend lässt sich für Irak und Syrien und das Verhältnis zwischen Iran und Saudi-Arabien als gegeneinander arbeitende Kräfte in diesen Ländern sagen, dass sich die Saudis durch Irans Engagements provoziert fühlen und diesem mit dem Suchen von Verbündeten, die dem Salafismus und häufig auch dem Dschihadismus nahe stehen, entgegenzusteuern versuchen.

Die Rolle des Irans im Libanon und der von Teheran gestützten Hisbollah ist hinlänglich bekannt. Das Aufkommen der »al-Hashdash-Sha'bi« im Irak wiederum erinnert stark an den Libanon und die Hisbollah, birgt es doch die Gefahr, dass Iran auch im Irak eine Art Staat im Staat errichtet.

Im Jemen wiederum wird der Einfluss des Irans vor allem durch verdeckte Waffenlieferungen an die schiitischen Huthi-Rebellen dokumentiert. In erster Linie aber geht es Teheran darum, den Einfluss Saudi-Arabiens, das die Regierung im Jemen unterstützt, zu mindern. Für Saudi-Arabien wiederum ist die »Präsenz« des Irans im Jemen eine Bestätigung dafür, dass Teheran das Königreich über Jemen und mit seinen Engagements in Syrien und Irak umzingeln will. Riad befürchtet eine schiitische Expansion nach Hisbollah- oder auch al-Hashdash-Sha'bi-Vorbild.

In Afghanistan spielt Iran ebenfalls eine Rolle, die den USA nicht zusagt. Das gilt erstens – wie in Syrien – für die neue Freundschaft zu Russland und zweitens dafür, dass Iran als Verbündeter im Kampf gegen die Taliban und Al-Qaida nicht mehr zur Verfügung steht, vielmehr sogar die afghanischen Taliban mittlerweile als Verbündete im Kampf gegen ISIS sieht und wohl entsprechend auch unterstützt. Iran kämpft zudem gegen den Opiumhandel und um die Sicherung der fast 1000 Kilometer langen Grenze zu Afghanistan. Und nicht zuletzt will Teheran auch seinen Einfluss auf den Westen Afghanistans wieder stärken.

In der Vergangenheit hat der Iran damit gedroht, US-Militärbasen weltweit anzugreifen. Das verunsicherte die Afghanen maßgeblich ob der Rolle Irans. Aber auch die USA tragen mit ihrem Verhalten gegenüber dem Iran und in Afghanistan zu Verunsicherung und Destabilisierung bei. Die Ablehnung der Teilnahme an der Afghanistan-Konferenz in Moskau Mitte April 2017, die auch der Iran besuchte, und das gleichzeitige Abwerfen der Mega-Bombe »GBU-43/B Massive Ordnance Air Blast« (MOAB), um 36 IS-Kämpfer zu töten, aber auch Teheran mit einer klaren Botschaft der Stärke zu treffen, sind beste Beispiele hierfür. Am gravierendsten aber war, dass George W. Bush die iranische Kooperationsbereitschaft in Afghanistan nach den Anschlägen vom 11. September 2001 mit der Auflistung des Irans auf der »Achse des Bösen« quittierte. Dies zerstörte im Iran auf Jahre die Spielräume derjenigen, die eine Öffnung des Landes nach Westen anstreben.

Andererseits stehen gerade die USA in einem schweren Dilemma, was ihr Verhältnis zu Iran und Saudi-Arabien und deren

Rollen vor allem im Irak und Syrien angeht. Washington weiß, dass es Verbündete braucht im Kampf gegen ISIS und um die Region zu stabilisieren. Dass die Saudis mit ihrer Unterstützung von Salafisten und Dschihadisten nicht mehr die Verbündeten erster Wahl sein können, war Obama genauso bewusst wie die Tatsache, dass die USA Teheran brauchen, um den Irak zu stabilisieren, wo bei aller beschriebenen Ambivalenz der Rolle des Irans die militärische Kooperation zwischen den USA und dem Iran reibungslos funktioniert. Die erfolgreich abgeschlossenen Atomverhandlungen boten Washington daher einen optimalen Anlass, sich dem Iran vorsichtig anzunähern. Es bleibt zu hoffen, dass Trump diesen Pfad nicht gänzlich verlässt. Zumal das Atomabkommen eine Nuklearisierung des Nahen Ostens bis zu einem gewissen Grad verhindern kann.

X. TÜRKEI

Die Türkei hat über zwei Millionen Flüchtlinge aus Syrien aufgenommen[50] und weitgehend gut versorgt. Dafür hat sie leider nicht ausreichend Wertschätzung bekommen. Die Türkei hat aber auch als Drehscheibe für Dschihadisten bzw. deren Einfallstor nach Syrien und Irak fungiert. 500 türkische ISIS-Kämpfer nahm Ankara bis Ende November 2015 in der Türkei fest. Weitere 100 wurden verhaftet, weil sie der Al-Nusra-Front beigetreten waren. Bis Mitte 2014 waren mindestens 2000 Türken ISIS beigetreten.

Es existiert zudem eine Türkei, die den Kampf gegen ISIS auch als Vorwand nimmt, die YPG und in ihren Augen damit die PKK zu bombardieren. Eine Türkei, die das Vordringen kurdischer Milizen in Syrien und Irak gegen Dschihadisten sehr skeptisch betrachtet, aus Angst, dass sie nach einem Sieg über ISIS mit starken

---

50 Statistik UNHCR, Stand Ende 2015.

kurdischen Autonomie-Gebieten konfrontiert würde – oder gar mit einem Kurdistan, das über mehrere Ländergrenzen reicht.

Umso unberechenbarer ist und bleibt die Türkei – in ihrer Rolle gegen ISIS, in ihrer Unterstützung oder Bekämpfung von Assad und in ihrem Verhältnis zu Russland. Ankara will, dass die USA ihre Allianz mit der YPG einstellen. Sie will auch, dass Russland und die YPG ihre »stillschweigenden Vereinbarungen« beenden, weil die Türkei fürchtet, dass Russland die Kurdenmiliz mit Luftschlägen unterstützt und damit den Einfluss der Türkei schwächt.

Doch der größte Unsicherheitsfaktor, den die Türkei in Sachen Dschihadismus bietet, heißt Recep Tayyip Erdoğan. Der ›Munich Security Report 2016‹ zählt ihn neben dem russischen Präsidenten Wladimir Putin, dem saudischen Vize-Thronfolger Mohammed bin Salman und dem ukrainischen Präsidenten Petro Poroshenko zu den »Unpredictable leaders« – zu Staatsoberhäuptern, die vor allem auszeichnet, dass sie sich als starke Männer inszenieren, die sich nicht an die Regeln der westlichen Welt halten, sondern vornehmlich und zuerst die eigenen (Staats)-Interessen verfolgen. Und das kompromisslos.

Erdoğans »Sieg« beim Verfassungsreferendum im April 2017 und der Umbau der Türkei in ein präsidiales System schüren die Ängste seiner Nachbarn und Bündnispartner, wie auch internationaler Investoren. Auch stellt sich die Frage, ob er eine Niederlage akzeptiert hätte. Das In-weite-Ferne-Rücken von EU-Beitrittsverhandlungen isoliert die Türkei zunehmend, auch ungeachtet oder gerade aufgrund ihres militärischen Eingreifens in Syrien. Viele nämlich, in erster Linie aber Vertreter kurdischer Gruppen, sahen in »Schutzschild Euphrat«, der türkischen Militäroffensive in Nordsyrien, eher eine Art Tarnkappe, unter deren Schutz nicht nur der türkische Geheimdienst ISIS infiltrierte, sondern bei der auch eine Umsiedlungspolitik zu Ungunsten der Kurden betrieben wurde. Die Deals mit ISIS – also Geiseln gegen Gefangene und Gefangene gegen Territorium – könnten sich bald als Bumerang erweisen.

Immer wieder werden türkische Metropolen Ziele terroristischer Anschläge, und je härter Erdoğan gegen die Extremisten und vor allem gegen kurdische Gruppen zurückschlägt, desto schneller dreht sich die Spirale der Gewalt. Nicht zu vergessen sind dabei natürlich auch die Gefängnisse, in denen Dschihadisten einsitzen: hier findet Radikalisierung in großem Maße statt. Auch nicht zu vergessen bleibt uns der Gesichtsausdruck des Polizisten, der in ›Pulp-Fiction‹-Manier den russischen Botschafter in der Türkei ermordete und dabei » Rache für Aleppo« schrie. Erdoğan hat sich jahrelang als Beschützer der sunnitischen Welt dargestellt. Dass er nun in der Allianz mit Russland faktisch Assad beschützt, schürt riesige Enttäuschungen, die leider der dschihadistischen Szene in der Türkei zugutekommen.

Die Bundeswehr bildet im Nordirak Peschmerga und jesidische Selbstverteidigungskräfte aus. Die Türkei bombardiert genau diese – als verkraftbaren »Kollateralschaden« im Kampf gegen die PKK. Es stellt sich unter diesen ausgesprochen widrigen Umständen die rhetorische Frage: Kann man einem NATO-Partner, der solch eine unverantwortliche Politik betreibt, noch Waffen verkaufen?

XI. RUSSLAND UND ZENTRALASIEN

Immer lauter werden die Stimmen, die in Russland vor den Terroristen »im Hinterhof« warnen, also vor allem aus den ehemaligen Sowjetrepubliken Kirgisistan, Aserbaidschan, Usbekistan, Turkmenistan und nicht zuletzt auch Tschetschenien. In dem brutalen Vorgehen der russischen Truppen dort liegt einer der Hauptgründe für islamistischen Terror in Russland. Der von Moskau installierte Präsident der islamisch geprägten russischen Teilrepublik im Nordkaukasus, Ramsan Kadyrow, unterdrückt Oppositionelle mit harter Hand und organisiert die Verfolgung und Inhaftierung von Schwulen. Das Bundesamt für Migration und

Flüchtlinge verzeichnet eine steigende Anzahl an Asylbewerbern aus Tschetschenien.

Dies zeigt, wie schwierig die Lage in Tschetschenien ist und dass es dort eine unheilvolle Allianz gibt, deren Kitt der gemeinsame Hass auf Russland ist: Radikale Separatisten auf der einen und Islamisten auf der anderen Seite kämpfen gemeinsam gegen Moskau und dessen grausamen Statthalter Ramsan Kadyrow. Auf der anderen Seite gibt es vor allem die Kirchen in Armenien und Georgien, die gegen den Islam hetzen und damit das Feuer aus anderer Richtung legen.

Schließlich droht auch aus Kirgisistan, Usbekistan, Aserbaidschan, Turkmenistan, Tadschikistan und teilweise auch aus Kasachstan das Überschwappen des Dschihadismus. Die Staaten Zentralasiens haben alle ihre autokratischen Herrschaften gemein. Die Schattierungen sind allerdings erheblich. Kirgisistan ist verglichen mit Turkmenistan ein Ort liberaler Freiheiten. Usbekistan wiederum hat die schlimmsten denkbaren Verhältnisse und Foltermethoden in den Gefängnissen des Landes. All diese Länder sind Zielscheibe der Expansionspläne von ISIS in die »Provinz Khorassan«[51].

Gleichzeitig sind in diesen Ländern, allen voran in Usbekistan, in den letzten zwei Jahrzehnten auch lokale dschihadistische Gruppen gewachsen. Die »Islamische Bewegung Usbekistan« (IBU) beispielsweise war ursprünglich eine kriminelle Schmugglerorganisation, die für die in den Neunzigerjahren in Afghanistan regierenden Taliban Drogen schmuggelte. Sie gab sich einen dschihadistischen Namen, weil dies die Rekrutierung von Personal erleichterte. Nach und nach jedoch radikalisierte sich die Gruppe, bis sie zu einer »echten« und schlagkräftigen dschihadistischen Organisation reifte. Heute operiert die IBU auch in den anderen Staaten Zentralasiens sowie in Afghanistan und Pakistan.

Das Millionenheer der meist rechtlosen und ausgebeuteten Ar-

---

51 Siehe auch XXVII. Afghanistan.

beitsmigranten aus Zentralasien, die in Russland für harte Arbeit einen Hungerlohn bekommen, ausgegrenzt und diskriminiert werden, stellt dabei nur einen Faktor dar. Die Aufteilung der zentralasiatischen Länder in prorussisch oder islamistisch ist ein anderer. Hinzu kommt Russlands Einsatz in Syrien und auf Seiten Assads. Erinnert sei an die barbarische Ermordung des russischen Botschafters in Ankara bei einer Vernissage. Der radikalisierte Attentäter, ein türkischer Polizist, schrie nach der Tat immer wieder »Rache für Aleppo«.

Die Rolle Russlands gegenüber den Kurden scheint nicht vollständig klar, doch richtet sich jede Unterstützung kurdischer Milizen in jedem Fall gegen die Türkei, auch wenn Russland andererseits Ankara militärisch unterstützt.

Putin selbst schätzte die Zahl der ISIS-Ausreiser nach Syrien Ende Oktober 2015 auf zwischen 5.000 und 7.000. Andere unabhängige Quellen nennen eine etwas geringere Zahl von rund 4.700 Kämpfern aus Russland und den ehemaligen Sowjetrepubliken. Die Mehrheit stammt aus Tschetschenien und Dagestan, aber auch aus Aserbaidschan und Georgien finden sich ISIS-Rekruten.

So entwickelt sich der Dschihadismus in Russland aus mehreren Regionen heraus, um dann in den russischen Zentren selbst – in der Sankt Petersburger U-Bahn oder in der Moskauer Oper – oder auch im europäischen Ausland – siehe Stockholm, wo jeweils Dschihadisten aus Usbekistan und Kirgistan mordeten – Anschläge zu verüben.

XII. BOSNIEN-HERZEGOWINA UND KOSOVO

Gerade der Kosovo wird in den letzten Jahren immer wieder in Verbindung mit einem traurigen Rekord gebracht. Im Vergleich zur Zahl seiner Einwohner stellt das Land mit die meisten dschihadistischen Ausreiser nach Syrien und in den Irak aus Europa. Alleine aus dem Kosovo waren es einem OSZE-Bericht (März 2014) zufolge 100 bis 120 Kämpfer. Der Soufan-Group-Studie ›Foreign Fighters – An Updated Assessment of the Flow of Foreign Fighters into Syria and Iraq‹[52] aus dem Jahr 2015 zufolge waren es seit Ausbruch des Syrien-Krieges mindestens 875 Ausreiser, die vom Balkan aus nach Syrien zogen. 800 davon stammen aus Albanien, Bosnien, dem Kosovo und Mazedonien.

Doch ist nicht nur die Zahl der Ausreiser und radikalisierter Rückkehrer hoch. Auch die Bedeutung der Region Balkan für die Dschihadisten ist groß. So gilt die Region nicht nur aufgrund ihrer geografischen Lage vor allem als Transitstrecke für Dschihadisten, die aus Westeuropa nach Syrien oder den Irak reisen. Es gibt zudem immer wieder Berichte von dortigen Foreign-Fighters-Camps, die für eine Art vorbereitendes Terrortraining sorgen – mitten in Europa. ISIS schöpft das extremistische Potenzial am Balkan aus, indem die Region nicht nur Rekruten liefert, sondern auch Dschihadisten aus anderen Ländern unterstützt.

Leider »exportiert« der Balkan aber auch Terroristen, wie die Festnahme von vier mutmaßlichen Dschihadisten aus dem Kosovo in Venedig Ende März 2017 zeigte. Sie sollen konkrete Anschlagspläne rund um die Rialto-Brücke erarbeitet haben. Überhaupt erweist sich Italien und hier vor allem die Lombardei als eine Art Hot Spot kosovarischer Dschihadisten-Gruppen.

Neben Kämpfern stammen auch Waffen für Dschihadisten in Syrien vom Balkan, Recherchen des »Investigative Reporting Network« (BIRN)[53] und des »Organized Crime and Corruption Reporting Project« (OCCRP)[54] zufolge aus Kroatien, Bosnien, Montenegro und Serbien, wie auch aus Rumänien, Tschechien, der

---

52 http://soufangroup.com/wp-content/uploads/2015/12/TSG_Foreign-FightersUpdate3.pdf

53 http://www.balkaninsight.com/en/page/balkan-arms-trade

54 https://www.occrp.org/index.php

Slowakei und Bulgarien. Dabei handelt es sich bei zwei Dritteln der Lieferungen in erster Linie um Umwegslieferungen. Das bedeutet, dass die Waffen, geschätzter Wert seit 2012 etwa 1,2 Milliarden Euro, vom Balkan zunächst in Saudi-Arabien und der Türkei, aber ebenso in Jordanien und in den Vereinigten Arabischen Emiraten landen. Von dort, so die Ergebnisse der Auswertungen zahlreicher Quellen, finden sie sich irgendwann in den Händen der Dschihadisten in Syrien oder der Sunniten im Jemen wieder. Zudem wächst – unter den Augen der Bundeswehr – vor allem im Kosovo die islamistische Einflussnahme durch Saudi-Arabien und andere Golfstaaten, aber auch durch den NATO-Partner Türkei. Die Region entwickelt sich zu einem terroristischen Zentrum in der Region.[55]

Was den Dschihadismus in dieser vorwiegend muslimischen Region weiter befeuert, ist neben der grassierenden Korruption und dem hohen Grad an Perspektivlosigkeit vor allem auch die Tatsache, dass viele Verbrechen aus den Balkan-Kriegen der 1990er Jahre nie aufgeklärt wurden, dass Kriegsopfer nie entschädigt wurden und dass es keine Staatsfonds wie in Kroatien gibt, aus denen entsprechende Entschädigungen getätigt werden könnten.

Stattdessen warten Kriegsopfer weiterhin auf Gerechtigkeit. Das alles steht einer Aussöhnung zwischen Muslimen und Christen auf dem Balkan im Weg. Der Riss im Kosovo zwischen der Assoziierung mit oder gar dem Beitritt zur EU einerseits und Bestrebungen eines Anschlusses an Albanien andererseits destabilisiert das arme Land umso mehr. Diese und weitere Faktoren schaffen leider optimale Verhältnisse für die erfolgreiche Rekrutierung von Dschihadisten aus dem Balkan. Umso stärker müssten die Verhandlungen gerade mit Bosnien und dem Kosovo, aber auch mit Mazedonien und Serbien über konkrete Perspektiven eines

---

55 Sehr deutlich auch der Antwort der Bundesregierung auf eine kleine Anfrage der Linken zu entnehmen (Bundestagsdrucksache 18/11962).

EU-Beitritts[56] geführt werden, auch um diesen Ländern eine Möglichkeit zu geben, sich in Brüssel gemeinsam an einen Tisch setzen und von der Vorteilen des EU-Binnenmarkts profitieren zu können. Zudem wüssten die Länder dann um ihre staatsrechtlichen und zivilgesellschaftlichen Pflichten als EU-Mitglied. Sie wüssten, dass sie sich auf ein gemeinsames Ziel einigen sollten und dass eine starke Opposition eine der Grundvoraussetzungen für das Funktionieren einer Demokratie ist.

Aber natürlich brauchen gerade der Kosovo und Bosnien auch Unterstützung bei der Wiedereingliederung radikalisierter Rückkehrer aus Syrien und Irak. Nicht alle Dschihadisten kommen zurück, um Anschläge in ihrem Land durchzuführen. Viele kommen aus demselben Grund zurück, aus dem sie nach Syrien gegangen sind: Enttäuschung, Desillusionierung, Gewalt und Perspektivlosigkeit. Es muss also auch auf dem Balkan darum gehen, diesen Kämpfern eine Perspektive zu geben, die ihnen signalisiert, dass sich das Bleiben und friedliche Mitwirken an der Gestaltung einer demokratischen und freiheitlichen Gesellschaft mit unterschiedlichen Konfessionen lohnt.

XIII. ÄGYPTEN

Was verheißungsvoll begann, endete letztlich in einem repressiven Staat: »Der Arabische Frühling«, in Tunesien begonnen und auf dem Kairoer Tahrir-Platz auf seinem Höhepunkt, ist ausgerechnet in Ägypten zu einer Schockstarre verkommen. Nach dem Fall des Diktators Husni Mubarak schickte die Muslimbruderschaft mit Mursi einen Vertreter ihrer Hardliner als Präsident-

---

56 Im vollen Bewusstsein, dass diese Länder noch Jahrzehnte davon entfernt sind, die Kriterien für einen EU-Beitritt zu erfüllen. Schon die Perspektive, eines Tages in die EU eintreten zu können, hat diesen Staaten ein Mindestmaß an Stabilität verliehen.

schaftskandidaten ins Rennen. Er wurde gewählt – und versagte. Der Militärputsch gegen ihn, seine Absetzung und seine Verhaftung wiederum wie auch die Verhaftung und Hinrichtung vieler auch hochrangiger Mitglieder der Muslimbruderschaft führten zu weiteren Spaltungen innerhalb der ägyptischen Bevölkerung.

Mit Abdal Fattah al-Sisi wurde ein neuer Präsident vom Militär installiert, der vor allem durch Repressalien auffällt. 19 neue Gefängnisse, 40.000 politische Gefangene, das Verbot der Muslimbrüder und das Hofieren der Salafisten im Parlament führen zu einer weiteren Destabilisierung. Hinzu kommt die wichtige Rolle des Königreichs Saudi-Arabien, das das Regime Sisis mit viel Investitionen, Energielieferungen und mit einer großen Portion Wahabismus stützt. Dabei wird einiges vergessen: Bereits fünfmal wurde die Muslimbruderschaft verboten und kam immer stärker zurück.

Die Radikalisierung der inhaftierten Muslimbrüder stellt ebenso eine große Gefahr dar. Statt eines Verbots oder der Erfüllung der von Sisi an die USA herangetragenen Bitte, die Muslimbrüder als Terrororganisation einzustufen (was ihm eine noch freiere und brutalere Hand gegen sie gäbe), wäre es sinnvoll, sie in den Dialog einzubinden und damit vor allem ihre radikalen Kräfte zu schwächen.

Ebenso explosiv ist die Lage der koptischen Christen in Ägypten. Vermehrte Anschläge, die ISIS für sich reklamiert, treiben einen weiteren interreligiösen Keil zwischen Muslime und Christen.

Die Abhängigkeit von Saudi-Arabien stellt ebenfalls ein großes Problem dar. Schließlich durchlebt Ägypten, das bevölkerungsreichste Land der arabischen Welt, nicht nur derzeit eine massive Wirtschaftskrise. Es spricht vieles dafür, dass sich diese Krise zuspitzen wird. Während die Öleinnahmen im Soge der Ölpreis-Krise auch in Ägypten einbrechen, führt die politische Krise im Land zu einem Ausbleiben der Touristen.

Die dritte große Einnahmequelle des Landes ist der Suez-Kanal. Dieser droht allerdings langfristig massiv an Bedeutung zu verlieren: Durch den Klimawandel und durch immer länger werdende Passagen der Eisfreiheit im Nordpolarmeer wird die Schifffahrt zwischen Europa und Ostasien durch den Suez-Kanal immer weiter abnehmen. Sollte also Ägypten nicht bald seine Wirtschaft diversifizieren und modernisieren, drohen im Land große Phasen von Instabilität und Unruhe. Dafür allerdings muss Ägypten allen voran die grassierende Korruption in den Griff bekommen. Dies wiederum geht derzeit in erster Linie deshalb nicht, weil die Armee als größte Ordnungsmacht im Land auch die größte Wirtschaftsmacht ist. Und die korrupteste.

Wollen wir Ägypten helfen, so dürfen wir Stabilität nicht mit Friedhofsruhe verwechseln. Das bedeutet, dass Sisi keinen roten Teppich im Kanzleramt ausgerollt bekommt, sondern auf die Menschenrechtslage im Land angesprochen wird. Und dass wir Hilfe anbieten bei der Wirtschaft – und vor allem im Kampf gegen Korruption.

XIV. LIBYEN

Nach dem Sturz des langjährigen Potentaten des Landes Muammar al-Gaddafis befindet sich Libyen weitgehend ohne öffentliche Ordnung. Die von den Vereinten Nationen unterstützte »Regierung« um den Ministerpräsident Fajis al-Sarradsch kontrolliert zwar die Hauptstadt Tripolis, doch endet ihr Einfluss kurz hinter den Stadttoren. Im Osten Libyens – in Tobruk – herrscht die »Gegenregierung« unter General Khalifa Haftar, der sich mittlerweile als wichtigster Verbündeter der Russen (und Sisis) erwiesen hat – und ihnen den Zugang zu den wichtigsten Öl-Häfen im Osten sichert. Dazwischen – wenn auch mittlerweile ohne große Gebietskontrolle – steht ISIS.

Die Dschihadisten von ISIS, die bereits mit dem Fall Gaddafis die Gunst der Stunde nutzten, um das entstandene Machtvakuum partiell zu füllen, sind dabei aber nur eine der vielen dschihadistischen Milizen, die Libyen aktuell nicht-regierbar machen. Es kommen noch Gruppen wie »Ansar al-Scharia« oder auch »Al-Qaida im Maghreb« dazu und versuchen immer wieder, Territorium zu erobern. Doch im Kampf gegen die örtlichen Milizen sind sie immer wieder auch unterlegen.

Hinzu kommt die Bedeutung Libyens als der zentrale Punkt für viele Menschen aus der Subsahara auf ihrer Flucht nach Europa. Städte wie Misrata, in der sich Schätzungen zufolge rund 10.000 Arbeitsmigranten hauptsächlich aus Niger, Tschad und Sudan illegal aufhalten, wenn sie nicht in menschenunwürdige Internierungslager gesteckt werden, zeigen die Bedeutung des Landes als Brückenkopf der Flüchtlingswelle nach Europa. Wichtig sind die Migranten aus der Subsahara aber auch für die Terrormilizen. Diese verkaufen die Menschen auf Sklavenmärkten oder vermitteln ihnen für horrende Preise eine lebensgefährliche Überfahrt nach Europa. Beides stellen menschenverachtende Mittel dar, mit denen die Dschihadisten Geld für ihren Terror verdienen. Zwischenzeitlich hatte ISIS die Kontrolle über zwei Häfen erlangt, von denen aus er gegen teures Geld Flüchtlinge nach Europa schleuste. Ob auch Dschihadisten dabei waren, ist bisher nicht geklärt – es ist nicht unwahrscheinlich.

Libyens Staatlichkeit wieder herzustellen, ist eine teure und langwierige Generationenaufgabe. Nur eine gemeinsame Anstrengung der Afrikanischen Union und der EU kann diese Aufgabe bewältigen. Doch es ist möglich, ist Libyen doch ein sehr reiches Land mit einem ursprünglichen hohen Bildungsniveau und immensen Bodenressourcen. Dafür aber muss vor allem die EU bereit sein, eine rationale und selbstständige Außenpolitik zu betreiben, die nicht komplett der Flüchtlingspolitik unterstellt ist.

So haben die Vereinten Nationen mit europäischer Unterstützung ein Waffenembargo gegen Libyen verhängt, weil es dem Land offenkundig an allem mangelt, nur nicht an Waffen. Die Regierung in Tripolis aber unterläuft das Embargo mit stillschweigendem Wissen der EU-Mitgliedsstaaten. Auch Haftar in

Benghasi hält sich nicht daran. Aus Angst aber, diese Akteure bei der Flüchtlingsabwehr zu verprellen, schweigen die Europäer. So fließen weiterhin Waffen nach Libyen, zersetzen den Staat und wechseln in großer Geschwindigkeit die Hände. Gewinner des Schweigens der EU sind nur die Milizen – und die Dschihadisten.

XV. TUNESIEN

Die Lebenszeichen der jungen Demokratie Tunesiens sind hoffnungsfroh, aber nicht besonders laut. Das liegt vor allem an den etwa 6.000 tunesischen Dschihadisten in Libyen, Irak und Syrien, die unter anderem aufgrund der Gebietsverluste von ISIS dort nun nach Hause zurückkehren. Für Präsident Beji Caid Essebsi stellen sie eine große Herausforderung dar. So sind die Gefängnisse längst überfüllt, die Gerichte überfordert und viele ehemalige ISIS-Kämpfer damit meist auf freiem Fuß. Die Tunesier fürchten die Dschihadisten, protestieren gegen deren Wiedereinreise. Doch selbst wenn es in den Gefängnissen ausreichend Kapazitäten gäbe, wäre die Möglichkeit, dass sie dort ihren Extremismus an junge Täter weitergeben, eine ebenso große Gefahr.

Ein weiteres Risiko der Radikalisierung stellen manche Golfstaaten dar, die nicht nur ganze Wohngebiete in den Vororten von Tunis errichten, aus denen zahlreiche Attentäter stammen. Sie finanzieren auch Geistliche, die den Wahabismus in die Elendsquartiere der Hauptstadt oder in von der Regierung vernachlässigte Gebiete wie auch an die Universitäten des Landes bringen. Man hat es hier mit einer hohen Jugendarbeitslosigkeit gepaart mit salafistischen Predigten zu tun. Warum nicht nur in Tunesien diese kämpferische Form des Islams einen solchen Zulauf hat, erklärt sich auch daraus, dass viele Muslime unter Diktatoren, wie eben Ben Ali oder auch Gaddafi und Mubarak, als Islamisten verfolgt und diskriminiert wurden. Zudem waren die damals predigenden Imame in der Regel handverlesen von den

Regimen. Dieses Problem mit der Glaubwürdigkeit füllen nun radikale Prediger aus, die zumindest in ihrer Radikalität authentisch wirken.

Eine Hilfe für Tunesien kann darin bestehen, dass die Erziehungsarbeit (auch in den Gefängnissen) und auch die Vermittlung des Islams wieder in die Hände des Staates übergeht. Auch die Integration der Tausenden von ehemaligen ISIS-Kämpfern muss vorangetrieben werden – durch eine lückenlose Aufarbeitung, durch die am Ende Versöhnung möglich wird. Dafür fehlen allerdings derzeit relevante Partner. Um der grassierenden Jugendarbeitslosigkeit und damit auch der Perspektivlosigkeit Herr zu werden, muss der Tourismus wieder aufgebaut und das Vertrauen in Tunesien als sicheres Urlaubsland wieder hergestellt werden. Auch gilt es, die immer noch grassierende Korruption auf allen Ebenen zu bekämpfen.

XVI. ALGERIEN

Algeriens Islamisten-Tradition begann bereits 1992, als die mittlerweile verbotene »Islamische Heilsfront« (FIS) die Parlamentswahlen gewann. Die Wahl wurde jedoch – mit Unterstützung der Europäischen Union – annulliert und das Kriegsrecht für mehr als 20 Jahre verhängt. Es folgte ein fast zehn Jahre währender blutiger Bürgerkrieg mit über 100.000 Opfern.

Hauptgegner des Militärregimes war die »Groupe Islamique Armé« (GIA). Sie erlangte internationale Berühmtheit durch die Ermordung des Junta-Präsidenten Mohammad Boudiaf bald nach der Wahl und durch den »Export« des Terrorismus nach Frankreich durch zahlreiche Anschläge. An Bedeutung verlor sie erst ab 1998, als sie nach und nach von der Al-Qaida des Osama bin Laden übernommen wurde.

Seit dem damaligen Aufruf der FIS zum Dschihad sind islamistische Strömungen grundsätzlich vom politischen Prozess des

Landes ausgeschlossen. Nur die islamistische Partei »Gesellschafts-bewegung für den Frieden« (MSP), die den Muslimbrüdern nahe-steht, schaffte es 1997, Teil der Regierung zu werden. Das ist und war umso wichtiger, als dass die Integration der MSP in die staat-liche Verantwortung versöhnliche Signale an die so lange vom Bürgerkrieg zerrissene Bevölkerung sandte.

Andererseits jedoch geht die Aussöhnung nicht durch die ganze Gesellschaft. Bis heute ist Algerien eine Diktatur geblieben. Ge-rade die Verhältnisse in den Gefängnissen sind – auch für regio-nale Verhältnisse – dramatisch schlecht. Es verwundert also nicht, dass die Gefängnisse auch in Algerien ein wichtiger »Inkubator« des Extremismus geworden sind. Also auch und gerade des Dschi-hadismus.

So muss Algerien immer noch und immer wieder Tote durch Anschläge der »Al-Qaida im Maghreb« (AQMI) vermelden. Dass Algerien immer wieder Ziel von Anschlägen wird und die Dschi-hadisten versuchen, gerade im Landesinneren dauerhaft Fuß zu fassen, liegt zweifelsohne auch daran, dass sich das Land inmitten einer AQM- und ISIS-Kampfzone befindet, also angrenzend an Libyen und Mali.

Dass die Dschihadisten neue Kämpfer erfolgreich anwerben können, ist auch der Tatsache geschuldet, dass die Einnahmen aus dem Ölgeschäft mehr und mehr schwinden. So kann sich der Staat viele Subventionen nicht mehr leisten, was wiederum zu sozialen Unruhen führt. Hinzu kommt der sehr alte Konflikt zwischen Arabern und Berbern, der seit 2013 endgültig eskaliert. Die Ber-ber fühlen sich unterdrückt und in ihrer Kultur diskriminiert – nicht nur weil sie mozabitische[57] Muslime sind, sondern auch auf-grund ihrer Sprache.

---

57 Mozabiten sind eine muslimische Glaubensgemeinschaft aus der Fa-milie der ursprünglich aus dem Oman stammenden Ibaditen. Diese sind eine eigene Form des Islams, die sich weder den Sunniten noch den Schiiten zugehörig fühlen. Weltweit gibt es etwa zwei Millionen Ibaditen.

Den sunnitischen Arabern werfen sie eine schleichende Arabisierung vor, auch weil viele traditionelle Berber-Gebiete in den letzten Jahrzehnten von Arabern besiedelt wurden. Im Hinblick auf diese Spannungen und die harten Repressionen der Regierung fürchten viele, dass eine weitere Radikalisierung vor allem junger, perspektivloser Männer nur eine Frage der Zeit sei. Umso bedauerlicher, dass die europäischen Regierungen jede Kritik an den Menschenrechtsverhältnissen in Algerien missen lassen und stattdessen Waffen liefern.

Im Westsaharakonflikt wiederum kritisiert die algerische Regierung die »Berberisierung«, die Marokko dort betreibe, indem es seine Bürger ansiedelt und die angestammte Bevölkerung dort vertreibt. Viele Sahrauis, eine maurische Ethnie, leben indes nicht in ihrer Heimat, sondern in Flüchtlingslagern im Westen Algeriens. Algerien unterstützt die bewaffnete sahrauische Partei Polisario. Die Gefahr, dass gerade diejenigen, die als Vertriebene in den Camps in Westalgerien leben, sehr empfänglich für Radikalisierung sind, ist hoch. Auch die unklare und instabile Lage in der Westsahara und die langjährige Besatzung Marokkos sowie die Erfolglosigkeit der Polisario sind Risikofaktoren, die AQMI und anderen die Rekrutierung von Personal leicht machen.

XVII. MAROKKO

Marokko befand sich Ende 2016 für fast ein halbes Jahr in einem gefährlichen politischen Vakuum. Die Parlamentswahlen Anfang Oktober 2016 hatte zwar die moderat islamistische »Parti de la Justice et du Développement« (PJD) gewonnen, doch gelang es deren Vorsitzendem Abdelilah Benkirane nicht, eine Regierung zu bilden. König Mohammed VI. reagierte schließlich und beauftragte den zweiten Mann der PJD, Saad Eddine El Othmani, mit der Bildung einer Regierung, die sich nun unter anderem auch aus Sozialisten und Royalisten zusammensetzt.

Dennoch bleibt die Macht des Königs groß, auch wenn er im Zuge der Proteste 2011 und in Form einer Verfassungsreform einiges davon abgab. Die damals schon als Wahlsieger hervorgegangene PJD war die erste islamistische Partei an der Regierung. Diese Wahl galt als Warnschuss einer Islamisierung Marokkos und zeigte zudem den Konflikt zwischen Royalisten und Islamisten auf. Zumal mit der »Vereinigung für Gerechtigkeit und Spiritualität« des mittlerweile verstorbenen islamistischen Predigers Abdessalam Yassine eine weitere starke Bewegung im Land existiert, die das Königshaus – gewaltfrei – herausfordert. Yassines Tochter Nadia führt derzeit die Bewegung an. Sie ist die wahrscheinlich bekannteste Islamistin der Welt.

Dass das Land wieder über eine regierungsfähige große Koalition verfügt, hat in erster Linie mit der geschickt eingesetzten Machtfülle des Königs zu tun. Die »Al-Qaida im islamischen Maghreb« (AQMI) versucht wiederum, Marokko als Stützpunkt für Anschläge in den Nachbarländern, wie aber auch für vereinzelte Attentate in Marokko selbst zu nutzen.[58] Auch finden sich marokkanische Kämpfer bei AQMI. Wenn Dschihadisten gefasst und nach dem Anti-Terror-Gesetz verurteilt werden, ist nicht selten unklar, ob sie wirklich Dschihadisten oder Anhänger der Opposition sind.

Um (Touristen) zu zeigen, dass Marokko weit vom radikalen Islamismus entfernt sei, verhängte das Land jüngst ein De-facto-Verbot für Burkas und Nikabs, indem es den Import, die Produktion und das Marketing dafür landesweit untersagte – auch aus Angst, die Kleidung könnte Dschihadisten als Tarnung dienen. Radikale Prediger wie Hammad al-Kabbadsch, dem Verbindungen zur dschihadistischen Szene nachgesagt werden und dessen Kandidatur zu den Parlamentswahlen deshalb nicht zugelassen wurde, sehen darin eine Ungleichbehandlung gegenüber der westlichen Kleiderordnung. Das Beispiel zeigt, dass es auch in Ma-

---

58 Wie beispielsweise im April 2011 in Marrakesch.

rokko brodelt. Die Armut, der akute Jobmangel und damit auch die Perspektivlosigkeit gerade junger Männer bergen ein ebensolches Risiko ihrer Radikalisierung.

XVIII. MAURETANIEN

Mauretanien ist ein schwacher Staat und von inneren Konflikten stark in Anspruch genommen. Der Kampf gegen die immer noch grassierende Sklaverei, die Auseinandersetzung zwischen der Nichtregierungsorganisation IRA (»Initiative de Resurgence du Mouvement Abolitionniste en Mauretanie«), die sich vehement für ein Ende der Sklaverei einsetzt, und der Regierung, die IRA-Aktivisten verfolgt, einsperrt und foltert, ist dafür ein besonders prominentes Beispiel.

Der Graben durch die Gesellschaft Mauretaniens ist tief und trennt die regierende Minderheit von Arab-Berbern auf der einen von den Sub-Saharis auf der anderen Seite. Diese werfen der Elite der Arab-Berber Rassismus vor, und dass sie Sklaverei und Rassendiskriminierungen systematisch betreibe. Zu diesem Konflikt, der immer wieder für Unruhen und Proteste sorgt, kommen dschihadistische Gruppen wie »Al-Qaida im islamischen Maghreb« (AQMI) oder auch »MUJAO« (»Bewegung für Einheit und Dschihad in Westafrika«), eine ursprünglich mauretanische Organisation, die mittlerweile in Mali über mehr Mitglieder und Ressourcen als in Mauretanien verfügt. Sowohl AQMI wie auch MUJAO operieren grenzübergreifend zwischen Algerien, Niger, Mali und Mauretanien und »verdienen« ihr Geld unter anderem durch die Entführung europäischer Touristen.

XIX. HORN VON AFRIKA

Somalia und Kenia sind ebenso wie Tansania vom Dschihadismus betroffen, wenn auch auf unterschiedliche Art und Weise und in unterschiedlicher Intensität.

Das Ziel der Dschihadisten ist es, einen großen Bogen über Marokko, Mauretanien, Algerien, Mali, Niger, Nigeria, Tschad, die Zentralafrikanische Republik, den Sudan und Äthiopien bis nach Somalia und Tansania zu ziehen.

Die Bedingungen für das Gelingen dieses »Plans« scheinen leider gut. So destabilisiert der seit einem Vierteljahrhundert währende Bürgerkrieg in Somalia, in dem sich Regierungstruppen, die Dschihadisten von Al-Shabaab und andere Clans gegenüberstehen, das Land. Hinzu kommen Truppen der Mission der Afrikanischen Union in Somalia (AMISOM), die versuchen, den Friedensprozess in Gang zu halten.

Die »Harakat al-Schabaab Al-Mudschaheddin« (»Bewegung der Mudschaheddin-Jugend«, Kurzform »Al-Schabaab«, »die Jugend«) ist die wichtigste dschihadistische Organisation am Horn von Afrika. Sie hat ihren Treueeid auf Aiman Zawahiri, also auf die Al-Qaida abgelegt, nicht auf ISIS. Die Gruppe ist aus dem radikalen Flügel der islamistischen ›Union der islamischen Gerichte‹ entstanden, nachdem diese durch eine Militärintervention Äthiopiens in Somalia entmachtet worden war.

Das weltweit größte Flüchtlingslager Dadaab im Nordosten Kenias und an der somalischen Grenze gelegen, spielt in dem Spannungsfeld »Dschihadismus und Afrika« eine entscheidende Rolle. So alt wie der Krieg in Somalia ist auch das Camp, mit geschätzten 650.000 Einwohnern. Seit einigen Jahren hat sich die Sicherheitssituation in Dadaab dramatisch verschlechtert. Mehr und mehr haben somalische Warlords und radikale Islamisten ihren Einfluss in dem Camp vergrößert.

Kenias Regierung verkündete in den letzten Jahren immer wieder die Schließung von Dadaab, was die Situation der Menschen noch weiter und die fragile Lage Somalias im Angesicht Abertausender Rückkehrer massiv verschlechtern würde. Die Schließung des Flüchtlingslagers wurde Anfang 2017 auf Anordnung des Obersten Gerichts in Kenia gestoppt – vorerst. Damit wurde auch die Rückführung der Somalis in ihre desolate Heimat abgewendet. Ein Bericht von »Ärzte ohne Grenzen« vom Oktober 2016 zeigt, dass dies eine richtige Entscheidung war: 96 Prozent der Einwohner Dadaabs gaben – wahrscheinlich berechtigterweise – bei einer Befragung[59] an, sich im gefährlichsten Lager der Welt sicherer zu fühlen als in Somalia.

Das als eine Art somalische Exklave in Kenia und seit 25 Jahren existierende Flüchtlingslager, das offiziell für alle über zwei Millionen somalische Flüchtlinge zuständig ist, gibt den Konflikt in Afrika wie unter einem Brennglas wider. Menschen, die nach Somalia zurückkehrten, erzählten »Ärzte ohne Grenzen«, dass die Dschihadisten von Al-Shabaab sie zwingen würden, mindestens einen ihrer Söhne als Dschihadisten »zur Verfügung zu stellen«. Auch wenn die Lage im Lager desolat ist, erhalten die Menschen dort dennoch Bildung, ärztliche Versorgung, Wasser und Essen. Sie zurück nach Somalia zu schicken, war auch eine Reaktion Kenias auf den zunehmenden Einfluss radikaler Islamisten und salafistischer Prediger, die nicht selten von den Golfstaaten bezahlt werden.

In diesem Sinne stellt Somalia eines der wichtigsten Länder im Kampf gegen den Dschihadismus dar. Gleichzeitig zeigt das Beispiel Somalias auch das Scheitern des rein militärischen Kampfes gegen den Terror. Somalia braucht Hilfe, das steht fest. Diese sollte vornehmlich darauf zielen, das Land zu stabilisieren. Die Wahl Mohamed Abdullahi Mohameds – Farmajo genannt – zum neuen Präsidenten des Landes gibt Hoffnung darauf. Nicht umsonst hat Al-Schabaab nach der Wahl eine Verschärfung der militärischen

---

59 https://www.aerzte-ohne-grenzen.de/sites/germany/files/other/report-dadaab_to_somalia_pushed_back_into_peril_.pdf

Auseinandersetzung angekündigt. Schließlich ist Farmajo der erste Präsident seit Jahrzehnten, dem eine Stabilisierung des Landes zugetraut wird.

Die internationale Gemeinschaft sollte seine Bemühungen, der Korruption zumindest in den wenigen Institutionen des Landes Herr zu werden und für mehr Transparenz zu sorgen, mit allen zivilen Mitteln unterstützen. Die Erklärung von Teilen Somalias zur Kampfzone, von US-Präsident Donald Trump, hilft dabei nicht – auch nicht, um Al-Shabaab zu besiegen.

Auch Äthiopien ist Teil von AMISOM und interveniert mit Soldaten in Somalia. Der Besuch Barack Obamas dort, sein Treffen mit dem äthiopischen Ministerpräsidenten Hailemariam Desalegn und die Aussage des damaligen US-Präsidenten, Äthiopien sei ein Vorbild für Demokratie in dieser Region, bestärken die Diktatur dort nur noch mehr darin, so weiterzumachen wie bislang – und dabei nicht nur den islamistischen Extremismus zu bekämpfen, sondern auch die Unterdrückung eigener Bevölkerungsgruppen – wie beispielsweise die Oromo. Ähnliches gilt für Eritrea, wo die Zwangsrekrutierung von Eritreerinnen und Eritreern zwischen 18 und 50 Jahren zum Militärdienst durch Diktator Isayas Afewerki den wichtigsten Fluchtgrund für Hunderttausende darstellt und der Westen mit Millionen an Entwicklungshilfe versucht, Afewerki ein Zugeständnis abzukaufen – immer wieder erfolglos. Das Geld jedoch bleibt in Eritrea, in den Händen des Mächtigen.

Die starke und teilweise einseitige Konzentration auf militärische Mittel, und das scheinen viele der Verantwortlichen noch nicht verstanden zu haben, führt am Horn von Afrika eher zu Mobilisierungs- und Rekrutierungsschüben bei den Dschihadisten. Sie fördert weder die Sicherheit noch trägt sie zur Schaffung eines sozialen Friedens bei. Eine Geldkoffer- und Kampfzonen-Politik destabilisiert mehr, als dass sie das Problem des Dschihadismus und Gruppen wie Al-Shabaab angehen und erfolgreich bekämpfen.

SUBSAHARA

Besonders in Ländern wie Nigeria, Mali, Niger und Tschad, teilweise aber auch in Kamerun, im Senegal und der Zentralafrikanischen Republik hat sich der dschihadistische Terror in den letzten Jahren nicht nur territorial und gesellschaftlich ausgebreitet, sondern teilweise sogar nachhaltige und feste Strukturen geschaffen, die ihren langfristigen Verbleib ermöglichen sollen. Das war deswegen möglich, weil all diese Länder südlich der Sahara viele Probleme und Missstände seit Jahrzehnten teilen: Angefangen von durchweg instabilen politischen Verhältnissen, Diktatoren und autoritären Regimen, über ein kaum funktionierendes Bildungssystem bis hin zu einem Mangel an Ressourcen, der nicht zuletzt auch durch den Klimawandel hervorgerufen wurde.

Ihre Bevölkerung explodiert, verjüngt sich, und die Länder können diesen jungen Menschen nichts bieten. Koranschulen übernehmen in manchen Regionen den Bildungsauftrag, und der Kampf um Wasser und Weideland trägt das Seinige dazu bei. Die katastrophale Situation am Niger-Fluss-Bassin, wie ich sie im Kapitel »Zusammenhalten« aufgeführt habe, ist dafür nur ein, wenn auch sehr bezeichnendes Beispiel. Es kommen zudem weitere Spaltungen, Brüche und Risse in den Gesellschaften dieser Länder hinzu, interreligiöse vor allem. Christen vertreiben und töten Muslime, wie auch Muslime Christen töten und verfolgen. Die von den Kolonialmächten willkürlich gezogenen Grenzen zwischen den Ländern und Religionen werden immer öfter durch Trenn- oder Verbindungslinien zwischen Volksgruppen oder Konfessionen ersetzt.

Binnenflüchtlinge stellen afrikanische Länder vor große Herausforderungen. Das alles sind am Ende Hebel, an denen dschihadistische Gruppen wie »Boko Haram« in Nigeria, »Harakat al-Shabaab al-Muhahideen« in Somalia oder eben auch die oben genannten Al-Qaida-Ableger »Ansarul Islam« in Burkina Faso und »Jama'at Nusrat al-Islam wal Muslimeen« in Mali mit Rekrutierungen und Radikalisierungen ansetzen können.

XX. BOKO HARAM: GEFAHR FÜR NIGERIA UND SEINE NÖRDLICHEN NACHBARN

Über die Existenz der dschihadistischen Terrororganisation Boko Haram erfuhr die breite Öffentlichkeit eigentlich erst, als die Gruppe am 14. April 2014 über 270 Schulmädchen aus Chibok im Nordosten Nigerias entführte.

Dabei hatten die Extremisten bereits seit 2011 eine schwere Welle von Attentaten und Angriffen auf Polizeistationen ausgelöst wie auch den Sitz der Vereinten Nationen in der Hauptstadt Abuja angegriffen. Traurige Zahlen zu Boko Haram und dazu, wie die Terroristen vor allem den Kindern in Nigeria, aber auch den Kindern in Tschad, Niger und Kamerun die Zukunft rauben, veröffentlichte im April 2016 das UN-Kinderhilfswerk UNICEF. Der Kurzanalyse »Beyond Chibok«[60] zufolge sollen sich seit 2014 in Nigeria, dem Tschad, Niger und Kamerun »insgesamt 117 Minderjährige an öffentlichen Plätzen in die Luft gesprengt haben«. Ebenso erschreckend ist, dass drei Viertel der jungen Selbstmordattentäter Mädchen sind, die dazu von Boko Haram missbraucht wurden. Die Zahl der Kinder, die Anschläge begangen haben, lag 2015 elfmal höher als 2014. Knapp ein Fünftel der Selbstmordattentäter sind Kinder.

Allein im ersten Quartal 2017 töteten sich 27 Kinder im Namen des Islamismus, was einem Anstieg von 300 Prozent, verglichen zum Vorjahreszeitraum entspricht, wo es »nur« neun waren. Im Gesamtjahr 2016 zählte UNICEF 30 minderjährige Selbstmordattentäter, während es 2015 noch 56 und 2014 vier waren. Seit dem Aufkommen von Boko Haram bzw. genauer gesagt seit Mai 2013 wurden 2,3 Millionen Menschen heimatlos. Die Zahl der vertriebenen bzw. geflüchteten Kinder stieg um 60 Prozent auf 1,3 Millionen. All diese schrecklichen Zahlen zeigen, welche destabilisie-

---

60 Unicef, »Beyond Chibok«, April 2016.

rende Wirkung Boko Haram nicht nur auf Nigeria, sondern auch für viele Nachbarländer hat.

Was sie zum Teil aber nicht zeigen, ist, dass auch diejenigen Kinder, die dem Terror schwer traumatisiert entkamen, keineswegs in Sicherheit sind – auch nicht davor, der Radikalisierung nicht irgendwann doch noch zum Opfer zu fallen und ihrerseits zu Tätern zu werden. So werden vor allem Mädchen, die eine Gefangennahme durch Boko Haram überlebten, gerade in Flüchtlingscamps mit großem Misstrauen versehen und als Boko-Haram-Frauen ausgegrenzt. Das hilft Boko Haram dabei, einen noch größeren Keil in die Bevölkerung zu treiben.

Der Aufstand in Kaduna (2000)

Im Februar und Mai des Jahres 2000 kam es in Kaduna, dem drittgrößten Bundesstaat Nigerias, zu blutigen Aufständen, denen rund 2000 Menschen zum Opfer fielen. Die blutigen Auseinandersetzungen zwischen Christen und Muslimen, die ungefähr je die Hälfte der Bevölkerung von Kadunas rund 6 Millionen Einwohnern (Stand 2006) ausmachen, wurden dadurch ausgelöst, dass die damalige Regierung des Bundesstaates die Einführung der Scharia angekündigt hatte. Auch wenn im Herbst desselben Jahres der Gouverneur Mohammed Ahmed Makarfi bekannt gab, dass die Scharia nicht für den gesamten Staat Kaduna, sondern nur in den vornehmlich muslimisch geprägten Teilen eingeführt würde, sahen und sehen muslimische Milizen dennoch nicht davon ab, auch Christen mit Gewalt dazu zu zwingen, sich der Scharia zu beugen, was diese wiederum zu Recht als eine massive Unterdrückung empfinden. Mittlerweile haben zwölf nördliche Bundesstaaten Nigerias die Scharia eingeführt.

Am Ende stellen diese Aufstände in Kaduna die Geburtsstunde von Boko Haram dar, zusammen mit den ebenso ethnisch-religiös motivierten schweren Auseinandersetzungen am 7. September

2001 in der Stadt Jos im Zentrum Nigerias, bei denen bis zu 1000 Menschen starben, und der darauf folgenden Racheaktion, bei der 500 im Südosten lebende Muslime getötet wurden.

Die ethnische Gruppe der Kanuri stellt in Nigeria eine Minderheit dar. Bezüglich der Boko-Haram-Führung und -Mitgliedschaft sind sie jedoch in der Mehrheit. Die im Norden Nigerias dominierende muslimische Gruppe der Hausa-Fulani macht 29 Prozent der Bevölkerung aus. Die Vorwürfe an Boko-Haram-Führer, sie würden Kanuri den Hausa-Fulani gegenüber bevorzugen, führte immer wieder zu inneren Spannungen bei Boko Haram. Doch letztlich richtet sich ihre Gewalt gegen all jene, die sich der Scharia widersetzen, gegen verantwortungslose, politische Führer ungeachtet ihrer Parteizugehörigkeit und gegen all jene, die die Verbreitung der westlichen Zivilisation in Nigeria unterstützt und gefördert haben.

Zudem rufen Boko Haram alle in den islamischen Bundesstaaten auf, die »gottlosen politischen Parteien zu bekämpfen und sich einer islamischen Gesellschaft anzuschließen, die frei ist von Korruption, in der Sicherheit garantiert sein und es Frieden unter dem Islam geben wird.« Diese Utopie, wie sie am Ende ja auch ISIS in Irak und Syrien propagiert, übt gerade in einem Land, dass sowohl konfessionell (50 Prozent der vorwiegend im Norden lebenden Bevölkerung sind Muslime, 40 Prozent sind Christen, die vor allem im Süden und in der Mitte Nigerias wohnen), wie auch ethnisch so gespalten und dazu auch ökonomisch gebeutelt ist (mit beispielsweise einer Inflation von 18,5 Prozent) große Faszination auf bestimmte Gruppen aus. Das Versprechen einer neuen Gerechtigkeit, von Frieden und Chancengleichheit übt ebenso Faszination auf all jene aus, die hoffnungslos und abgehängt sind.

Auch wenn die Regierung Nigerias sich jüngst beeilte, ihren Sieg über Boko Haram zu proklamieren, weil die Zahl toter Zivilisten in den letzten drei Jahren rapide sank (2014: 6.136 Menschen, 2015: 4.095 Menschen, 2016: 240 Menschen), wird sie diese religiösen, ethnischen und gesellschaftlichen Schismen nicht wegreden können. Und schon gar nicht die Bedrohung, die nach wie vor von Boko Haram ausgeht – für Nigeria und seine Nachbarländer Tschad, Niger und Kamerun. Dabei ist es im Falle Nigerias weniger der Konflikt zwischen Sunniten und Schiiten, sondern vielmehr der zwischen Muslimen und Christen.

Was Boko Haram für die Nachbarstaaten Nigerias so gefährlich, weil für junge Männer attraktiv macht, sind Aspekte, die viele Staaten der Subsahara betreffen: Eine Großzahl der Kämpfer ist nicht oder nur gering alphabetisiert, arbeitslos und von Korruption, Vetternwirtschaft und Vernachlässigung ihrer lokalen und regionalen wie auch ethnischen Interessen enttäuscht. Der Glaube im Sinne des traditionellen Volksislams ihrer Eltern oder traditioneller Institutionen bietet ihnen keinen Halt und ihrer Wut kein Ventil. Boko Haram hingegen wirbt mit Lebensmodellen, die ihnen neben dem Ausleben der Aggressionen gegen das dominierende politische System der Alten und alteingesessenen Eliten auch Zugang zu Geld, Macht, Waffen, Frauen und anderem verschafft, was für sie vorher nicht erreichbar war. So nutzt Boko Haram mithilfe seiner brutalen Videopropaganda diese Missstände aus und schafft zudem die Brücke zu einer noch größeren »Bewegung«, zu ISIS, auch indem Boko-Haram-Anführer Shekau seine Sympathie für die irakischen Dschihadisten bezeugt und vor zwei Jahren gar ISIS-Führer Abu Bakr al-Baghdadi die Gefolgschaft schwor.

XXI. MALI

Der Konflikt in Mali schwelt seit Jahren und Jahrzehnten. Es ist ein Konflikt, der vom Aufeinanderprallen von den im Norden des Landes lebenden nomadischen Tuareg und Berbern einerseits und den im Süden beheimateten sesshaften Volksgruppen andererseits geprägt ist. Diese Konflikte auch um Land, Vieh, Weideplätze und Wasser sind nicht nur für Mali, sondern für große Teile der Subsahara prägend und trauriger Teil ihrer Geschichte. Sie sind aber auch Folge der willkürlichen Grenzziehung der Kolonialmächte.

Im Zuge dieser ethnischen Spannungen und bedingt durch Korruption und Regierungsputsch, gewannen extremistische, separatistische und dschihadistische Gruppen wie die MNLA (»Mouvement National pour la Liberation de l'Azawad«), die »Bewegung für Einheit und Dschihad in Westafrika« (MUJAO) und auch »Ansar e-Dine« und »Al Qaeda in the Islamic Maghreb« an Kraft und Zulauf. MNLA proklamierte Anfang 2012 den Norden Malis, also Azawad, als unabhängig. Es folgten Kämpfe mit den Islamisten von Ansar e-Dine und MUJAO, auch aufgrund der Einführung der Scharia in Azawad.

Ich war in Mali, als die Dschihadisten Anfang 2013 versuchten, die zentral-malische Stadt Mopti – als Zwischenstation auf ihrem Marsch in die Hauptstadt Bamako – zu überrennen. Es gab eine große Freude und Dankbarkeit für die militärische Intervention Frankreichs (Opération Serval). Sie hielt nicht nur den Vormarsch der Dschihadisten auf, zusammen mit dem funktionalen Rest der malischen Streitkräfte eroberten die französischen Streitkräfte auch einen großen Teil von Azawad wie die Städte Gao, Kidal und Timbuktu zurück. Die Vereinten Nationen beteiligten sich bald in Form der Multidimensionalen Integrierten Stabilisierungsmission (MINUSMA) am einsetzenden Friedensprozess ebenso wie einige westafrikanische Staaten, die ihrerseits Truppen entsandten und verstärkten.

Im Juni 2013 schließlich wurde mit den Tuareg ein Waffenstillstand vereinbart. Es fanden Wahlen statt, und mit Ibrahim Boubacar Keïta, der der sozialistischen Partei »Bewegung für Mali« angehört, wurde ein neuer Präsident vereidigt und die Militärregierung abgelöst. Nur wenige Monate später kündigten die MNLA nach der blutigen Niederschlagung einer Demonstration durch Regierungstruppen die Waffenruhe auf.

Wir müssen an dieser Stelle verstehen, dass nicht nur die anfangs genannten Gründe zum Aufkommen und Erstarken dschihadistischer Gruppen in Mali sorgten. Auch der Bürgerkrieg in Libyen 2011, der für einen großen Zustrom von Waffen und Kämpfern in den Norden des Landes führte, trug viel dazu bei.

Historisch und gesellschaftlich tiefer liegend sind zudem die Kausalzusammenhänge zwischen politischer, wirtschaftlicher und sozialer Ausgrenzung einerseits und dschihadistischer Radikalisierung auf der anderen Seite. Die Aufstände in den nördlichen Landesteilen Malis waren immer auch Folge der Vernachlässigung durch die Zentralregierungen. Junge arbeits- und perspektivlose Männer stellten und stellen daher auch die größte Gruppe derjenigen dar, die sich dem Kampf gegen die Gesamtgesellschaft und ihre Chancenlosigkeit verschreiben. Um Missverständnisse zu vermeiden: Dschihadismus ist kein Phänomen der Armen. Aber ohne die soziale Unterschicht können die Dschihadisten nicht genug einfache Soldaten anheuern, um Schlagkraft zu entwickeln.

Umso wichtiger wäre es auch im Falle Malis, Föderalisierungsbestrebungen[61] zu stärken, um die zentralistische Macht zu schwächen und vielmehr regionale Ungleichgewichte mit dezentralen Lösungsansätzen zu bekämpfen. Nur die Sicherheitskräfte seitens einer Zentralregierung zu stärken, könnte die Probleme eher noch verschärfen und den Dschihadisten weiteren Zuwachs bringen.

Eine eventuelle Regierungsbeteiligung für dschihadistische Organisationen an regionalen Stellen wäre wohl eher zum Scheitern verdammt, da die Versorgung der Extremisten in und durch dschihadistische und kriminelle Netzwerke um einiges attraktiver ist, was das Monetäre, aber auch, was Macht und Einfluss angeht.

Die Freude über die Befreiung des Nordens des Landes ist mittlerweile einer depressiven Ernüchterung gewichen. Der politische Prozess kommt nicht voran, die Wirtschaft stagniert, Korruption grassiert weiterhin. Wenn die französischen Truppen abziehen

---

61 Der Gouverneur der neu entstandenen (und ölreichen) Nordprovinz Taudenhi war im ersten Jahr seiner Amtszeit nicht vor Ort. Das ist das Gegenteil von Föderalisierung.

sollten, droht ein weiteres Szenario. So fürchtet nicht nur die Gesellschaft für bedrohte Völker (GfbV), dass malische Regierungstruppen nach dem Abzug der Franzosen vermehrt blutige Racheakte gegen Tuareg und Berber verüben werden – und/oder gegen alle, die sie der Beteiligung an den Aufständen bezichtigen.[62]

Parallel dazu beschloss die EU im Dezember 2016 ein Abkommen mit der malischen Regierung über deren Rücknahme von in Europa abgelehnten Asylsuchenden, wohl auch in der irrigen Annahme, dass das Land doch nun wieder befriedet sei.

XXII. NIGER

Neben den großen Herausforderungen und Gefahren, denen sich Niger als einer der Anrainer-Staaten im Niger-Bassin ausgesetzt sieht (siehe Kapitel »Vorausschauen«) – also vornehmlich der Kampf um Land, Wasser und Zugang zu rudimentärster Versorgung und Hygiene –, sind weitere große Probleme vor allem auch die hohe Geburtenrate (in den letzten 50 Jahren explodierten die Bevölkerungszahlen von drei Millionen auf 17 Millionen Einwohner) und die Tatsache, dass Niger praktisch in der Zange zwischen Nigeria und Mali liegt. Das Land ist eines der ärmsten der Welt und sehr wenig entwickelt. Die schwache Staatlichkeit tut das ihre dazu, die Verhältnisse noch weiter zu destabilisieren.

94 Prozent der Menschen in Niger sind Muslime, groß ist daher die Anziehungskraft der zahlreichen Koranschulen auch jenseits der Grenzen, die das Bildungsvakuum wie in vielen Staaten der Subsahara füllen. Zudem muss Niger mit einer Flüchtlingswelle klarkommen, in deren Zuge über 150.000 Menschen aus Nigeria

---

62 https://www.gfbv.de/de/news/frankreich-soll-sich-fuer-un-menschen-rechtsbeobachter-in-nord-mali-einsetzen-tuareg-fuerchten-rueckzug-franzoesischer-armee-5812

nach Niger flohen. Boko Haram versucht zudem, auch hier Fuß zu fassen. Die Bedingungen für das erfolgreiche Rekrutieren in einem Land, in dem die junge Bevölkerung sehr groß und zudem fast chancenlos ist, sind leider sehr gut. Niger vereint alle Merkmale, die geeignet wären, um aus dem Land ein weiteres Schwerpunktland der Dschihadisten zu machen.

XXIII. TSCHAD

Ähnlich wie Kamerun ist der Tschad ebenfalls ein Rückzugsgebiet für Boko Haram und in zunehmendem Maße Ziel von Anschlägen. Und auch von hier aus ziehen junge Männer in die Koranschulen von Boko Haram in Nigeria. Dort werden sie gefangen genommen, indoktriniert, mit dem Tod bedroht. Mitunter gelingt ihnen die Flucht, doch in den Flüchtlingslagern sind sie nicht willkommen, sondern werden ausgegrenzt, angegriffen und als Boko-Haram-Kämpfer beschimpft.

Menschen fliehen genauso aus dem Tschad nach Kamerun oder in andere Grenzländer, wie Flüchtlinge aus Nigeria in den Tschad kommen. Die Grenzen zwischen den Ländern sind nach wie vor durchlässig, und Ideologien lassen sich schwer einzäunen oder auf Nationen beschränken. Und so gilt für den Tschad letztlich das Gleiche wie für Kamerun: Boko Haram ist nicht nur ein Problem Nigerias. Das zeigten die Bombenanschläge vor dem Polizeihauptquartier und der Polizeischule in der tschadischen Hauptstadt N'Djamena im Juni 2015 zum ersten Mal sehr deutlich.

Aber auch die Tatsache, dass Tschads Präsident Idriss Déby sofort Boko Haram dafür verantwortlich machte, zeigt die Gefahr, die besteht, wenn lokale Trittbrettfahrer und Sympathisanten der dschihadistischen Terrorgruppe nicht als Täter in Betracht gezogen werden. Fakt ist nämlich, dass Boko Haram auch Kämpfer aus dem Tschad rekrutiert und dass nicht wenige den autoritären Führungsstil Débys, der sich ja selbst 1990 gegen den Diktator Hissène

Habré an die Macht putschte, verachten und ihn absetzen wollen. Mit Hilfe von Boko Haram, beispielsweise.

Fest steht auch, dass der Tschad durch die Entsendung von Truppen nach Kamerun zur Bekämpfung von Boko Haram zum Ziel weiterer terroristischer Anschläge geworden ist. Das gilt zudem auch für die im Kampf gegen Boko Haram in Mali stationierten Soldaten, die als besonders brutal gelten. Racheakte gegen sie könnten auch den Tschad auf seinem Territorium treffen.

XXIV. KAMERUN

Mit der Bekämpfung von Boko Haram in Nigeria verschiebt die Terrorgruppe ihre Anschlagsziele vermehrt auf andere Länder. Je größer der militärische Druck wird, desto mehr konzentriert sich Boko Haram auf Anschlagsziele, die eher ungeschützt und ländlich liegen. Dass dabei Staatsgrenzen überschritten werden, nehmen sie natürlich in Kauf. So ist Kamerun immer wieder Schauplatz von Anschlägen oder auch Entführungen wie jener der siebenköpfigen französischen Familie im Februar 2013 oder auch der von 5.000 Geiseln, die im März 2017 aus der Gewalt von Boko Haram in Kamerun befreit wurden.

Diese Entführungen wiederum, dabei vor allem das Lösegeld und die zum Tausch in Kamerun freigelassenen Boko-Haram-Kämpfer (wie es bei den Verhandlungen um die entführte französische Familie der Fall war), befeuern ihrerseits die Spirale aus Gewalt und Gegengewalt, versorgen Boko Haram mit Geld und mit alten neuen Kämpfern. Ihre Zunahme demonstriert, dass die Dschihadisten ihre Operationen immer mehr auch nach Kamerun verlegen und dabei immer brutaler und systematischer vorgehen.

Die zeitweilige Einnahme der Militärbasis Achigachia in Kousséri im Norden Kameruns im Dezember 2014 ist hierfür nur ein Beispiel. Erst durch massive Luftschläge konnten sie vertrieben und der Militärstützpunkt zurückerobert werden. Wenn auch solche Angriffe schrecklich sind, bilden sie nur die Spitze des Eisbergs möglicher Auswirkungen. Viel gefährlicher ist, dass Boko Haram auch ideologisch in den Kamerun eindringt und sich dort in den Köpfen junger Männer und auch Frauen festsetzt, auf dieselbe Art und Weise, wie dies bereits in Nigeria geschehen ist.

Die Zeichen weisen in jedem Fall auf ein weiteres Vordringen und Eskalieren hin. Nur, wenn Kamerun versteht, dass Boko Haram keineswegs nur ein Problem Nigerias ist und dass militärische Aktionen – seien es solche im eigenen Land oder auch die Unterstützung des nigerianischen Militärs – dieses Problem nicht lösen, lassen sich tatsächliche Lösungen finden.

XXV. SENEGAL

Im Senegal gibt es schon seit längerer Zeit konfessionelle Spannungen zwischen Muslimen, die rund 95 Prozent der Bevölkerung ausmachen, und der Minderheit der Christen. Der sich über Jahrzehnte hinziehende Bürgerkrieg in der Region Casamance ist von allen Konfliktparteien immer wieder konfessionell aufgeladen worden. Dennoch gibt es eine verfassungsrechtlich verankerte Kultusfreiheit wie auch die Trennung von Religion und Staat. Das aber verhindert nicht, dass auch im Senegal extremistische Strömungen Fuß fassen und dass Boko Haram versucht, sich im Senegal zu etablieren.

Mit Blick auf die Situation in den Nachbarländern griff Präsident Macky Sall zu drastischen Mitteln, schlug eine Standardisierung der Curricula in den Islamschulen vor und auch ein Burka-Verbot, um zu zeigen, dass radikale Islamisten nicht willkommen seien.

Was Experten zufolge aber eher einem Aktionismus gleicht, klammert gleichzeitig einige andere Probleme aus, die ihrerseits ein Erstarken von Boko Haram im Senegal begünstigen. Da ist einerseits die hohe Arbeitslosigkeit, von der vor allem junge Menschen betroffen sind. Die Landflucht, die durch die krisengebeutelte Landwirtschaft vorangetrieben wird, schafft weitere Spannungen in Dakar und in anderen Ballungszentren.

Auch die Verhältnisse in den zahlreichen Koranschulen – die Daaras – sind immer wieder Anlass für Kritik. Viele senegalesische Eltern schicken ihre Kinder aufgrund mangelnder finanzieller Mittel und grassierender Armut auf die kostenlosen Koranschulen.[63] Über 30.000 junge Koranschüler soll es alleine in Dakar geben, landesweit gar 80.000. Zur Ausbildung in den Daaras gehört unter anderem das Betteln, doch scheinen einige Koranlehrer (Marabouts), die zudem immer schlechter ausgebildet sind, die Kinder auszunutzen, sie mit Gewalt zum Betteln zu zwingen und das Geld sich selbst in die Taschen zu stecken oder dschihadistischen Zwecken zuzuführen.

Auch gab es in der jüngeren Vergangenheit Hunderte von Verhaftungen im Umkreis der senegalesischen Koranschulen, auch aufgrund von Verbindungen der Marabouts zu Dschihadisten im Senegal. Diese Situation erinnert stark an die im Norden Nigerias, wo ebensolche Koranschulen mit die wichtigsten Rekrutierungsstätten für die Dschihadisten von Boko Haram darstellen. Die ideologische Infiltration über jene Koranschulen ist also ein großes Problem für den Senegal.

Hinzu kommt, dass sich die soziale Lage gerade für die Landbevölkerung massiv zuspitzt: Der Klimawandel macht den Landwirten schwer zu schaffen, während die Viehzüchter an den europäischen subventionierten Importen zugrunde gehen. Die Küsten wiederum werden zunehmend von europäischen Trawlern leer gefischt. Keine rosigen Zeichen für die Zukunft Senegals.

---

63 http://www.deutschlandfunk.de/strassenkinder-und-koranschulen-im-senegal-das-leid-der.799.de.html?dram:article_id=359617

XXVI. ZENTRALAFRIKANISCHE REPUBLIK

Die Zentralafrikanische Republik gilt als ärmstes Land der Welt und wird seit Jahren von einem Bürgerkrieg bzw. von bewaffneten Konflikten zwischen Milizen der muslimischen Minderheit und Christen erschüttert. Davor flohen bisher rund 800.000 Menschen, was bei einer Bevölkerung von fünf Millionen Einwohnern eine unglaublich hohe Zahl darstellt. UN-Angaben nach gab es zwischen September 2016 und Februar 2017 etwa 100.000 Binnenflüchtlinge. Zehntausend Menschen starben durch Massaker der muslimischen Séléka-Miliz wie auch durch militante Christen bzw. durch die Hand der christlichen Streitkräfte. Ein Drittel der Zentralafrikanischen Republik soll in der Hand muslimischer Rebellen sein, wo auch Boko Haram Präsenz zeigt. Druck kommt aber auch aus dem Nordkongo, wo die dort lebenden Christen ihren Glaubensbrüdern gewaltsam helfen wollen.

Dennoch nimmt die Zentralafrikanische Republik Flüchtlinge aus dem Südsudan auf. Doch auch diese geraten in das Kreuzfeuer, das zwischen unterschiedlichen Gruppen entstanden ist, vor allem in den Provinzen Ouaka, Haute und Basse Kotto und Mbomou. Dabei geht es nicht nur um den Krieg zwischen den Konfessionen, sondern auch um die Kontrolle von Territorien und Bodenschätzen, die sich dort finden.

In katholischen Kirchenkreisen wird der Besuch von Papst Franziskus im November 2015 immer noch als der Beginn einer neuen Toleranz zwischen Muslimen und Christen und gar als Immunisierung gegen ISIS interpretiert, auch, weil seither eine Schule für christliche und muslimische Kinder errichtet worden ist und Franziskus als Zeichen der Aussöhnung die Moschee der Hauptstadt Bangui besucht hatte. Hilfsorganisationen wie »Ärzte ohne Grenzen« jedoch zeichnen ein anderes, sehr viel desolateres Bild und sprechen von einer humanitären Katastrophe. Wie in vielen afrikanischen Ländern hat auch in der Zentralafrikanischen Republik der Sturz von Ex-Präsident François Bozize im

Jahr 2013 ein Machtvakuum hinterlassen, um dessen Ausfüllung seitdem gekämpft wird.

Hinzu kommt noch die zunehmende Präsenz von christlichen Extremisten wie die paramilitärische »Lord's Resistance Army« (LRA). Die Gruppe agiert bereits seit Ende der 1980er-Jahre vornehmlich im Grenzgebiet zum Kongo und Südsudan, will einen christlichen Gottesstaat errichten und ist für unzählige Massaker auch in der Zentralafrikanischen Republik verantwortlich. Zwar nahmen im Januar 2015 US-amerikanische Soldaten den stellvertretenden Führer der LRA, Dominic Ongwen, fest. Dieser muss sich nun in Den Haag vor dem Internationalen Strafgerichtshof wegen Verbrechen gegen die Menschlichkeit verantworten. Doch wurde der LRA-Anführer Joseph Kony, der zuletzt in der Zentralafrikanischen Republik gesucht wurde, noch nicht ausfindig gemacht. Gesucht wird nach ihm aber auch nicht mehr, weil die stark dezimierte LRA dem ugandischen Militär zufolge keine Gefahr mehr darstelle. Für Uganda stimmt das sicher, für die Zentralafrikanische Republik und ihre zersetzte Staatlichkeit leider nicht. Eine weitere Gefahr für die Zentralafrikanische Republik stellt der Abzug der bis zu 1.500 ugandischen Soldaten dar.

XXVII. AFGHANISTAN

Afghanistan steht stellvertretend für das einerseits stetige und andererseits doch so wandlungsfähige Gesicht des Dschihadismus. Und es steht für einen Kampf mit dem und gegen den Terror, der mittlerweile seit fast 40 Jahren in dem Land wütet und dessen Strukturen zerstört. Der »Cost-of-War«-Studie[64] des US-amerika-

---

64 http://watson.brown.edu/costsofwar/files/cow/imce/papers/2016/
    War%20in%20Afghanistan%20and%20Pakistan%20UPDATE_FI-
    NAL_corrected%20date.pdf

nischen Watson Institute der Brown-Universität zufolge starben zwischen 2001 und 2016 rund 111.000 Menschen an den Folgen der kriegerischen Auseinandersetzungen in Afghanistan. Darunter waren 31.000 Zivilisten. Über 116.000 Menschen wurden verletzt. Alleine 2015 wurden über 5.000 Menschen in Afghanistan Opfer von Terroranschlägen.

Mit der Invasion der Sowjetunion 1979 begann der Kampf der Mudschaheddin gegen die Rote Armee. Doch bis aus einigen Mudschaheddin die Taliban bzw. Al-Qaida wurden, sollte noch über ein Jahrzehnt vergehen. Zunächst nämlich wurden die Mudschaheddin von den USA und dem Westen in ihrem Kampf gegen die Sowjets unterstützt – mit Waffen, Geld und Know-how. Auch andere Länder wie Saudi-Arabien und Pakistan unterstützten die Rebellen. Osama bin Laden rekrutierte zu Beginn der 1980er von Pakistan aus junge Männer für den Dschihad gegen die sowjetischen Besatzer in Afghanistan.

Als die Rote Armee Ende der 1980er-Jahre endlich abzog, blieben viele Waffen, Geld und Kriegs-Know-how im Land. Die Dschihadisten befürchteten, dass am Ende die USA vom Sieg über die Sowjetunion am meisten profitieren könnten. Also setzten sie ihren Feldzug nahtlos fort: gegen andere Mudschaheddin sowie gegen die USA. Das global operierende sunnitisch-islamistische Terrornetzwerk Al-Qaida wie auch die aus Teilen der Mudschaheddin hervorgegangenen Taliban setzten diesen Krieg nun fort – nicht nur auf afghanischem Boden. Vielmehr konzentrierte sich Al-Qaida auf Anschläge in anderen Ländern, vor allem in den USA. Der Bombenanschlag auf das World Trade Center 1993 markierte den blutigen Beginn, während die Anschläge vom 11. September 2001 den schrecklichen Höhepunkt zeigten.

Die Taliban ihrerseits verbreiten Angst und Schrecken vornehmlich in Afghanistan, wo sie 1996 Kabul einnahmen. Es dauerte fünf Jahre, bis westliche Streitkräfte unter der Führung der USA und zusammen mit den Truppen der afghanischen »Vereinte Front« im Oktober 2001 intervenierten und die Taliban vertrieben. Ende des Jahres boten die Taliban ihre bedingungslose Kapitulation an, die von George W. Bush abgelehnt wurde. Daraufhin zogen sie sich in die Berge und nach Pakistan zurück und begannen den Guerillakrieg wieder, den sie bereits gegen die Sowjetunion geführt hatten. 2011 wurde Osama bin Laden in Pakistan von US-Navy Seals getötet. Dorthin hatten sich nicht nur die Taliban, sondern auch Teile Al-Qaidas zurückgezogen und operierten von dort aus weiter bzw. tun dies immer noch.

Mit dem Einrücken internationaler Streitkräfte begann der »Krieg gegen den Terror« in Afghanistan und auch überall dort, wo Attentäter des Al-Qaida-Netzwerks Bluttaten verübten. Dieser Krieg hält bis heute an, trotz Guantanamo, trotz einer demokratisch gewählten Regierung in Kabul und trotz des Abzugs der größten Teile der amerikanischen und britischen Soldaten. Bombenanschläge und zahlreiche Tote unter den Zivilisten sind leider fast schon an der Tagesordnung. Hinzu kommt, dass Afghanistan auch von fremden Terrororganisationen wie »Islamischer Dschihad Usbekistan« (IJU) und in jüngster Zeit auch von ISIS als Schlachtfeld missbraucht wird.

Emirat vs. Kalifat

Anfang 2015 wurde Mullah Abdul Rauf Khadim gemeinsam mit weiteren Personen von einer US-Drohne in der südafghanischen Provinz Helmand getötet. Der ehemalige Taliban-Kommandeur und Guantanamo-Inhaftierte zählt da bereits zur höchsten Führungsriege von ISIS in Afghanistan. Ende April 2017 wird der Anführer von ISIS in Afghanistan Abdul Hasib bei einem gezielten Einsatz von Spezialeinheiten in der östlichen Provinz Nangarhar getötet. Diese Fälle zeigen, dass ISIS verstärkt versucht, dort Fuß zu fassen. ISIS strebt über seinen Ableger »Islamischer Staat in der Provinz Khorassan« (ISK) eine Herrschaft über Afghanistan, Pakistan und Teile der Nachbarländer im Iran und in Zentralasien an.

Und so gibt es immer häufiger Gefechte zwischen Taliban und ISIS. Das Islamische Emirat Afghanistan trifft auf das Kalifat. Viele afghanische ISIS-Kämpfer sind ehemalige Taliban, die sich für ISIS entschieden haben, weil dieser mehr zahlt. Andererseits haben die Taliban den Vorteil, dass die allermeisten Afghanen ISIS hassen, während relevante Teile der Paschtunen durchaus mit den Taliban sympathisieren. Auch deshalb ist nach Schätzungen des US-Verteidigungsministeriums die Zahl der ISIS-Kämpfer in Afghanistan von zwischenzeitlich bis zu 3.000 Kämpfern auf etwa 800 Anfang 2017 zurückgegangen.

Dennoch gibt es keinen Grund zur Entwarnung. In der Ostprovinz Nangarhar kontrolliert der ISK drei von acht Distrikten. Ebenso besorgniserregend ist die starke Mobilität und Anpassungsfähigkeit vom ISK an die lokalen Anforderungen und Erscheinungsformen. So gelten die nicht-afghanischen ISK-Kämpfer – größtenteils ehemalige Taliban aus Pakistan und Dschihadisten von »Lashkar-e-Islam« – als besonders gut angepasst.

Der ISK versucht, bestehende Taliban-Strukturen für die Ausbildung neuer Rekruten zu nutzen, und geht nach der Eroberung von Territorien ebenso systematisch vor wie ISIS in Irak und Syrien. Fehlende staatliche Strukturen werden durch die ihrigen ersetzt, die Distrikte systematisch reguliert. Das schafft Kontrolle und zunächst auch Ruhe. Auch setzt ISK dort an, wo nach dem Tod von Muhammad Mullah Omar, dem selbsternannten ehemaligen Staatsoberhaupt des Islamischen Emirats Afghanistan und Anführer der afghanischen Taliban, im Jahre 2013 ein Vakuum entstand. Zahlreiche kleinere Taliban-Gruppen sind dem ISK beigetreten, formell oder lose. Auch deshalb bekämpfen die Taliban den ISK.

Gleichzeitig operiert der ISK autonom. Je unabhängiger ISK von ISIS ist, desto wahrscheinlicher ist es, dass die Organisation auch nach einem Ende von ISIS weiter in Afghanistan existieren wird und den Terror von dort wiederum exportieren könnte.

Doch die Unterminierung der Staatlichkeit findet nicht nur auf Ebene der Taliban und ISK statt. Auch die mehr und mehr werdenden Koranschulen, die für die bitterarme Bevölkerung den einzigen Zugang zu etwas Bildung versprechen, sind für die zunehmende Radikalisierung vieler Gruppen mitverantwortlich. So verbreitet die »Islamistische Bewegung Usbekistans« (IBU) in ihren Religionsschulen salafistisches Gedankengut in den an Usbekistan angrenzenden nordafghanischen Provinzen Faryab und Sar-e Pul. Auch schließen sich immer wieder auch usbekische Dschihadisten dem ISK an oder rücken ihre Gruppen ideologisch in deren Nähe.

Multiple Interessen fördern Instabilität

Nach nun fast 40 Jahren Krieg müssen wir uns vor Augen halten, dass wir es in Afghanistan mit gut 30 Millionen traumatisierten Menschen zu tun haben. Und dass das Land immer noch und immer wieder zum Schauplatz internationaler Interessenkonflikte wird. Und von alten Allianzen, die schlicht und ergreifend zu spät und falsch beendet wurden. Nehmen wir nur die zahlreichen Warlords, mit denen die internationale Gemeinschaft über Jahre und Jahrzehnte zusammengearbeitet hat, anstatt sie vor Gericht zu stellen.

Oder schauen wir auf Pakistan und Indien, die in Afghanistan einen regelrechten Stellvertreterkrieg führen. Nehmen wir China, das seit 2008 und in Form des Konsortiums China Metallurgical Group (CMG) Milliardenbeträge in den Bau einer Kupfermine in Ainak nahe Kabul investieren will – inklusive einer neuen Infrastruktur, die das Kupferwerk mit Fernstraßen, Zugstrecken und Pipelines verbinden soll. Damit China diese Investition tätigt, wurde seitens der afghanischen Regierung um Präsident Aschraf Ghani gar eine Unterstützung der Volksrepublik im Kampf gegen uigurische Separatisten zugesagt, wie auch einige Uiguren in Afghanistan an China ausgeliefert wurden. China macht deshalb zunehmend seinen Einfluss auf Pakistan geltend, um die Friedensgespräche mit den Taliban voranzutreiben. Denn nur mit einem Mindestmaß an Sicherheit können Afghanistans riesige Bodenschätze exportiert werden. Die Amerikaner wiederum sabotieren die Friedensgespräche durch Drohnenangriffe auf Taliban-Verhandler, um den Chinesen den Erfolg nicht zu gewähren.

Saudi-Arabien und Katar versuchen ebenfalls, ihre Position in Afghanistan zu stärken, aus Angst vor dem Einfluss des Erzfeindes Iran auf den Westen des Landes. Diese unübersichtliche Interessenlage verhilft der afghanischen Regierung nicht zu mehr Stabilität, zerren doch viele Kräfte an ihr. Hinzu kommen eine korrupte Staatlichkeit und eine dysfunktionale Regierungsform, die durch wieder erstarkende Taliban und deren Bekämpfung von ISIS zu noch instabileren Verhältnissen führt.

Afghanistan braucht Hilfe

Weder ISK noch die Taliban werden einfach verschwinden. Dafür sind sie momentan zu tief in die Entwicklungen Afghanistans involviert – vor allem auf lokaler Ebene. Die Hilfe für Afghanistan darf daher keine sein, die sich vornehmlich auf das Militärische konzentriert. Vielmehr muss es darum gehen, die afghanische Regierung zu unterstützen, beim Aufbau staatlicher und ziviler Strukturen, beim Aufbau einer funktionierenden Regierung, von Sicherheitskräften und Arbeitsplätzen. Auch muss die Regierung den Bildungsbereich mit ihren Inhalten besetzen. Überlässt sie dies den Dschihadisten, können diese erheblichen Einfluss auf junge Menschen nehmen.

Der Machtpoker von Saudi-Arabien, Iran, Indien und Pakistan muss ebenso aufhören. Versuchen diese nämlich weiterhin, nur ihre geopolitischen Interessen durchzusetzen, wird Afghanistan weiter daran zerbrechen. Die Stabilisierung des Landes muss oberste Priorität haben, um dann die afghanische Regierung an Investitionen im Land zu beteiligen. Russland und die USA müssen

aufhören, sich gegenseitig von Friedenskonferenzen auszuschlie-
ßen. Es darf keine Blockbildung bei Verhandlungen geben. Vielmehr müssen sich alle Involvierten an einen Tisch setzen und darüber verhandeln, ob und wenn ja, in welchem Maße, auch die
Taliban an solchen Gesprächen teilnehmen sollen. Sonst kann
Afghanistan wieder der Hauptrückzugsort des weltweiten Dschihadismus werden – wie schon einmal zu Zeiten Osama bin Ladens.

XXVIII. PAKISTAN

Pakistan leidet seit über einem Jahrzehnt unter dem islamistischen
Extremismus. Doch die Geschichte des Islamismus in Pakistan
reicht weiter und beginnt bei Zia ul Haq, dem Militärdiktator, der
das Land in den 1980er-Jahren islamisierte. Durch die Sowjet-
Invasion Afghanistans und die Unterstützung von fundamentalistischen Mudschaheddin durch Zia ul Haq wie auch dank der
Unterstützung vor allem Saudi-Arabiens und der Amerikaner (gegen die Sowjetunion in Afghanistan) entstand eine Generation an
Kämpfern, die nach ihrer Rückkehr stark radikalisiert waren, auch
gegen die Schiiten im eigenen Land oder gegen die Hindus in
Indien. Derweil sprossen Koranschulen aus dem Boden, deren
Anzahl dank der finanziellen Unterstützung Saudi-Arabiens bei
mittlerweile gut 20.000 liegt. Ihr Erfolg liegt auch darin begründet,
dass es ansonsten wenige andere gibt.

All dies hat radikalen Sunniten in Pakistan den Rücken gestärkt. Die blutigen Attentate in der Provinz Belutschistan oder im
Großraum Karachi zeugen von der eskalierenden Gewalt. Strenge
Blasphemie-Gesetzgebungen tun das Ihre, um die Konflikte anzu-
heizen. Und auch wenn das afghanisch-pakistanische Grenzgebiet
Waziristan seinen »Rang« als Dschihadisten-Zentrum mittlerweile
an Syrien verloren hat, halten sich dort immer noch viele Kämpfer
von Al-Qaida und anderen extremistischen Gruppierungen wie
beispielsweise die »Islamische Bewegung Usbekistans« (IBU) auf.

Nicht wenige wiederum zieht es aus Waziristan nach Syrien. So bleibt die Grenzregion nicht nur Drehscheibe, sondern auch Rückzugsgebiet für Dschihadisten aus Afghanistan und Usbekistan und gar für jene aus Europa. Bis zu 100 Islamisten reisen teilweise mit Frau und Kind in das afghanisch-pakistanische Grenzgebiet Waziristan. Regelrechte »Dschihad-Kolonien« entstanden rund um die Terrorcamps von Al-Qaida und anderen Gruppierungen in den Bergdörfern im Nordwesten Pakistans.

Und dann ist da noch die Bombe. Pakistan verfügt über eine Atombombe. Von all den apokalyptischen dschihadistischen Szenarien ist deshalb das einer extremistischen Machtübernahme in Pakistan das schlimmste.

Pakistan braucht auf allen denkbaren Ebenen Unterstützung. Die wohl wichtigste wäre, die vitale und aufgeklärte Zivilgesellschaft des Landes mit den immer stärker werdenden Extremisten nicht allein zu lassen.

XXIX. INDIEN

Der ethnisch-religiöse Konflikt zwischen Muslimen und Hindus ist nicht mehr nur ein inner-indisches Problem, auch wenn er den Subkontinent immer wieder erschüttert. Zum einen radikalisiert sich zunehmend die Widerstandsbewegung in Kaschmir. Nach Jahrzehnten der Auseinandersetzung mit der indischen Militärpräsenz vor Ort – mit 500.000 permanent in Kaschmir stationierten Soldaten die größte der Welt – gibt es verstärkten Zulauf für Dschihadisten. Dass die indischen Streitkräfte zudem auf Protestierende mit dem unverhältnismäßigen Einsatz sogenannter »Pellet-Guns«[65] geantwortet haben, hat diese Tendenz eher bestärkt.

---

65 Nicht-letale Waffen, die mit kleinem Schrot eher die Betroffenen blenden.

Gleichzeitig ist der scheinbar immerwährende Kampf gegen Pakistan und dessen Geheimdienst ein ebenso trauriges Kontinuum. Immer wieder sickern radikale pakistanische Dschihadisten in Indien ein und verüben Terroranschläge auf die von ihnen so verhassten Inder.

Die langfristig größte Bedrohung für Indien ist jedoch eine zunehmende Radikalisierung junger indischer Muslime. Ein Novum für die Rolle der rund 180 Millionen Muslime in einer mehrheitlich hinduistischen Gesellschaft bringen der Premierminister Narendra Modi und seine Partei »Bharatiya Janata Party« (BJP) mit sich. Der Premier war bis zu seinem Wechsel an die Spitze des Landes Regierungschef im Bundesstaat Gujarat, in dem es Anfang 2002 zu Pogromen gegen Muslime kam. Fast 800 Muslime wurden getötet, Tausende flohen. Narendra Modis Rolle scheint bis heute nicht gänzlich geklärt

Die BJP und ihre Vertreter wie Yogi Adityanath, Regierungschef von Indiens größtem Bundesstaat Uttar Pradesh, treiben gemeinsam mit Modi die Ausgrenzung der Muslime in Indien voran. Auch das Verbot des Rindfleisch-Verzehrs für alle Inder – also auch für Muslime, denen das Tier nicht heilig ist – sendet im Sinne der Hindu-nationalistischen Regierungspolitik ähnliche Zeichen an die muslimische Minderheit. Die Radikalisierung der jungen Muslime ist zweifelsohne eine Folge dieser Politik. Der Westen jedoch spricht diese Probleme bei keinem Besuch an und betont viel lieber Indiens Wirtschaftswachstum und ökonomische Perspektiven.

Die historisch über Jahrhunderte erfolgreich gewachsene religiöse Toleranz Indiens ist bedroht. Mit fatalen Konsequenzen.

XXX. BANGLADESCH

Der Vormarsch der Salafisten in Bangladesch verläuft schnell und effektiv. Die Zahl der Anschläge nimmt zu. Jenseits des Versagens des Bildungssystems, das gut finanzierte Salafisten zu ersetzen versuchen, ist die zumindest unklare Haltung der Regierung gegenüber der Radikalisierung ein großes Problem. Auf der einen Seite wurde der Chef der islamistischen Partei hingerichtet. Auf der anderen Seite aber schützt der Staat die Zivilgesellschaft gegen die Dschihadisten nicht.

Amnesty International kam Anfang 2017 in einer Studie zum Ergebnis, dass bewaffnete Gruppen und die Regierung selbst in Bangladesch zunehmend die Meinungsfreiheit unterdrückten. Blogger, Autoren, Journalisten oder Verleger würden bedroht, verfolgt oder gar umgebracht. Die Behörden in Bangladesch würden die Meinungsmacher keineswegs schützen. Im Gegenteil unterdrücke die Regierung mit repressiven Gesetzen die Meinungs- und Pressefreiheit, Redaktionen würden geschlossen werden.

Auch religiöse Minderheiten werden in Bangladesch von Dschihadisten verfolgt, ohne dass der Staat einschreitet. So ist die Situation der Ahmadiyya[66]-Gemeinde – ähnlich wie in Pakistan auch – dramatisch schlecht. Ungehinderte Übergriffe auf Angehörige dieser Religionsgemeinschaft stehen auf der Tagesordnung. Hinzu kommt, dass viele bengalische Gastarbeiter nach ihrer Zeit in den Golfstaaten den Wahabismus ins Land »importieren« und die alte Kultur der religiösen Toleranz im Land zersetzen.

Von der sozialen Not der Mehrheit der Gesellschaft profitierend, versucht ISIS nun auch in diesem repressiven Umfeld Fuß zu fassen.

---

66 Eine konservative Form des Islams, die Gewalt komplett ablehnt. Die weltweit etwa 25 Millionen Ahmadis werden in zahlreichen Ländern unterdrückt, am härtesten in Pakistan und Bangladesch.

XXXI. MALEDIVEN

Die Malediven sind das Land mit der höchsten Dschihadisten-Ausreiser-Quote nach Syrien und Irak: Mindestens 200 Kämpfer reisten seit Beginn der Kriege aus, bei knapp 350.000 Einwohnern. Einige dieser Ausreiser bzw. Heimkehrer stehen auf der »Lohnliste« der maledivischen Militär-Junta, denn sie nutzt diese dafür, die Opposition mit Gewalt auszuschalten und in Schach zu halten. Mohammed Nasheed, der erste frei gewählte Präsident der Malediven, wurde nach einem Putsch während eines politischen Schauprozesses zu einer langen Haftstrafe verurteilt, wie auch die gesamte politische Opposition entweder eingesperrt wurde oder verfolgt wird. Seit November 2013 regiert Präsident Abdulla Yameen, der Halbbruder des langjährigen Diktators Gayoom. Dessen Tochter Dunya Maumoon ist wiederum die maledivische Außenministerin. Dieses Geflecht an Parentel-Wirtschaft zeigt deutlich, wie sehr sich weltliche und religiöse Ansprüche widersprechen und einen Staat destabilisieren können.

Zudem pflegen die Malediven – wo der sunnitische Islam Staatsreligion ist, das Praktizieren anderer Religionen schlichtweg verboten und die Scharia auch Teil der Justiz ist – gute Beziehungen zu Saudi-Arabien.

Dschihadisten lassen sich vor allem in den Elendsquartieren der Hauptstadt Male rekrutieren, in denen – wie in vielen Teilen des Landes – hohe Arbeitslosigkeit herrscht. Die Unzufriedenheit und Ausweglosigkeit vieler junger Männer nutzen Prediger aus. Auch soll es auf einzelnen der insgesamt fast 1.200 Inseln Ausbildungslager für Dschihadisten geben.

Die Gefahr auf den Malediven besteht darin, dass die autokratische Regierung das Dschihadismus-Potenzial der vielen Ausreiser nicht nur nicht erkennt, sondern als Druckmittel gegen die Opposition nutzt. Ein neuralgischer Punkt ist sicher der Tourismus, doch haben die meisten Touristen, die auf einer der etwa 100 Ferieninseln Urlaub machen, fast keinen Kontakt zu Einheimischen, da diese selten in den Ressorts arbeiten, sondern eher Fischerei betreiben. Insofern achtet das Regime auch darauf, dass nichts von den dschihadistischen Aktivitäten auf diese Ferieninseln dringt.

Umso wichtiger ist es, dass wir Oppositionsführer wie den mittlerweile im Londoner Exil lebenden Mohammed Nasheed stärken, Deradikalisierungs- und Präventionsprogramme initiieren und dem Regime unmissverständlich klarmachen, dass die Idee, den Dschihadismus als Waffe gegen interne »Feinde« zu benutzen, dessen Potenzial nur noch unkontrollierbarer macht.

XXXII. MYANMAR

Die muslimischen Rohingya sind in Myanmar eine Minderheit und marginalisiert. Sie leben in Flüchtlingslagern am Stadtrand, die sie nur selten verlassen dürfen und dürfen keine Staatsbürger Myanmars sein, weil sie als Einwanderer aus Bangladesch – auch der zweiten oder gar dritten Generation – verhasst sind. So erhalten sie kaum Arbeit und sind auf die Zuteilungen internationaler Hilfsorganisationen angewiesen. Immer wieder kommt es zu Pogromen gegen die Rohingya, Zehntausende fliehen nach Bangladesch vor der eskalierenden Gewalt von Militär, Polizei und aufwiegelnden buddhistischen Mönchen.

Bangladesch wiederum kämpft mit der hohen Zahl der Flüchtlinge und erkor die weit abgelegene und von den Gezeiten geprägte Insel Thengar Char zur neuen Heimat für die geflüchteten Rohingya. Die fehlende Verbindung der Insel zu jeglicher Infrastruktur und auch die Tatsache, dass dort kaum geeignete Unterkünfte geschweige denn Arbeit existieren, macht die Rohingya zu empfänglichen Opfern für Rekrutierungen, von Kriminellen und Piraten ebenso wie von Dschihadisten. Oder von all diesen in Personalunion. Auch aufgrund dieser desolaten Lage (der Insel) kehren viele der über 70.000 geflüchteten Rohingya wieder nach Myanmar und damit in eine gefährliche »Heimat« zurück. Leider will auch die Friedensnobelpreisträgerin und Myanmars jetzige Präsidentin Aung San Suu Kyi an dieser Situation nichts verändern.

XXXIII. CHINA

In der ölreichen chinesischen Nordwestprovinz Xinjiang leben rund 22 Millionen Menschen, rund die Hälfte davon sind Uiguren, von denen insgesamt rund 23 Millionen in ganz China leben. Die Unterdrückung und Marginalisierung dieser muslimischen Minderheit verankerte die Provinzregierung in dem ersten Gesetz, das auf regionaler Ebene ansetzt und den Uiguren enge Grenzen setzt. So wurden am 1. April 2017 insgesamt 15 Handlungen[67] für die gesamte Provinz als extremistisch eingestuft, nachdem bereits zuvor einige Regelungen für bestimmte Orte und Bereiche in Xinjiang erlassen worden waren, wie beispielsweise das Behindern von Menschen mit Kopftüchern oder langen Bärten beim Betreten öffentlicher Busse.

Zu den neuen Verboten zählen das Tragen von Burkas oder auch religiöse Hochzeits- und Scheidungszeremonien. Auch sollen Uiguren es nicht weiter ablehnen dürfen, staatliche Sender zu hören oder zu sehen, oder sich nicht weigern dürfen, öffentliche Transportmittel zu nutzen.[68] Zudem wurde uigurischen Eltern untersagt, ihren Kindern Namen wie Saddam, Mekka, Medina, Islam, Jihad oder Koran zu geben.

---

67 http://news.xinhuanet.com/english/2017-03/30/c_136171744.htm

68 Gerade in den ländlichen Regionen Chinas ist das Radio das traditionelle Medium der Verbreitung staatlicher »Botschaften«. Und die öffentlichen Verkehrsmittel (auf dem Weg vom Wohnort zur Arbeit und wieder zurück) sind wichtige Orte sozialer Kontrolle. Deshalb ist das Verweigern dieser beiden Elemente des Alltags ein Akt zivilen Ungehorsams, gerade von den Uiguren oft verwendet.

Dass diese Regeln dem Ziehen einer klaren Linie zwischen legaler und illegaler Religion und damit der Bekämpfung von Extremismus dienen sollen – wie es die Provinzregierung von Xinjiang erklärt –, wird von den Uiguren nicht so wahrgenommen. Im Gegenteil erscheinen die neuen Regeln eher als eine weitere Behinderung der Ausübung ihres Glaubens. Entsprechend empört waren die Reaktionen. Es ist sehr wahrscheinlich, dass dieses Gesetz nicht dem Kampf gegen islamistischen Terror, religiösen Fundamentalismus und Separatismus dient, sondern eher nur noch weiter das Gefühl einer Marginalisierung, Stigmatisierung und Diskriminierung auslöst. Ein Dschihadismus-Generalverdacht, unter den alle Uiguren gestellt werden. Fest steht, dass es gerade außerhalb der Grenzen Xinjiangs bzw. Chinas viele Anschläge auf chinesische Einrichtungen gibt, vor allem im angrenzenden Kirgisistan, oft von der »Islamischen Bewegung Ostturkestan«[69], die durch die UNO bereits 2002 als Al-Qaida-Ableger eingestuft wurde.

XXXIV. INDONESIEN

In Indonesien leben weltweit die meisten Muslime, was für sich genommen kein Dschihad-Potenzial bedeuten muss. Dennoch gibt es ein solches, wenn auch begrenzt. In einigen Teilen des Landes existiert eine staatlich verordnete Scharia-Polizei, Islamisten sind immer wieder auch erfolgreich, wenn es darum geht, entsprechende Gesetze einzubringen. Aber die Gewalt nimmt ebenfalls zu: Zu dem Anschlag Anfang 2016 in Jakarta bekannte sich »Katibah Nusantara« (KN), eine malaysische ISIS-Einheit, die von malaysischen Syrien-Ausreisern gegründet worden sein soll, um Dschihadisten aus dieser Region besser in ISIS integrieren zu kön-

---

69   »East Turkestan Islamic Movement« (ETIM).

nen. Andere Quellen jedoch sehen »Jamaah Anshar Khilafah« (JAK), eine lokale indonesische Gruppe, als Täter. Deren Anführer soll Indonesiens führender ISIS-Fürsprecher, der inhaftierte Geistliche Aman Abdurrahman, sein.

Und hier setzen gleich mehrere Probleme an. Auch wenn Indonesien große Erfolge bei der Inhaftierung von Dschihadisten vermelden kann, finden gerade in den überfüllten Gefängnissen die Radikalisierungen und Rekrutierungen für neue Dschihadisten statt. Zudem lässt sich auch in Indonesien beobachten, dass es lokale Gruppen sind, die Anschläge mit »Anbiederung« an ISIS verüben, sehr wohl später oder gleichzeitig auch andere radikale Ideen verfolgen und anderen Loyalität schwören können, die eher lokal und regional verankert und verursacht sind. Doch es gibt es auch Indonesier, die als ISIS-Ausreiser in Syrien versuchen, Anschläge gegen die Feinde des Kalifats in ihrer Heimat an lokale Gruppen zu »delegieren«. Bahrumsyah alias Abu Ibrahim, Salim Mubarok alias Abu Jandal und Bahrun Naim sind hier die bekanntesten Namen.

Das, was Indonesien bisher am ehesten vor den Dschihadisten bewahrt hat, ist die Tradition der religiösen Toleranz im Land. Genau diese aber wird aufs Spiel gesetzt von so manchen etablierten Parteien, die durch ihre Anbiederung an die Radikalen Wählerzuspruch in ihren Milieus erhoffen. Ein gefährliches Spiel mit dem Feuer – im bevölkerungsreichsten islamischen Land der Welt.

XXXV. PHILIPPINEN

Glaubt man der Legende, so hat der Dschihad auf den Philippinen bzw. auf den südlichen Inseln seinen Ursprung in einem »Juramentado«, einem Amoklauf, den ein »Moro« (Muslim) auf der südlichen Insel Mindanao gegen einen US-Soldaten während der philippinischen Revolte gegen die Amerikaner zwischen 1899 und 1903 verübte. Dieser Legende nach soll er sich seine Genitalien mit einem nassen Stück Leder umwickelt haben. Die durch das Trocknen und Zusammenziehen des Leders verursachten Schmerzen führten schließlich dazu, dass er in seinem Schmerz alle um sich herum tötete, bis er selbst getötet wurde.

Verlässlichere Quellen datieren das Aufkommen des Dschihadismus auf den Philippinen auf Anfang bis Mitte der 1990er-Jahre, als die »Moro National Liberation Front« (MNLF) ein Friedensabkommen mit der Regierung in Manila über Autonomie für Teile der Region Mindanao geschlossen hatte. Dem Prediger Abdurajik Abubakar Janjalani gingen die Zugeständnisse Manilas nicht weit genug, worauf er mit radikaleren Mitgliedern der MNLF »Abu Sayaf« gründete. Seither verübte die Gruppe nicht nur blutige Anschläge und Überfälle, sondern erlangte zudem traurige Berühmtheit durch die Entführung von Europäern – und leider auch durch deren Enthauptung.

Zudem schwor sie ISIS die Treue. Auch wenn die philippinische Regierung bereits mehrfach das Ende von Abu Sayaf verkündet hat, lässt sich das nicht eindeutig feststellen. Durch den Einstieg in den Drogenhandel verschafft sich die Gruppe immer wieder neues Geld. Der Zulauf muslimischer Jugendlicher, die ihre Meinung und ihren Protest nicht wahrgenommen sehen, ist immer noch zu beobachten.

Mit Präsident Rodrigo Duterte hat nun ein Hardliner die Führung in Manila übernommen, der weder die Auseinandersetzungen zwischen Muslimen und Christen entschärfen noch notwendige Reformen oder gar Konzessionen an Muslime anstoßen will. Vielmehr setzt er auf Gewalt und gewalttätige Rhetorik. Indem er seine Soldaten auffordert, ihm Abu-Sayaf-Kämpfer nicht lebendig, sondern tot zu bringen, oder den Dschihadisten öffentlich schlimmste Folter androht, sind Verhandlungen mit diesen oder deren Weg zurück in die Gesellschaft ausgeschlossen.

Was tun gegen Dschihadisten?

5.

Vorbeugen

»Man muss heute Brunnen bohren,
um morgen Durst zu löschen.«
(Tuareg-Sprichwort)

Der Dschihadismus ist in Deutschland angekommen.[70] In messbaren Zahlen, was »Gefährder«, Sympathisanten, Täter und mittlerweile leider auch Opfer angeht. In den Köpfen junger Menschen, die hier in Deutschland indoktriniert oder auch als Kämpfer in Kriegs- und Kampfgebieten in Syrien hautnah mit ihm konfrontiert wurden. Und ihn (zurück) nach Deutschland gebracht haben. Der Dschihadismus ist in Deutschland angekommen. Auf den Straßen in Form der »Scharia-Polizei«, in den Moscheen, in politischen und populistischen Debatten, als Wahlkampfansage und glücklicherweise auch in der institutionellen und professionellen Präventionsarbeit.

Der Dschihadismus ist aber nicht nur in Deutschland angekommen, sondern wird ebenso in Deutschland »gemacht«, verändert, adaptiert, akzeptiert und hausgemacht verbreitet. Und das passiert in komplexen Prozessen, auf ganz unterschiedlichen Ebenen. Und meist individuell. Wie bei dem aus Berlin stammenden Salafisten Sascha L., der Ende Februar 2017 im niedersächsischen Northeim aufgrund eines geplanten Anschlags auf Soldaten und Polizisten festgenommen wurde.

---

70 Nach dem Anschlag auf den Berliner Weihnachtsmarkt gab es Stimmen, die davon sprachen, der Terror sei nun in Deutschland angekommen. Diese – milde gesagt – gewagte These ist nicht nur falsch. Angesichts beispielsweise der NSU-Morde ist sie auch noch verharmlosend, weil sie den Terror-Begriff auf den Dschihadismus beschränkt.

Dschihadismus Made in Germany

Sascha L. soll bis 2013 der rechtsextremen Szene angehört haben. Radikalisiert war er demnach also schon lange, bevor er zum Islam konvertierte, zum Salafisten/Dschihadisten wurde und das verbotene Symbol des »Islamischen Staats« (IS) im Internet verbreitete. Dieser Switch vom Neonazi zum Salafisten, dieses Wechseln in den Extremen, scheinbar ungeachtet einer Differenzierung des Hasses gegenüber Andersartigen- und gläubigen, ist Deradikalisierungsexperten wie beispielsweise das Violence Prevention Network jedoch weder neu noch ungewöhnlich, wenn auch nicht die Regel.

Am Ende geht es immer um Aus- und Abgrenzung – seiner eigenen Identität gegenüber den Anderen. Es geht um Identitätsfindung in kleinen homogenen Gruppen, die gemeinsam haben, dass sie andere eben von sich ausgrenzen, ihnen alles Menschliche aberkennen, das Bestehende (also demokratische Werte) ablehnen und letztlich versuchen, jenes in den extremistischen Kreisen und Gruppen zu finden, was ihnen in der Gemeinschaft bisher versagt blieb: Anerkennung und eine klar erkennbare Trennlinie zwischen Gut und Böse, also zwischen »Uns« und »Denen«, »Deutschen« und »Ausländern«, »Gläubigen« und »Ungläubigen«.

Ein weiterer, bemerkenswerter Schauplatz des Kampfes um die deutsche Identität scheint der sogenannte Doppelpass – also die Möglichkeit der Mehrstaatlichkeit – zu sein. Stein des neuen Anstosses einer alten Debatte war das Abstimmungsverhalten der Türken in Deutschland beim Verfassungsreferendum. Die Hitzigkeit der Diskussion blendete jedoch einige Fakten aus. Zum einen weiß niemand, wie diejenigen mit zwei Pässen abgestimmt haben. Es gibt auch eine gewisse Plausibilität, dass gerade diejenigen, die auch den deutschen Pass haben, mehrheitlich gegen Erdoğans Verfassungsentwurf gestimmt haben. Aber wir wissen es nicht.

Zum anderen ist die Mehrstaatlichkeit in Deutschland gar nicht erlaubt. Sie wird nur in einzelnen Fällen *hingenommen*. Beispielsweise, wenn ein Land (wie in meinem Fall der Iran) seine Staatsbürger grundsätzlich nicht entlässt. Hinzu kommt das sogenannte «Optionsmodell«, bei dem in Deutschland geborene Menschen mit Migrationshintergrund sich bis zum 23. Lebensjahr zwischen einem ihrer Pässe entscheiden müssen. Die Wahrscheinlichkeit, dass diese Gruppe bei dem türkischen Referendum eine signifikante Größe darstellte, ist mathematisch schon klein – ganz gleich, wie die abgestimmt haben sollten.

Die Signalwirkung dieser immer wiederkehrenden Doppelpass-Diskussion an die jungen Menschen auf Identitätssuche ist verheerend. Anstatt ihnen das Gefühl zu geben, dass wir sie mindestens so ernst nehmen wie die Salafisten, sagen wir ihnen mit solchen Debatten – wie auch um die einer hierarchisch gemeinten und völlig unbestimmten deutschen Leitkultur –, dass sie nicht dazugehören. Ein leichtes Spiel, das wir damit den Dschihadisten bieten. Vor dem Hintergrund eines solchen Gefühls der Ausgrenzung muss man im Übrigen den Schrei des rechtsradikalen iranstämmigen Amokläufers von München verstehen: »Ich bin Deutscher.«

So kommt der Dschihadismus also auch in Deutschland an und entwickelt sich weiter. Auch, aber nicht nur. Schließlich gibt es noch viele andere Wege, die den Dschihadismus nach Deutschland bringen, ihn hier halten und seine Entwicklung fördern. Und es gibt ebenso viele Wege, ihn zu stoppen, ihm demokratische Werte, Toleranz und Akzeptanz anderer entgegenzusetzen. Es gibt erfolgreiche Aussteigerprogramme, die beispielsweise auch auf der Erfahrung der Sektenarbeit basieren. Es gibt die Chance, Alternativen zum Salafismus und Dschihadismus aufzuzeigen. Es gibt Möglichkeiten, unser demokratisches Modell attraktiv zu machen, attraktiver, als es eben manche Dschihadisten vermögen, den Dschihad als attraktiv und »sexy« zu verkaufen. Als »Jugendsubkultur mit Rundum-Lifestyle-Paket«, als Gegenentwurf zu bestehenden und frustrierenden Realitäten.

So nämlich gewinnt der Dschihadismus an Bedeutung und Zuspruch in Deutschland: durch Uniformität, Erkennbarkeit und dadurch Zugehörigkeit in Form von Kleidung, Sprachcode, Gemeinschaftserlebnissen und einer einfachen Orientierung durch simple Unterscheidung zwischen Richtig und Falsch, Gut und Böse. Durch charismatische Einpeitscher, »Street-Dawa«[71] und die Social Media, in denen der »Salafi Lifestyle« propagiert wird. Und zwar in Bildern und Sprache, die weit weniger aus der Zeit gefallen sind, als man vermutet. Dort werden Terroristen zu Popstars. So findet der Import und Export von Salafismus nach und aus Deutschland heraus eben auch durch die sozialen Medien statt. Nicht nur territorial, sondern auch medial und digital weitet der Dschihadismus seinen Wirkungskreis aus. Und genau so sollte auch sein Bannkreis agieren. Nur, wenn man die Komplexität und die Wirkungsweise des Dschihadismus in Deutschland in all seinen Facetten versteht, wird man ihm etwas Starkes und nachhaltig Wirkendes entgegensetzen können.

Erst, wenn man versteht, dass auch der Salafismus Made in Germany versucht, einfache Antworten auf die komplexen Lebensfragen zu geben, Identität, Religion und Vorstellungen von Moral und Werten mit seiner Deutungshoheit zu belegen, wird man auch verstehen, wie man dem entgegenwirkt.

Die Konstante im Trennenden

Liest man die unterschiedlichen Geschichten deutscher Dschihadisten – also all jener, die sich in Deutschland unbemerkt oder auch offen- und aktenkundig radikalisiert haben und/oder in die Kampfgebiete Syriens und des Iraks zogen und wieder zurückkehrten –, findet man oft eine Konstante: Sie alle teilen sich das Gefühl, zurückgewiesen worden zu sein in dieser Gesellschaft. Dabei ist es

---

71 Die gängige salafistische Art der persönlichen Werbeansprache auf den Straßen.

unerheblich, ob diese ganz subjektive Wahrnehmung der Zurückweisung berechtigt ist oder nicht. Sie alle haben jene Anerkennung, jene offenen Ohren und jenes Verständnis, das sie in der Welt außerhalb des Dschihadismus vergeblich suchten, in ebenjenem Extremismus gefunden. Sie konvertierten, nicht zum Islam, sondern zum Salafismus/Dschihadismus. Sie folgten dem Gefühl, endlich ernst genommen zu werden. Mitunter in den Kampf und Tod, zum Teil aber in Rückkehr, Festnahme und Haft mündend.

Ihnen allen konnte auch deswegen nicht geholfen werden, weil das wichtigste Bollwerk gegen Radikalisierung, also eine gesellschaftliche Integration, die nicht nach Religionszugehörigkeit unterscheidet, nicht ausreichend aufgestellt ist. Weil noch nicht von allen verstanden und umgesetzt wurde, dass eine Deradikalisierungsstrategie aus Bildungs-, Integrations-, Jugend- und Familienarbeit bestehen muss. Und dass dieses Konglomerat der Kompetenzen spezifische Zielgruppen an bestimmten Orten und auf bestimmte Art und Weise ansprechen muss, um sie zu erreichen – durch abgestimmtes Vorgehen der einzelnen Akteure und eine koordinierende Hand.

Dem Salafismus nur durch Sozialarbeit begegnen zu können, ist eine falsche Vorstellung. Das bisher noch herrschende Missverhältnis zwischen der Rolle der einerseits sicherheitsbehördlichen und andererseits zivilgesellschaftlichen Akteure ist ebenfalls problematisch. Um eine probate Antwort auf die weitere Verbreitung eines Dschihadismus Made in Germany zu haben, muss auf Synergieeffekte gegen den Salafismus gesetzt werden. Alle relevanten staatlichen und zivilgesellschaftlichen Akteure müssen zusammengebracht und vernetzt werden: verschiedene Ressorts der Bundesregierung, die Sicherheitsbehörden, Länder und Kommunen sowie Demokratieinitiativen, islamische Organisationen, Jugendverbände, Wissenschaft und Medien.

Ebenso müssen die muslimischen Communities bundesweit und auf lokaler Ebene mit einbezogen werden – viel stärker als in der Vergangenheit und sicher auch mit Fokus auf ihre Verantwortung als wichtige potenzielle Anlaufstellen für deutsche Dschihadisten und als geistliche Zentren, die einen anderen Islam vermitteln sollen – und unter Umständen auch können. Einen Glauben, der Radikalisierten eine Alternative aufzeigen kann. Ein Glaube, der die radikalen Inhalte der Dschihadisten durch tolerantere ersetzt. Themen wie Märtyrer, Dschihad, Geschlechterrollen, Autorität, Antisemitismus und Homophobie müssen klarer und dominanter besetzt werden und in Moscheegemeinden mit einer klaren Stimme ausgesprochen werden. Einer Stimme, die sich laut und vernehmlich gegen den Dschihadismus richtet und sich für demokratische Grundwerte stark macht.

Das gilt umso mehr für die Imame als Multiplikatoren religiöser Überzeugungen und dafür, dass belegbare Verbindungen zum oder mangelnde Distanzierung vom gewaltbereiten Islamismus keinen Platz haben dürfen in deutschen Moscheegemeinden. Dort müssen die Grundwerte unserer Verfassung gerade für von Radikalisierung bedrohte und betroffene junge Menschen gelebt werden – als Vorbild und Verbindung zur Gemeinschaft außerhalb der Moschee. Als Bejahung des Lebens innerhalb eines verfassungsrechtlichen Rahmens – und als Ja zu Freiheit, Entfaltung, Chancengleichheit und Erfolg im Beruf und im Privaten. Es gilt umgekehrt aber auch für den Staat, Moscheegemeinden und Communities in die Lage zu versetzen, die fachliche Kompetenz der Imame und anderer Bildungsakteure innerhalb der muslimischen Gemeinschaft wie auch eine Professionalisierung der muslimischen Präventionsarbeit gezielt mit aufzubauen und langfristig zu unterstützen.

Radikalisierung und Rekrutierung: Ein Phänomen und viele Orte

Wenn wir uns die Frage stellen, wo genau der Dschihadismus Made in Germany entstanden ist und immer wieder aufs Neue entsteht, sich verändert und immer präsenter wird, können wir viele verschiedene Antworten geben: in den Ballungszentren und Metropolen, in den Hinterhöfen, in Moscheen, in Predigten, auf der Straße, in den Social Media, in der Schule, in der Familie, im Gefängnis, im Ausland, auf der Flucht oder in den Kriegsgebieten Syriens und des Iraks. All diese Antworten sind sicher richtig, zumindest, was bekannte Fälle von Radikalisierung, Dschihadismus und dschihadistische Gefährder und (potenzielle) Attentäter angeht. Sie sind aber ebenso nicht kollektiv bewertbar, sondern individuelle Geschichten. Von Menschen, die im Radikalen Erlösung, Anerkennung und ihre Stimme und Identität suchen. Von jungen Männern und Frauen, die – wenn man ihnen persönlich begegnet – sehr ernst, aufgeräumt und fokussiert wirken. Die gerade im Dschihadismus ihren Feminismus entdecken. Und immer auch ihren Platz in der dschihadistischen Gemeinschaft.

Harry Sarfo, ein Bremer, der fast zur lebendigen Bombe wurde

Im Juli 2016 wird Harry Sarfo, ein kaum dreißigjähriger Bremer mit ghanaischen Wurzeln, wegen Mitgliedschaft in einer ausländischen terroristischen Vereinigung sowie wegen Verstößen gegen das Waffen- und Kriegswaffenkontrollgesetz zu einer Gesamtfreiheitsstrafe von drei Jahren verurteilt. Ein Jahr zuvor hatte man ihn am Bremer Flughafen festgenommen. Sarfo ist ISIS-Rückkehrer und besonders »wertvoll«, was sein Insider-Wissen zum vom syrischen ISIS-Führer Abu Mohammed al-Adnani geleiteten ISIS-Geheimdienst Emni, zu den Rekrutierungsmaßnahmen der Dschihadisten, zu deren Anschlagszielen und Vorgehen betrifft. Vier Tage soll er im April 2015 mit dem Auto nach Syrien gefahren sein, um sich dort dem IS anzuschließen.

Von Bremen aus hat er sich damals auf den Weg gemacht, doch lagen die ersten Etappen seiner Radikalisierung tatsächlich in Deutschland: Aufgewachsen im Bremer Brennpunktviertel Osterholz-Tenever, Kleinkriminalität, Gefängnis, dort das Zusammentreffen mit einem bekannten einsitzenden Dschihadisten, nach der Freilassung die Radikalisierung in einer als ebenso radikal eingestuften Moschee, die bereits rund 20 Kämpfer zum IS entsandt haben soll, und dann der Entschluss, dem IS beizutreten. Und da wird dann aus Harry Sarfo »Abu Saif«, der Vater des Schwertes. So einfach, so bedingt richtig und im Fall von Harry Sarfo eben lehrreich auf mehreren Ebenen – für das Verstehen des Dschihadismus Made in Germany und dafür, wie der IS junge Männer aus Europa rekrutiert, manipuliert und instrumentalisiert. Sarfo stieg am Ende aus und floh zurück nach Europa – nach Deutschland, Bremen und damit nach Hause.

Die in seiner Haft entstandenen Verhörprotokolle und Interviews geben verstörende Einblicke in die Art und Weise, wie der IS Desillusionierte und Perspektivlose für seine Ziele missbraucht: systematisch. Sarfo berichtet, wie er gemeinsam mit einem weiteren deutschen Staatsbürger in der Wüste bei Raqqa in Erdlöchern lebt, gedrillt und indoktriniert wird. Wie die Kalaschnikow sein dritter Arm und wie er Zeuge grausamer Hinrichtungen wird. Er spricht aber auch darüber, wie perfide der IS-»Geheimdienst« Emni gezielt Menschen anzuwerben und auszubilden versucht, die bereit sind, Attentate in ihrer Heimat zu begehen. Dass es weniger »Bedarf« an Kämpfern in Syrien und im Irak gibt als vielmehr an solchen, die für ihren »Glauben« Menschen in ihrer Heimat Deutschland und Großbritannien ermorden.

Er berichtet, was die ISIS-Dschihadisten antworten, als ein Freund Sarfos sie fragt, wie es denn in Frankreich aussehe. »Mafi mushkilah«, kein Problem, sollen sie gesagt haben – im April 2015 und damit etwas mehr als ein halbes Jahr vor den Anschlägen in Paris im November desselben Jahres. Sarfo spricht zudem von »go-betweens« und »clean men«, als Anschlagsplaner, die als »neue, radikalisierte Konvertiten« und »saubere Mittelsmänner« in Europa Kontakt zu Salafisten aufnehmen würden, welche Anschläge verüben wollen. Da die »clean men« nicht auf dem Radar der jeweiligen Behörden sind, könnten sie einfach und frei agieren.

Die Aussagen von Harry Sarfo werden von den deutschen Geheimdiensten übereinstimmend als weitgehend glaubhaft eingestuft. Dazu gehören auch Informationen darüber, wie der IS neue Rekruten fast schon bürokratisch erfasst, und wie er sich ihre mitunter kriminelle Vergangenheit zunutze macht. Das gilt besonders für Kontakte in die Organisierte Kriminalität, Schmuggel, Menschenhandel. Und es steht für die grausame, doppelte Moral und den kaltblütigen Pragmatismus des IS: Hätte Harry Sarfo seinen damals in Bremen verübten Diebstahl von 23.000 Euro im vom IS kontrollierten Gebiet verübt, wäre ihm die Hand abgehackt worden. Als Freiwilliger aus Deutschland aber wurde seine kriminelle Vergangenheit unter pragmatischen Aspekten betrachtet. Seine Bereitschaft, die Fahne des IS im ersten deutschsprachigen Propagandavideo zu schwenken, war den Dschihadisten natürlich sehr willkommen.

Die Schilderungen des ehemaligen ISIS-Kämpfers aus Bremen spiegeln sich auch in jenen Interviews wider, die sich unter anderem im »ISIS Defectors Interviews Project«[72] des International Center for the Study of Violent Extremism (ICSVE) wiederfinden. 38 IS-Rückkehrer aus Syrien, die vom Balkan und aus Westeuropa stammen, erzählen hier über ihre Gründe, sich dem IS anzuschließen, und auch darüber, warum sie geflohen sind, zurück in ihre Heimat. Die Macher des »ISIS Defectors Interviews Projects« erklären ihrerseits, warum sie an dieses Projekt glauben und welche Macht die Authentizität der Augenzeugen und Angeklagten hat, wenn diese mit ihren eigenen, drastischen Erfahrungen und Worten die Faszination IS entzaubern: »Folglich ist es unbedingt notwendig, die Ideologie der Gruppe zu diskreditieren, um die Rekrutierungen über das Internet zu stoppen. Wir glauben, dass desillusionierte ISIS-Aussteiger, die ihre authentischen Geschichten über das Leben innerhalb des ISIS erzählen,

---

72 http://www.icsve.org/publications/isis-defectors-inside-stories-of-the-terrorist-caliphate/

das einflussreichste Instrument sind im Kampf gegen die robuste Propaganda des ISIS und darin, andere davon abzuhalten, der Gruppe beizutreten.«[73]

In eine sehr ähnliche Richtung geht die Arbeit des »International Centre for the Study of Radicalisation and Political Violence« (ICSR) in London. Dieses führte im Jahr 2015 ausführliche Interviews mit 58 Aussteigern – 51 Männer, sieben Frauen –, die den ISIS in Syrien zwischen Januar 2014 und August 2015 verlassen hatten. Für ihren Ausstieg gaben sie vier Hauptgründe an:[74]

- Der ISIS ist stärker daran interessiert, sunnitische Muslime zu bekämpfen als das Assad-Regime. In Syrien findet ein Krieg zwischen Muslimen, nicht ein Krieg der Muslime gegen äußere Feinde statt.
- Der ISIS ist an Gewalt und Gräueltaten gegenüber sunnitischen Muslimen beteiligt.
- Der ISIS ist korrupt und »unislamisch«.
- Das Leben unter dem ISIS ist hart und enttäuschend.

Mit Blick auf die Wirkung der Ernüchterung der ISIS-Aussteiger auf den Dschihadismus Made in Germany mag genau diese Entzauberung und Einordnung des ISIS in die Wirklichkeit der westlichen Welt ein Weg sein, um andere von dieser Entscheidung abzuhalten. Nicht ausschließlich mit Repressionen, sondern mit Richtigstellung. Und wenn man es gemeinsam mit Rückkehrern – also mit glaubwürdigen, weil authentischen Zeugen von Muslimen und deren klar belegbaren Aussagen über die Bigotterie des ISIS – schafft, die verlockenden und verlogenen Versprechen des ISIS, dass Dschihad Urlaub für die Kämpfer an den schönsten Orten überhaupt sei,

---

73   Ebd.: »Thus, discrediting the group's ideology is essential to stopping its online recruitment. We believe that disillusioned ISIS defectors who tell their authentic stories about life inside the Islamic State are the most influential tool to counter ISIS' robust propaganda and prevent others from joining.«

74   Neumann, ICRS 2015, S. 1.

als grausamen Zynismus zu entlarven und damit Rekrutierungen in Deutschland zu erschweren, hat man auch einen Beitrag dazu geschaffen, den Dschihadismus in Deutschland zu schwächen.

Importierter Dschihadismus?

Die Geschichte und der »Werdegang« Harry Sarfos zeigen deutlich, dass die Wahrnehmung, Dschihadisten seien eher eine Bedrohung von außen, die nach Europa importiert wird, nicht der Realität entspricht. Radikale junge Männer und zunehmend auch junge Frauen gehen aus Europa in die Länder, in denen der ISIS kämpft – also nach Syrien, in den Irak, nach Nigeria, Algerien und in viele andere Länder, in denen der ISIS versucht, staatliche Strukturen zu zerstören und sein religiös-fundamentalistisches Terrorregime aufzubauen. Dort werden sie weiter radikalisiert. Aus den Attentaten in Brüssel und Paris und eben den Berichten von Harry Sarfo und anderen Rückkehrern haben wir gelernt, dass der ISIS diese Rückkehrer verstärkt für Aktionen in Europa einsetzt. Diese Attentäter sind also Europäer. Sie sind nicht von außen gekommen, um die Regeln des Zusammenlebens ihrer Heimatgesellschaften infrage zu stellen. Sie waren Teil ihrer Heimatgesellschaft und lebten gleichzeitig irgendwo und irgendwie parallel oder abseits von ihr. Wir haben zudem erfahren, dass der Terrorismus ein internationales Phänomen ist. Die Kämpfer kommen aus aller Welt: aus arabischen Ländern, aus Asien und Afrika, aber auch aus europäischen Ländern, den USA, Kanada, Australien und sogar aus Lateinamerika.

Gründe für ihre Entscheidung, sich ISIS im Ausland anzuschließen oder auch, sich als Rückkehrer für Attentate in der eigenen Heimat rekrutieren zu lassen, gibt es viele: mangelnde Bildungschancen und Diskriminierung, soziale Ausgrenzung und ökonomische Ungleichheit – das sind gesellschaftspolitische Fragen, die von der Politik beantwortet werden müssen. Zu den Gründen gehören aber auch solche, die im familiären Umfeld liegen, zum Beispiel autoritäre, gewalttätige Erziehung oder andere familiäre Probleme. Die Lösung dieser Probleme liegt dann in der familiären Verantwortung. Das ist besonders schwierig. Gerade Eltern sind häufig überfordert, verstehen nicht, dass sie auch einen Anteil an Radikalisierung haben oder wollen sich diese sicher schmerzhafte Tatsache nicht eingestehen.

Deutschland als Exporteur von Dschihadisten

Auch Deutschland ist inzwischen zum Exporteur des Dschihadismus geworden. Das Bundeskriminalamt (BKA), das Bundesamt für Verfassungsschutz (BfV) und das Hessische Informations- und Kompetenzzentrum gegen Extremismus (HKE) haben in einer Studie die Radikalisierungshintergründe und -verläufe von 677 Personen untersucht, die den Sicherheitsbehörden in Deutschland bekannt waren und die von Ende Juni 2014 bis Ende Juni 2015 mit islamistischen Motiven nach Syrien oder in den Irak ausgereist sind oder es versucht haben.[75]

76 Prozent der Ausgereisten schließen sich dem ISIS im Irak an und elf Prozent dem Junud al-Sham, einer Miliz, in der vor allem Tschetschenen und Palästinenser gegen das Assad-Regime im syrischen Bürgerkrieg kämpfen. Weitere acht Prozent stoßen zu Jabhat al-Nusra, der Al-Nusra-Front, die größte und militärisch erfolgreichste oppositionelle Kampfeinheit in Syrien. 677 Personen sind natürlich im Vergleich zu allen in Syrien und im Irak kämpfenden Dschihadisten eine geringe Zahl. Aber für Deutschland ist das Problem des Dschihadisten-Exports nicht zuletzt deswegen relevant, weil rund ein Drittel der in die beiden Krisenländer ausgereisten Männer und Frauen wieder nach Deutschland zurückgekehrt sind.

---

75 BKA-Analyse 2015, S. 4.

Dieser »Re-Import« radikaler Ideen – auch das belegt die Studie – hat seinen Ausgangspunkt zu 90 Prozent in städtischen Gebieten. Nur jeder zehnte, der sich zur Ausreise entschieden hat, lebt auf dem Land. Gleichzeitig handelt es sich bei der Radikalisierung nicht um ein regionales, sondern um ein deutschlandweites Problem. Allerdings kommen mehr als 80 Prozent der Personen aus Städten in den alten Bundesländern.[76]

Männer stellen die große Mehrzahl unter den Ausgereisten, nämlich 79 Prozent. Nicht überraschend ist, dass diejenigen Männer und Frauen, die nach Syrien und in den Irak reisen, in der Regel jung sind: Mit 188 Personen stellen die 22- bis 25-Jährigen die größte Gruppe, gefolgt von den 18- bis 21-Jährigen (139 Personen) und den 26- bis 29-Jährigen (124 Personen). Zwei von drei der Ausgereisten sind zwischen 18 und 30 Jahre alt und das Durchschnittsalter aller Ausgereisten beträgt 25,9 Jahre.[77]

61 Prozent der ausgereisten Personen wurden in Deutschland geboren. Das ist ein Beleg dafür, dass die Radikalisierung von jungen Männern und Frauen in der Mehrheit der Fälle ein deutsches Problem ist. Das wird auch dadurch unterstrichen, dass von den 165 im Ausland geborenen Personen, von denen der Einreisezeitpunkt nach Deutschland bekannt ist, 38 Prozent vor ihrem 14. Geburtstag nach Deutschland kamen. Auch sie haben also zentrale Sozialisierungserfahrungen in Deutschland gesammelt. Deshalb ist das Radikalisierungsproblem in hohem Maß auch ein Problem misslungener Integration. Erst mit weitem Abstand folgen als Geburtsländer die Türkei (6 Prozent), Syrien (5 Prozent), die Russische Föderation (5 Prozent) und Afghanistan (3 Prozent). Ein gutes Drittel der 665 Personen, deren Staatsangehörigkeit bekannt ist, besitzt ausschließlich die deutsche Staatsangehörigkeit, 25 Prozent besitzen noch eine weitere Staatsangehörigkeit.

---

76 Extremismusprävention 2016, S. 28.

77 BKA-Analyse 2011, S. 6 f.

Ergebnisse für Präventionsarbeit nutzen

Die Ergebnisse der BKA-Studie sind auch aus Präventionsgesichtspunkten wichtig, weil sie Anhaltspunkte dafür geben, wer zum Ausreise-gefährdeten Personenkreis gehört. Die Zahl der bekannten Ausgereisten ist seit der Veröffentlichung der BKA-Studie leicht angestiegen. Im Juni 2016 nannte BKA-Präsident Holger Münch gegenüber der Deutschen Presseagentur die Zahl von 820 nach Syrien und in den Irak ausgereisten Personen, von denen 140 inzwischen ums Leben gekommen seien. Die BKA-Studie beleuchtet lediglich einen kleinen, sehr speziellen Ausschnitt der radikalen islamistisch-salafistischen Szene in Deutschland. Männer und Frauen, die aus Deutschland ausreisen, um sich dem dschihadistischen Kampf anzuschließen, verfügen offensichtlich über eine besonders starke Motivation und haben die Schwelle zur Gewaltbereitschaft überschritten. Aber gerade, weil es sich um eine so spezifische Fallauswahl und eine so kleine Gruppe handelt, liefern die Ergebnisse der Studie einen differenzierten Blick auf ihre demografische Zusammensetzung. Die Studie legt im Detail demografische und andere Merkmale der dschihadistischen Kämpfer offen.

Es ist nicht überraschend, dass das BKA insgesamt 547 der 677 untersuchten Personen dem salafistischen Spektrum zurechnet. Viel interessanter ist, dass zwei von drei sich schon vor ihrer Ausreise dem Umfeld bekannter Islamisten oder Salafisten zurechnen ließen – Männern wie Pierre Vogel, Sven Lau oder Muhamed Çiftçi. Deren Botschaften zeigen also Wirkung, das steht fest. 217 der Ausgereisten waren in einer Moscheegemeinde oder einem Moscheeverein aktiv. Von 116 Personen weiß das BKA zudem, dass es sich um Konvertiten handelt. Diese Konvertierten sind in der Mehrheit sehr jung: Rund zwei Drittel von ihnen konvertieren, bevor sie 22 Jahre alt sind.

Diese Ergebnisse decken sich in mehrfacher Hinsicht mit den Erkenntnissen der Duisburger Religionslehrerin und Gründungs-

Vorsitzenden des Liberal-Islamischen Bundes, Lamya Kaddor. Sie hat ein Buch der Beantwortung der Frage gewidmet, warum deutsche Jugendliche in den Dschihad ziehen, und stellt fest, »dass Salafisten zu muslimischen Jugendlichen einen schnelleren Zugang finden als zu nicht muslimischen«.[78] Sie weist aber auch darauf hin, dass die Radikalisierung auch zuvor nicht muslimische Jugendliche betrifft und vor allem, dass sich diese religiös-politische Radikalisierung nicht von allen anderen Radikalisierungen unterscheidet und gleichzeitig eine individuelle Erfahrung ist.

Die persönliche Radikalisierungsgeschichte jedes Einzelnen ist einzigartig. Die Mechanismen jeder Radikalisierung – ob rechtsextremistisch, linksextremistisch, salafistisch – wiederum sind grundsätzlich die gleichen. Entscheidend ist die Bereitschaft der Jugendlichen, aus ihrem alten Leben fliehen zu wollen. Genau daran knüpfen Menschenfänger an – und als Verkleidung dient ihnen die Religion des »Islams«.[79]

Das Doppelangebot – Sinnstiftung plus Abgrenzung –, das Salafisten Jugendlichen und jungen Erwachsenen machen, stößt auch deshalb auf Resonanz, weil sie es häufig mit einem weiteren Aspekt verbinden: der Vergebung.

Radikaler Reset-Knopf für das eigene Leben

Das Bekenntnis zum Salafismus wird zu einem Reset-Knopf für das eigene Leben. Gerade für Jugendliche, die mit großer Angst aufgewachsen sind und ständig von den Eltern ermahnt wurden – »Allah sieht alles, was du tust«, »Allah wird dich bestrafen« – ist das Versprechen, dass mit dem Übertritt zum »wahren Islam« alle Sünden vergeben sind, eine große Erleichterung. Dieses Argu-

---

78 Kaddor, S. 40.

79 Ebd., S. 41.

ment des reinen Tisches und des Neustarts spricht viele an, die sich mit dem, was sie getan haben, unwohl fühlen. Vor allem in Situationen, in der sich zu dieser Verunsicherung noch Misserfolg und Ausgrenzung gesellen. »Du hast Drogen genommen, schämst dich für dein Sexualleben oder hast geklaut? – Egal. Wenn du zu uns kommst, bist du bei Allah und alles wird gut.« So einfach und deswegen so verführerisch ist die Argumentation der Salafisten.

Sonderfall Straftäter

Das Thema des moralischen Neustarts betrifft eine Gruppe ganz besonders, also diejenigen, die eine Straftat begangen haben. Das ist bei zwei Dritteln der Ausgereisten der Fall. Sie waren bereits vor ihrer Radikalisierung straffällig geworden (BKA-Analyse 2015: 17). Dabei handelt es sich meistens um Diebstahl (29 Prozent), Gewaltdelikte (29 Prozent) und Drogenvergehen (16 Prozent). Sind die Ausgereisten bereits radikalisiert, sind ihre Straftaten in 31 Prozent der Fälle politisch motiviert, es folgen Gewaltdelikte (24 Prozent) und Eigentumsdelikte (20 Prozent).

Dass Extremisten in Gefängnissen Nachwuchs rekrutieren, hat eine lange Tradition. Abu Musab al-Zarqawi schweißte den harten Kern seiner Terrorgruppe in einem Gefängnis in Jordanien zusammen. Auch Harry Sarfo radikalisierte sich, als er eine Gefängnisstrafe wegen eines Raubüberfalls absaß. Zwei der Attentäter von Paris lernten sich im Gefängnis kennen. Ein Ex-Häftling war auch der Täter, der im Februar 2015 in Kopenhagen einen Zuschauer bei einer Lesung in einem Kulturcafé und den Wachmann einer Synagoge erschoss. Und ein besonders bizarrer Fall aus Deutschland: Bernhard Falk war früher ein Mitglied der linksextremistischen »Antiimperialistischen Zelle«, wegen Sprengstoffattentaten und vierfachen Mordversuchs wurde er 1996 zu 13 Jahren Haft verurteilt. Er konvertierte und nennt sich seitdem Muntasir bi-Illah. Nach seiner frühzeitigen Entlassung im Jahr 2008 gründete er die Gefangeneninitiative »Ansarul Anseer«. Er bezeichnet seine Tätigkeit als »irgendwie pastoral« (›Die Welt‹, 24. Mai 2015, S. 10). Falk finanziert sich über Spenden. Das Paypal-Konto dafür bewirbt er über seinen Facebook-Kanal.

Falks Äußerungen sind ein bizarrer Mischmasch von salafistischen Floskeln (»Der Islam ist die beste und schönste Religion«) und alt-linkem Vokabular. Inhaftierte salafistische Salafisten sind für ihn »politische Gefangene des BRD-Apparats«. Falk organisiert unter anderem Brieffreundschaften zwischen Gefangenen und der salafistischen Szene. Auf Facebook betreibt er die »Falk-News«. Die verbreiten unter anderem Videos des YouTube-Kanals »Im Auftrag des Islams«. In einem Video steht Falk auf einem Acker, im Hintergrund das Gefängnis Stuttgart Stammheim, für Falk »das Symbol der Repression in der BRD«. Außerdem gibt er Geografie-Unterricht und erklärt den Unterschied zwischen Stuttgart-Stammheim und dem Kölner Stadtbezirk Stammheim.

Es könnte unfreiwillig komisch sein, wenn der Mann nicht so gefährlich wäre. Falk reist kreuz und quer durch Deutschland. Er besucht Gefängnisse, berichtet von Gerichtsprozessen gegen Islamisten, nimmt an Demonstrationen teil und spricht mit seinen Unterstützern. Insbesondere, indem er alles dafür tut, dass er und andere Salafisten weiter(en) Einfluss auf Häftlinge nehmen können, torpediert er die Bemühungen verzweifelter Familienangehöriger und von Hilfsorganisationen, die die Häftlinge aus dem extremistischen Milieu lösen wollen. Gepaart mit seiner regen Propagandaarbeit im Internet, ist er ein Ein-Mann-Missionswerk für den Salafismus.

Prävention und Deradikalisierung

Salafismusprävention ist schwierig, weil sie als Hebel an vielen Punkten gleichzeitig ansetzen muss. Der Versuch, einen radikalisierten Menschen wieder aus seinen eingefahrenen Denkmustern herauszuholen, ist noch schwieriger. Auf Prävention setzen, ohne Deradikalisierungs- und Aussteigerkampagnen zu vernachlässigen, ist der offensichtliche Weg, um die Radikalisierungserfolge der Salafisten zurückzudrängen. Salafismusprävention ist in der Sache eine besondere Form der Extremismusvorbeugung. Information und Aufklärung sind dabei die ersten Mittel. Jungen und Mädchen brauchen Informationen. Zunächst einmal gar nicht so sehr über das Phänomen des Salafismus, sondern über die verschiedenen Strömungen im Islam und die unterschiedlichen Möglichkeiten, seinen Glauben auszudrücken und zu leben.

Das gilt besonders, aber natürlich nicht nur für junge Muslime. Gerade weil sie so wenig über ihren Glauben wissen, lassen sie sich zum Beispiel von so simplen Dingen wie den arabischen Floskeln, die auch die deutschen salafistischen Prediger immer wieder gebetsmühlenartig in ihre Vorträge einflechten, stark beeindrucken. Dass sie diese Koransuren, Lebensweisheiten und Belehrungen elegant miteinander verbinden, verleiht ihnen ungeheure Autorität bei Jugendlichen, denen häufig schon die Grundkenntnisse fehlen.

Wissen vermitteln

Die erste Aufgabe muss also darin bestehen, Wissen zu vermitteln – die Basisaufgabe jeder Schule. Und das eben nicht mit einem engen Fokus nur auf Themen der Religion und des Glaubens. Die Auseinandersetzung mit der Religion und religiösem Extremismus ist in einer demokratischen Gesellschaft kein religiöses Thema, sondern ein politisches. Die Frage ist eben nicht »Wie hältst Du's mit der Religion?«, sondern »Wie hältst Du's mit der Demokratie?« beziehungsweise im speziellen Fall der Bundesrepublik Deutschland: »Wie hältst Du's mit der freiheitlich demokratischen Grundordnung?« Folglich gehören Fragen danach, was Toleranz in einer freiheitlichen Gesellschaft bedeutet, oder eine Diskussion zum Rollenverständnis der Geschlechter, zu dieser Art von Aufklärung. Man denkt zu kurz, wenn man nur über »den Islam« oder nur über Religion spricht.

Als zweiter Gesichtspunkt kommt hinzu, dass nicht nur Schüler mehr Wissen brauchen. Auch Lehrer müssen dazulernen. Weil Deutschland ein föderales Land ist, ist es in erster Linie Ländersache, diese Wissensvermittlung zu organisieren. Dabei geht es um Lehrpläne, Unterrichtsmaterialien und Weiterbildungsangebote für den Lehrkörper und um die Vernetzung mit anderen Institutionen, die Wissen und andere Ressourcen zu wichtigen Themen anbieten.

Es ist eine Illusion zu glauben, dass die Schule allein ein so komplexes Thema wie Extremismusprävention stemmen könnte. Präventive Wirkung lässt sich nur erzielen, wenn alle Akteure in diesem Themenfeld zusammenarbeiten. So gibt es zum Beispiel am Demokratiezentrum Baden-Württemberg (DZBW) die Fachstelle PREvent!on, finanziert von der Jugendstiftung Baden-Württemberg. Die Fachstelle bietet Vor-Ort-Interventionen, die nicht nur an Schulen, sondern zum Beispiel auch in Moscheevereinen oder Jugendclubs stattfinden. Außerdem gibt es Unterrichtsmaterial für Projektwochen zu Themen wie Diskriminierung oder Antisemitismus. Darüber hinaus findet sich ein breites Angebot von Fortbildungen und Workshops für Lehrer, Vereine und andere Aktive in der Jugend- und Bildungsarbeit.

In Hessen hat man eine andere Struktur aufgebaut. Das Hessische Informations- und Kompetenzzentrum gegen Extremismus (HKE) beim Hessischen Innenministerium hat das Violence Prevention Network (VPN) Hessen mit der Beratung in Belangen der Extremismusprävention beauftragt. Die Beratungsstelle Hessen bietet Schülerworkshops für interreligiöse und interkulturelle Kompetenz, politische Bildung zur Stärkung von Toleranz und Demokratiefähigkeit und Eltern- und Familienberatung im Rahmen der präventiven Arbeit an.

Ein besonderes Augenmerk – und das ist ausschlaggegend für Erfolg oder Misserfolg jeglicher Präventionsarbeit – muss dabei der Gruppe der Familienangehörigen gelten, die in der Regel besondere Unterstützung benötigt und zunächst einmal ganz praktische Hilfestellungen: Woran erkenne ich, dass sich ein Sohn, eine Tochter oder ein Bruder, eine Schwester radikalisiert oder zumindest gefährdet ist? Welche Veränderungen bei der Kleidung lassen sich erkennen und wie einordnen? Wie interpretiert man Veränderungen beim Verhalten eines Jugendlichen oder auch in seiner Wortwahl? Ein weiterer Gesichtspunkt ist, dass die Ursachen für eine Radikalisierung häufig zumindest teilweise in der Familie liegen. Jugendliche fühlen sich von der Familie zurückgewiesen oder sind von ihr enttäuscht.[80] In diesem Fall ist die Familie nicht nur ein Teil der Lösung, sondern auch ein Teil des Problems.

Der entscheidende Punkt und in diesem Sinne auch ein »Wettbewerbsvorteil« beim Kampf um den Verbleib des Jugendlichen in der Familie besteht darin, schon die Radikalisierungsgefährdung oder die beginnende Radikalisierung frühzeitig zu erkennen. Es folgen Gespräche, die wiederum auf andere Maßnahmen vorbereiten. Leider viel zu langsam ist es dem deutschen Staat und der Zivilgesellschaft gelungen, ein Netz von Hilfsangeboten und Beratungsstellen zu knüpfen. Sie entstehen dezentral in den Bundesländern, werden aber auch von Einrichtungen wie der Bundeszentrale für politische Bildung oder Beratungsstelle Radikalisierung des Bundesamtes für Migration und Flüchtlinge (BAMF) unterstützt. Die Beratungsstelle Radikalisierung arbeitet wiederum mit NGOs zusammen, unter anderem mit dem VPN in Hessen.

Dieses Beratungsnetzwerk hat im Jahr 2015 knapp 1.200 Fälle betreut. Ebenfalls begonnen haben Aktivitäten, die versuchen, den Social-Media-Aktivitäten der Salafisten etwas entgegenzusetzen. Allerdings wäre es vermessen, von einer Medienoffensive zu sprechen. Die Bundeszentrale für politische Bildung (bpb) hat insgesamt 16 Webvideos rund um das Thema »Begriffswelt Islam« pro-

---

80 Thomas Mücke, ›Deradikalisierung/Disengagement gestalten‹, »Internationaler Terrorismus: Wie können Prävention und Repression Schritt halten?«, BKA-Herbsttagung vom 18./19.11.2015, S. 3.

duzieren lassen. Darin werden Begriffe wie Umma, Kalifat oder Dschihad von erfolgreichen YouTubern wie Hatice Schmidt (sie gibt sonst Beauty-Tipps) oder FlipFloid erklärt. Zunächst einmal ein guter Ansatz, um die Zielgruppe zu erreichen, indem man Sprachrohre nutzt, die sie kennen, mögen und denen sie folgen, weil sie interessens- und altersbedingte Identifikationsmuster liefern. Einige der Videos erreichen Klickzahlen im sechsstelligen Bereich. Allerdings hat die Bundeszentrale seit März 2016 keine Videos mehr zu solchen Themen veröffentlicht. Auch ist zu sagen, dass FlipFloid mit vielen anderen Videos mehr als 500.000 Views innerhalb eines Tages erreicht – zum Beispiel über Taserwaffen oder WhatsApp. Leider findet auch keine Vernetzung des bpb-Kanals zu anderen Kanälen ähnlicher Inhalte statt. Angesichts der gut vernetzten Salafistenszene ist der Informationseffekt, den die Bundeszentrale erzielt, somit gering.

Zudem muss die Bundeszentrale für politische Bildung (bpb) auf ihrer Facebook-Seite all ihre Themen darstellen, was wiederum dazu führt, dass einzelne Themen wie eben der Islam, untergehen in der Flut der Informationen und Posts.

In der Familie ansetzen: Erziehung gegen Extremismus

Ahmad Mansour, ein in Deutschland lebender und arbeitender israelisch-arabischer Psychologe und Autor und zudem international anerkannter Islamismus-Experte, wählt einen anderen Ansatz: Er konzentriert sich bei seiner Arbeit auf die Beseitigung autoritärer Strukturen in der Familie und die Abschaffung des Patriarchats.[81] Er will, dass traditionelle muslimische Geschlech-

---

81 http://www.welt.de/debatte/kommentare/article157254727/Wer-von-Turboradikalisierung-redet-hat-null-Ahnung.html

terrollen hinterfragt und Gewalt in der Erziehung und die tabuisierte Sexualität offen angesprochen werden. Er fordert, Schluss zu machen mit Angstpädagogik, und ist wütend darüber, dass die Mehrheitsgesellschaft auf kulturelle Empfindlichkeiten der Minderheit Rücksicht nimmt. Doch Mansour bleibt nicht nur bei der Familie stehen, sondern schaut sich auch die übergeordnete politische Ebene an: Sollen die muslimischen Dachverbände und Vereine beim Kampf gegen Islamismus mitwirken, dann müssen sie ihre Positionen in Wort und Tat komplett überdenken und ändern. Sie müssen sich von den Stereotypen – von Opferrolle, Buchstabenglauben, Angstpädagogik, Sexualfeindlichkeit, Lebensfeindlichkeit – glaubwürdig verabschieden.

Das sind übrigens Forderungen, die er bereits in seinem Buch ›Generation Allah. Warum wir im Kampf gegen religiösen Extremismus umdenken müssen‹ aus dem Jahr 2015 gestellt hat. Mansour ärgert sich mit Recht über Hochglanzbroschüren und Projekte für die Integration oder gegen religiösen Extremismus, die keine Wirkung erzielen, in denen man sich aber an den richtigen Begriffen abarbeitet. Zunehmend entsteht das Gefühl, dass uns auf Verbandsebene konstruktive Partner fehlen. Die Deutsche Islamkonferenz fand in diesem Jahr zum zehnten Mal statt, seit 2014 sind die von Mansour kritisierten Dachverbände dabei – und man darf, kann und sollte sich wohl wirklich fragen: Was ist bei den vielen Sitzungen eigentlich herausgekommen?

Was die Veränderungen innerhalb der Familien angeht, geht es in einer freien Gesellschaft immer auch um die Frage, wie weit sich der Staat in die Familie einmischen darf. In Sachen Erziehung gibt es ganz klare gesetzliche Regeln. Seit dem 2. November 2000 lautet Absatz 2 des Paragrafen 1631 BGB: »Kinder haben ein Recht auf gewaltfreie Erziehung. Körperliche Bestrafungen, seelische Verletzungen und andere entwürdigende Maßnahmen sind unzulässig.« Ebenfalls an diesem Tag geändert wurde §16, Absatz 1, Achtes Buch Sozialgesetzbuch; dort heißt es: »Sie [Angebote zur Förderung der Erziehung] sollen auch Wege aufzeigen, wie Konfliktsituationen in der Familie gewaltfrei gelöst werden können.« Die rechtliche Lage ist also sehr eindeutig.[82]

Dass sich aber die Einstellungen in den Köpfen nicht kurzfristig ändern, ist ebenso klar. Trotzdem ist es von Bedeutung, mit welchen Zielen und mit welchen Bedingungen an unsere Gesprächspartner wir Diskussionen zu diesen Themen führen. Mit langem Atem agieren deshalb auch Projekte wie »HEROES – gegen Unterdrückung im Namen der Ehre – Ein Projekt für Gleichberechtigung«, dem auch Mansour angehört. Bei diesem Projekt geht es ganz speziell um das Aufbrechen patriarchalischer Denkmuster. Bei HEROES bilden junge Männer andere junge Männer aus, um eine neue Haltung zu Begriffen wie Ehre und Unterdrückung zu entwickeln, neue Wertvorstellungen zu bilden und als Vorbilder für ein neues Männerbild zu stehen. Die HEROES diskutieren in Schulen und Jugendzentren mit Jugendlichen über dieses Thema.

Solche und andere Projekte zeigen eben auch, dass man bei der gesellschaftlichen Bekämpfung eines aggressiven Salafismus auch Ansatzpunkte finden kann, die mit den Salafisten selbst überhaupt nichts zu tun haben.

Wie funktioniert Deradikalisierung?

Die Gesellschaft, die auf den Radikalisierten blickt, hat eine völlig andere Wahrnehmung von der Situation als der radikalisierte Salafist selbst. Sie sieht die Radikalisierung als Problem, der Radikalisierte sieht sie als Lösung. Wer sich religiös radikalisiert hat, hat das gefunden, wonach er möglicherweise schon lange und mit

---

82 Dass diese Änderungen seinerzeit mit den Stimmen von SPD, Bündnis90/Die Grünen, FDP und PDS und gegen die Stimmen der CDU/CSU-Fraktion verabschiedet wurden, zeigt umso mehr, wie absurd es ist, wenn Konservative immer wieder in ihrer »Leitkultur« die Lösung für alle Probleme sehen.

entsprechender Hoffnung und auch Verzweiflung suchte. Thomas Mücke, Geschäftsführer des Violence Prevention Networks (VPN), hat in wenigen prägnanten Punkten zusammengefasst, wie und auf welchen Ebenen Extremisten wie eben Dschihadisten/Salafisten aus der Sichtweise eines Radikalisierten wirken:

- Eine gefestigte Identität und eine spirituelle Heimat.
- Wissen mit einem exklusiven Wahrheitsanspruch und damit ein hohes und sogar überhöhtes Selbstwertgefühl.
- Eindeutige Werte, die nach einem klaren Schwarz-Weiß-Schema funktionieren: »Gläubige sind wertvoll, Ungläubige sind wertlos.«
- Charismatische Autoritäten, die eindeutig Orientierung bieten und ihren Gehorsamsanspruch durchsetzen: »Du musst nicht nachdenken, Du musst nur folgen«.
- Gerechtigkeitsutopien, die an die hoch ideologisierte Vorstellung von weltweiter Verfolgung von Muslimen anknüpfen und solidarisches Handeln erfordern.
- Die Aufmerksamkeit der Öffentlichkeit und Abgrenzung von der Erwachsenenwelt und der Gesellschaft.
- Die Möglichkeit, aufgestauten Hass durch Gewalthandlungen zu kompensieren und diese Gewalthandlungen mit dem Verweis auf die Religion legitimieren zu können.[83]

Wer sich diesen Katalog an Punkten aus der Sicht des Radikalisierten anschaut, versteht sofort, warum der Deradikalisierungsprozess so schwierig ist. Warum sollte ein Salafist seine extremen religiösen Überzeugungen aufgeben? Sie bringen ihm nur Vorteile. Diejenigen, die in wieder in die Mehrheitsgesellschaft zurückholen wollen, haben ihm, verglichen zu den Versprechungen der Dschihadisten, wenig zu bieten. Dabei geht es tatsächlich gar

---

83 Thomas Mücke, ›Deradikalisierung/Disengagement gestalten‹, »Internatinaler Terrorismus: Wie können Prävantion und Repression Schritt halten?«, BKA-Herbsttagung vom 18./19.11.2015, S. 6 f.

208

nicht darum, dass er seine Religion aufgeben soll. Er soll vielmehr zu einer Religion finden, die ihren Alleinvertretungsanspruch aufgibt, auch andere Glaubensvorstellungen bzw. das Nichtglauben als gleichwertig zulässt, andere Gruppen nicht abwertet und Rechtsstaatlichkeit anerkennt. Und als wichtigster letzter Schritt folgt, humanistische Grundprinzipien wie die Gleichheit der Menschen, Gewaltfreiheit und die Menschenrechte in die eigene Religion zu integrieren.

Das alles sind hoch gesteckte Ziele. Um sie zu erreichen, müssen sich die Einstellungen eines Menschen verändern, der zuvor seine eigene Lebensgeschichte völlig neu interpretiert und sein Weltbild radikal neu konstruiert hat. Man kennt dieses Phänomen aus der Sektenarbeit. Der VPN geht dabei in ganz kleinen Schritten vor: Zunächst wird eine Beziehung aufgebaut – wertungsfrei, ohne Konfrontation, erhobenen Zeigefinger oder Demütigungen.

In diesem Prozess werden, wann immer es möglich ist, auch die Angehörigen eingebunden. Dabei ist es besonders wichtig, die Angehörigen zu coachen, damit sie auch die Sicherheit finden, um nicht-konfrontativ mit ihrem Sohn, ihrer Schwester oder ihrem Neffen umgehen zu können. Das Erinnern an positive gemeinsame Erlebnisse zum Beispiel sind Anknüpfungspunkte für den Wiederaufbau von Vertrauen. Vorwürfe und Schuldzuweisungen führen zum sofortigen Rückzug auf radikale Positionen oder sogar zu deren Verstärkung.

Dschihadismus Made in Germany: Die Straße und die Social Media

Dass Salafisten die besseren Sozialarbeiter seien, mag dem einen oder anderen Resignation, Provokation oder auch bloße Feststellung bestehender Tatsachen sein. Für mich ist diese Aussage nur eine Momentaufnahme, weil das impliziert, dass wir es schaffen können, ihnen diesen Rang streitig zu machen – auf der Straße, in den Social Media und auch bei unbegleiteten minderjährigen Flüchtlingen. Genau in diesen Bereichen nämlich hat die Entstehung des Salafismus Made in Germany auch einen Teil ihrer Genese. Wir alle kennen noch die Bilder von Ständen auf belebten Einkaufsstraßen deutscher Städte, bei denen sich Salafisten im Rahmen der vom salafistischen Prediger Ibrahim Abou-Nagie (der übrigens über keinerlei islamisch-theologische Ausbildung verfügt) und dem Verein »Die wahre Religion« (DRW) organisierten Koran-Verteilaktion «Lies!» zu Missionaren des wahren Wortes aufschwingen wollten. Tatsächlich wurden Ende 2016 sowohl die Verteilaktion wie auch der Verein als verfassungswidrig eingestuft und verboten. Bundesinnenminister Thomas de Maizière begründete »das DWR-Verbot als Teil einer übergreifenden Strategie des Bundes gegen jihadistisch-islamistische Bestrebungen« wie folgt:[84] »Mit der Koranübersetzung in der Hand werden Hassbotschaften und verfassungsfeindliche Ideologien verbreitet und Jugendliche mit Verschwörungstheorien radikalisiert. Bisher sind über 140 junge Menschen nach Syrien bzw. in den Irak ausgereist, um sich dort dem Kampf terroristischer Gruppierungen anzuschließen, nachdem sie an LIES!-Aktionen teilgenommen haben. Deutschland ist eine wehrhafte Demokratie: Eine systematische Beeinträchtigung unserer Grundwerte ist mit angeblicher Religionsfreiheit nicht zu vereinbaren. Hier setzt der Rechtsstaat ein klares Zeichen.«

Ausdrücklich ließ das Ministerium damals aber auch verlauten, dass es nicht um das Verbot der Werbung für oder Verbreitung des islamischen Glaubens gehe (wie DWR seinerseits kurz nach dem Verbot über die Social Media verbreitete), sondern darum, den extremistischen Missbrauch des Korans und die Unterstützung terroristischer Organisationen Einhalt zu gebieten.

Vielmehr ging und geht es bei solchen Aktionen und deren Ver-

---

84 http://www.bmi.bund.de/SharedDocs/Pressemitteilungen/
    DE/2016/11/vereinsverbot-dwr.html?nn=3314802

boten aber auch um die Frage, wer den sprichwörtlichen Kampf um die Köpfe auf den Straßen des Landes gewinnt – und wer sich damit am Ende als besserer Streetworker erweist: die Salafisten oder der Staat. Natürlich müssen Verbote ausgesprochen und mit allen Mitteln eines Rechtsstaates durchgesetzt werden, wenn Gefahr für die freiheitliche demokratische Grundordnung ausgeht. Und auch für junge Menschen, die dadurch in die extremistische Spirale gesogen werden. Doch sind Bürgerinitiativen und Gegenbewegungen wie »Lies! das Grundgesetz«, die sich der Verteilung von Grundgesetzen widmen, ebensolche Beispiele dafür, wie zumindest Bemühungen entstehen, den Anwerbeaktionen der Salafisten etwas Ebenbürtiges entgegenzusetzen.

Dass dieses Streetworking gegen Salafisten und deren »Street Dawas« – also mobiler Verteilaktionen – ständig neuer Ideen bedarf, zeigte im November 2016 die salafistische Verteilaktion »We love Muhammad«, die unter anderem auch von einem der damals bekanntesten deutschen Salafisten-Prediger, Pierre Vogel, organisiert wurde. Im Dezember 2016 setzte der ebenso wie Vogel als Hassprediger bekannte und von den niedersächsischen Sicherheitsbehörden als Gefährder eingestufte Muhamed Ciftci alias Shaikh Abu Anas ein weiteres mediales Ausrufezeichen. Er verkündete per Videobotschaft die Gründung von Islam TV, einem »deutsch-muslimischen Fernseh-Kanal«, der womöglich aus der Türkei und via Satellit in deutsche Wohnzimmer und Köpfe dringen will. Die Niedersächsischen Landtagsabgeordneten Dr. Stefan Birkner und Jörg Bode (FDP) wollten in ihrer unter der »Salafisten-TV Made in Niedersachsen?« betitelten Anfrage unter anderem wissen, wie die Landesregierung dieses Vorhaben vor dem Hintergrund einer möglichen Vermittlung von radikalen Inhalten bewerte. Die Antwort: »Die geplante Gründung des TV-Senders durch Ciftci wird von der Landesregierung äußerst kritisch gesehen, da die Gefahr besteht, dass im Programm salafistische Positionen verbreitet werden, die mit der freiheitlichen demokratischen Grundordnung nicht vereinbar sind und eventuell auch zu einer Radikalisierung der Zuschauer führen könnten.«

Über Bedrohungsgrad, Erfolge und Misserfolge solcher und ähnlicher Aktionen lässt sich sicher in Zahlen sprechen. Ebenso interessant ist aber auch, wie heftig, angemessen, konzertiert und auf welchen Ebenen die Gesellschaft darauf reagiert – politisch, parlamentarisch, juristisch und als zivile Gemeinschaft.

Eine probate Waffe gegen den Totalitarismus der Dschihadisten ist im Übrigen Humor. Nicht umsonst gibt es in den Sozialen Medien zahlreiche Parodien auf die Propaganda von ISIS wie beispielsweise die »Intonierung« ihrer Aufmärsche mit Pop-Songs. Das Ziel ist eindeutig die Zerstörung der krankhaften »Heldengeschichte« der Dschihadisten. Doch dazu braucht man nicht immer Satire. Die Meldung über den von einem Wildschwein verursachten Tod von drei ISIS-Kämpfern im Nordirak hat im Netz eine ekstatische Reaktion des Spotts auf der einen Seite und sehr viel Wut auf der dschihadistischen Seite ausgelöst.

Dschihadisten sind im Übrigen Aufmerksamkeitsparasiten. Deshalb ist es für sie eine Strafe, wenn sie nicht mit Fotos auf Seite eins der Zeitungen landen. Genau zu dieser Strafe hat sich die französische Zeitung ›Le Monde‹ klugerweise entschieden. Damit spielt sie aber auch die »Heldengeschichte« der Dschihadisten nicht mit, in der ein Dennis Cuspert hofft, mit seinen grauenhaften Enthauptungsdarstellungen den Sadismus in potenziellen Dschihadismus-Kandidaten wecken zu können. Es wäre hilfreich, dem Beispiel von ›Le Monde‹ würden mehr Medien folgen.

Flüchtlingsheime

Dass die Rekrutierung junger Menschen durch Salafisten ebenso auch unbegleitete minderjährige Geflüchtete betrifft, hat sich bei den Attacken in Würzburg und Ansbach im Sommer 2016 traurig bewahrheitet. Gerade junge Flüchtlinge sind aufgrund ihrer besonderen Situation gefährdet, während ihrer Flucht oder in Deutschland gezielt angesprochen und radikalisiert zu werden –

in den Unterkünften, auf den Straßen, über die Sozialen Medien. In Deutschland und/oder auf der Flucht dorthin. Umso wichtiger sind die Weiterentwicklung einer starken Jugendhilfe und umfassender psychosozialer Versorgung. Das Gleiche gilt für die Entwicklung von Qualitätsstandards in der Versorgung und die Förderung von jungen Flüchtlingen durch die Jugendhilfe und die Öffnung und Sensibilisierung der Jugendarbeit für neue Angebote zur Integration. Der Ausbau und die verlässliche Finanzierung spezialisierter psycho-sozialer Zentren und vergleichbarer Angebote für Flüchtlinge bilden weitere wichtige Bausteine, ebenso ein klares Nein zu Leistungen der Jugendhilfe, die nach Herkunft unterscheiden.

Denn: Die Mechanismen der Radikalisierung sind immer dieselben – auch in den Flüchtlingsheimen. Es gibt dabei allerdings einige verzerrende Faktoren: Schutzsuchende sind natürlich in ihrer Heimatsprache leichter zugänglich – gerade am Anfang ihrer Zeit in Deutschland, wenn sie noch nicht Deutsch gelernt haben. Das macht es Arabisch sprechenden salafistischen Rekrutierern, die sich als ehrenamtliche Helfer ausgeben, manchmal einfacher, an die Flüchtlinge heranzukommen. Umso wichtiger ist es, die Aufenthaltszeit in diesen Sammeleinrichtungen, in denen es kaum Rückzugsräume und Privatsphären gibt, so kurz wie möglich zu halten. Genauso wichtig ist es aber auch, mit wachsamen und rechtsstaatlichen Mitteln der polizeilichen und nachrichtendienstlichen Arbeit die Unterwanderung der Unterkünfte durch Dschihadisten zu verhindern. Auch deswegen, weil sie ein »lohnendes Nest« für sie sind. Nicht in erster Linie durch das Rekrutierungspotenzial, sondern vor allem durch die gesellschaftliche Stigmatisierung von Flüchtlingen nach einer Tat aus einem Heim heraus.

Genau dies hatte Franco A. wohl im Sinn, als der rechtsradikale Oberleutnant sich als Flüchtling registrieren ließ, um Anschläge »als Flüchtling« zu verüben. Die Geschichte eines deutschen Offiziers, der in Frankreich seinen Dienst leistet und in Bayern als Flüchtling gemeldet ist, ruft zahlreiche verrückte Verschwörungstheorien hervor. Ich hoffe sehr, dass die Wahrheit über diesen mysteriösen Fall bis zum Erscheinen dieses Buches ans Licht gekommen ist. Dennoch zeigt sich an der Geschichte eines doch sehr deutlich: Es gibt einen gesellschaftlichen Resonanzboden für die pauschale Verurteilung von Flüchtlingen, auf dem der Soldat (und seine Mittäter?) Hass säen wollte. Wie Sergej W., der seine Spuren beim Anschlag auf den BVB-Bus mit einem gefälschten ISIS-Bekennerschreiben verwischen wollte, hat auch Franco A. die öffentliche Fokussierung auf den Dschihadismus für seine perfiden Zwecke zu nutzen versucht.

Doch gibt es keinen Grund, Flüchtlingsheime »Brutstätten des Terrors« zu nennen, wie es so manche Rechtspopulisten tun. Denn erstens sind viele Flüchtlinge selbst vor dschihadistischem Terror geflohen. Die Festnahme des mutmaßlichen Terroristen Dschaber al-Bakr in Leipzig wäre im Übrigen ohne die mutige Hilfe syrischer Flüchtlinge nicht erfolgt.

Und zweitens sind viele schlicht dankbar für die Hilfe, die sie erhalten – vom deutschen Staat, aber vor allem von den zahlreichen Ehrenamtlichen, die die Willkommenskultur nicht aufgeben. Diese sind mit die besten Präventionsarbeiter gegen den Dschihadismus.

Natürlich kann nicht ausgeschlossen werden, dass nach Würzburg und Ansbach sich weitere Flüchtlinge in ihren Unterkünften radikalisieren. Doch sind pauschale Verdächtigungen ein Brandbeschleuniger. Im Übrigen habe ich selten so viel Verzweiflung in den islamistischen Internetforen gefunden als zu den Zeiten, als die Willkommenskultur noch Konjunktur hatte. Da wussten die Radikalen gar nicht mehr, wie sie ihren Hass unter die Muslime in Deutschland bringen können.

6.

Bekämpfen

»Die erbarmungsloseste Waffe
ist die gelassene Darlegung der Fakten.«
(Raymond Barre)

Der Kampf gegen den Dschihadismus wird, wie viele oder gar alle modernen Kriege, nicht mehr nur militärisch ausgefochten. Und ebenso wird er nicht nur an der Front entschieden werden. Beim Kampf gegen den Terror, also vornehmlich gegen ISIS und »ihren« Dschihadismus, müssen wir zudem von vielen Fronten sprechen – und von Frontlinien, die in der Regel nicht global, sondern lokal verlaufen, sich aber dennoch fast überall auf der Welt finden. Auch die Mittel, die wir als westliche Welt aus unseren Arsenalen holen, entscheiden darüber, ob, wann und wie wir diesen Krieg gegen den Terror gewinnen.

Fest steht, dass wir tiefer, weiter und detaillierter blicken müssen, um unter der Spitze des Eisbergs all jenes zu sehen und zu verstehen, was sich darunter verbirgt und was zu einer Kollision und Havarie unserer Werte und Ordnung führen könnte. Es geht also und eben nicht um einen Masterplan, mit dem wir dem Terror Herr werden könnten. Dafür sind dessen Ursachen, Verursacher und Ausbreitung viel zu komplex und vor allem lokal. Und ein Masterplan, der mit einer Passt-auf-jeden-Konflikt-Schablone auf eine schematisierte Lösung dieser Konflikte zielt, wird zwangsläufig danebenschießen, Unschuldige treffen und vielleicht sogar durch »Friendly Fire« die Falschen, weil Verbündete treffen.

Viel sinnvoller ist es, den islamistischen Terror auch als Ergebnis schwacher Staaten zu sehen – und damit eben als regionales Phänomen, das andererseits in Ländern beobachtet werden kann, die ihrerseits fatale Schwächen teilen: Diktatoren, Autokraten, die diese Länder regieren; Länder, die als Projektionsflächen für globale Interessen und globale Kämpfe um Ressourcen missbraucht und von durch andere Mächte installierte Regierungen schlecht und grausam geführt wurden. Nationen, die nie – weder ethnisch, noch religiös oder gesellschaftlich – eine Einheit bildeten und in denen nach gewaltsamer Beseitigung der Diktatoren die Transition hin zu einer Demokratie nicht gelang.

Es gibt die ISIS-Anhänger im Irak, die vor die Wahl zwischen schlechtem Leben unter ISIS und dem Tod unter dem ehemaligen autokratischen Premierminister Maliki gestellt worden sind. Dasselbe gilt in gewissem Maße auch für viele ISIS-Kämpfer in Syrien. Es ist gültig für viele Regionen, die ISIS eingenommen hat, so wie es in bestimmter Art auch für die Taliban-Kämpfer in Afghanistan und Pakistan galt und gilt. Wer sowieso keine Wahl hat, entscheidet sich am Ende doch eher für ein wenn auch schlechtes Leben als für den langsamen, grausamen Tod. Es gab vom Krieg gebeutelte Menschen in Mossul – Sunniten –, die vor ihren Befreiern, irakischen Regierungstruppen, flohen, weil diese Schiiten sind.

Dies und mehr sind leider bereits nicht erst seit dem 11. September 2001 die Gründe dafür, dass der Dschihadismus nicht ausgelöscht, weil nicht an der Wurzel erkannt und gepackt wurde. Stattdessen hat er sich verändert, den Umständen angepasst, sich neue Namen gegeben, neue Gesichter hervorgebracht und immer wieder seine Erscheinungsformen geändert. Das genau macht ihn so gefährlich. Sein Wirken wurde globaler, seine Auswirkungen ebenso. Und vor allem schlossen und schließen immer noch zu viele Terrorexperten die Augen vor den unter der Spitze des Eisbergs liegenden Verbindungen, Verflechtungen und eben auch Lösungen.

Natürlich muss man leider auch militärische Mittel gegen Dschihadisten anwenden – vor allem unter bestimmten Gesichtspunkten und Voraussetzungen: Haben Dschihadisten Territorium erobert, so bleibt den jeweiligen Staaten nichts anderes übrig, als die verlorenen Gebiete zurückerobern zu wollen. Dies ist ein Gebot der Schutzverantwortung des Staates seinen eigenen Bürgern gegenüber – die sonst unter dem Joch eines Kalifats leiden müssten. Es ist aber auch ein Gebot der Wiederherstellung des Vertrauens der restlichen Bevölkerung des Landes in die Fähigkeiten des Staates. Nirgendwo wird dies deutlicher als im Irak, wo Ministerpräsident Haidar al-Abadi bereits die Befreiung der Stadt Mossul aus den Händen des ISIS ankündigte, als es noch ausgesprochen illusorisch erschien. Alles andere hätte ihm und womöglich dem gesamten Staatssystem des Iraks das notwendige Mindestmaß an Vertrauen der eigenen Bevölkerung entzogen. Auch wenn wir mit militärischem Kampf Dschihadisten nicht besiegen können – er bleibt zuweilen notwendig:

- Militärische Mittel können notwendig sein, um die Dschihadisten auf dem Weg der Expansion ihres Territoriums zu stoppen.
- Die Erfolgsgeschichte der Dschihadisten muss entmystifiziert und damit seine Anziehungskraft gebrochen werden. Dieses Unterfangen ist nicht in erster Linie militärisch, sondern politisch. Am Ende nämlich kann man ISIS nicht militärisch besiegen, aber doch stoppen. Die massive Reduktion der Zahl der europäischen Ausreiser nach Syrien nach dem Beginn der Bombardements von Raqqa zeigt: Dschihad-Tourismus wurde nicht mehr nur als sadistisches Abenteuer verstanden, sondern als eine lebensgefährliche Unternehmung.
- Die systematischen Angriffe der Amerikaner auf die ISIS-Kader schwächten massiv die Funktionsfähigkeit der Terrororganisation. Experten – sei es für Bombenbau oder für Staatlichkeit – sind eben nicht einfach zu ersetzen.
- Damit verbunden ist auch eine Einschränkung der Fähigkeiten der Dschihadisten. Der zentrale Grund, warum ISIS beispielsweise nicht massiv in den illegalen Organhandel eingestiegen ist, war der fehlende Strom nach der Bombardierung der Kraftwerke von Raqqa durch die US-Luftwaffe. Dabei hatte ISIS »optimale« Grundvoraussetzungen für ein solches Geschäft: Gefangene, Territorium und internationale Kontakte. Man darf nicht vergessen: Hier geht es nicht nur um die Unversehrtheit der Gefangenen, sondern auch um das Verhindern weiterer Einnahmequellen, die ISIS noch stärker machen würden.

Doch die Fokussierung auf militärische Mittel alleine greift oft zu kurz und führt zu einer Vernachlässigung der weit wichtigeren zivilen und vor allem ideellen Auseinandersetzung mit dem Dschihadismus. Diese falsche Fokussierung bildet sich schnell in einer fatalen Kriegsrhetorik, aber auch in einer falschen Verteilung der Ressourcen ab. Auch deshalb muss der »War on Terror« endlich beendet und durch eine umfassende Strategie des Kampfes gegen den Dschihadismus ersetzt werden.

ISIS: Im Osten nichts Neues

Der Schrecken über die grauenhaften Verbrechen von ISIS lässt den Eindruck entstehen, er handle sich dabei um ein in diesem Ausmaß noch nie da gewesenes Phänomen. Doch die Zielsetzung, die Methoden, die Strategie und die Struktur von ISIS sind allesamt historisch bekannt – teilweise minutiös abgekupfert. Nicht vieles an ISIS ist neu. Wir sollten uns von ihm nicht überraschen lassen. Das fällt zugegebenermaßen schwer, betrachtet man die Schockstarre, die international einsetzte, als ISIS im Juni 2014 Mossul überrannte und in den folgenden Wochen in blutigen Kämpfen gleichzeitig in Syrien und im Irak vorrückte. Vermummte Männer, die mit schwarzer Fahne und auf Pick-ups durch verwüstete Gegenden triumphierend rasen und dabei Sturmgewehre in die Höhe reckten.

Für viele schien die Organisation aus dem Nichts gekommen. Der Überraschungseffekt, die rasanten militärischen Erfolge und das brutale Vorgehen von ISIS dominierten monatelang westliche Medien. Heute ist klar: Das Erstarken von ISIS hätte eigentlich keine Überraschung sein dürfen, sondern ist im Kern als irakischer Ableger von Al-Qaida seit 2003 präsent. Außerdem ist ISIS viel weniger eine Terrororganisation »sui generis«, als häufig behauptet wird. Die renommierte Expertin für illegale Finanzströme gewaltbereiter Gruppen, Professor Louise I. Shelley, betont die Berechenbarkeit der Terrororganisation durch Kontinuität: »Sie sind nicht sui generis [entstanden], sie haben von anderen terroristischen Gruppen gelernt. Es gibt da eine Kontinuität.«[85]

Mit den diversen irakischen Vorläuferorganisationen verbindet ISIS der Anspruch auf Staatsbildung, die diktatorische Herrschaft über besetzte Gebiete und, leider auch, die besondere Brutalität. Auch die Brutalität der Methoden kennen wir von den grauenvollen Bürgerkriegen in Libanon oder in Ruanda – oder eben von den Kreuzrittern.

Dennoch stellt ISIS aus vier Gründen eine besondere Herausforderung dar:

- Erstens ist ISIS die Terrororganisation, die das größte zusammenhängende Territorium kontrolliert hat. Bis zu knapp der Hälfte des syrischen Staatsgebietes, weite Teile der syrisch-irakischen Grenze, ein Drittel des Iraks inklusive wichtiger Städte wie Mossul, Ramadi, Tikrit und Falludscha und Teile Libyens waren oder sind zuweilen unter der Kontrolle des ISIS.

- Zweitens gilt ISIS weithin als die reichste Terrororganisation, die früh auf finanzielle Autarkie und ein diversifiziertes Finanzportfolio gesetzt hat. Gerade in diesem Feld hat ISIS große Flexibilität bewiesen und seine kriminellen Aktivitäten an die Profitmöglichkeiten angepasst.

- Drittens bedient sich die Propagandamaschine von ISIS wie keine zweite Terrororganisation moderner Medien. Die Feldzüge von ISIS werden von medialen Kampagnen auf unterschiedlichsten Kanälen – Instagram-Fotos, YouTube-Videos und Twitter-Postings – begleitet, in denen nicht nur Hinrichtungen und Plünderungen stilisiert, sondern stete Kampferfolge propagiert werden. Der nicht abreißende Strom ausländischer Kämpfer und Rekruten belegt eindrücklich den Erfolg dieser Werbung.

---

85 »They are not sui generis; they have learned from other terrorist groups. There is continuity.«

- Und viertens ist die rasante globale Ausbreitung der Gruppe besonders bemerkenswert. Dies betrifft sowohl die Zahl der Organisationen, die sich ISIS weltweit angeschlossen haben, wie auch jene ausländischer Kämpfer.

Das Geschäftsmodell von ISIS

»[Kriminelle und Terroristen] gedeihen im Chaos und versuchen, Konflikte aufrechtzuhalten, weil es ihren finanziellen und ideologischen Interessen passt und ihnen die Situation absichert, in der keinen effektiven Staatsapparat gibt, der sie kontrollieren kann.«[86], so Professor Louise I. Shelley. Dieses Zitat spiegelt sich auch in den Machtverhältnissen von ISIS wider, nach dem Motto: Je schlimmer die Terrororganisation, desto reicher ist sie. Nach einer Untersuchung des Magazins ›Forbes‹ hatte ISIS Anfang 2015 ein größeres Vermögen als die neun weiteren reichen Terrororganisationen weltweit zusammengenommen. Schätzungen des irakischen Geheimdienstes zufolge beläuft sich das Vermögen auf zwei Milliarden Dollar.

Diese Zahlen sind alarmierend, doch alleine stehend nicht aussagekräftig genug, um zu verstehen, wie man diese Liquidität trockenlegen kann, um ISIS erfolgreich zu bekämpfen. Es ist umso wichtiger zu wissen, welche Geldquellen die Terrororganisation genau anzapft. Nur dann können wir Strategien entwickeln, die konkret dazu führen, ihnen den Zugang zu Geld und damit auch zu Waffen, Netzwerken und Einfluss zu verbauen. Zumal das Geldverdienen bei manchen Terrororganisationen die ideologischen Ziele am oberen Ende der Prioritätenliste zuweilen ablöst.

---

86 »[Criminals and terrorists] thrive on chaos and seek to perpetuate conflict because it suits their financial and ideological interest and ensures that there is no effective state apparatus to control them.«

Professor Louise I. Shelley, Direktorin des Forschungszentrums »Terrorism, Transnational Crime and Corruption Center« der George Mason University Virginia, sieht ISIS als »multinationales Unternehmen für verbotene Geschäfte«, das mehrere Geschäftsmodelle betreibe und die Gewinne daraus sowohl für militärische Aktionen wie auch für das Allgemeinwohl der Menschen in den von ihm besetzten Gebieten einsetze, was die Gemeinschaft wiederum dankend annimmt und sie auf diese Weise auch auf einer ganz anderen Ebene mit ISIS verbindet. Auch habe ISIS früh auf eine Diversifizierung der Finanzquellen gesetzt, sei extrem flexibel, innovativ und kompetitiv, arbeite beharrlich an seinen Marketing- und Rekrutierungsstrategien und nutze strategisch Technologien.

Auch andere Terrorexperten beleuchten die Finanzierungsquellen des ISIS mit aufschlussreichen Schlussfolgerungen, was vor allem die Trockenlegung dieser Finanzströme angeht. Sie sprechen davon, dass sich ISIS am Ende die Regeln des Kapitalismus zu eigen gemacht habe, indem Sponsoren gesucht und unterschiedliche Einnahmequellen (Ölschmuggel, Menschenhandel, Raubkunst, Steuern, Lösegelder) auch dazu genutzt wurden, Geschäftsbeziehungen in der Region aufzubauen. Es wurden Ressourcen ausgebeutet bzw. deren Ausbeutung auf die lokale Bevölkerung ausgelagert und dadurch am Ende finanzielle Unabhängigkeit von Sponsoren und nicht mehr lukrativen Geschäftsmodellen gewonnen. Macht man sich diese Perspektiven zu eigen, muss man sich zwangsläufig auch eingestehen, dass die bisherigen Erfolge im Austrocknen der Finanzquellen vermutlich nicht von Dauer sind. ISIS wird sich dem schnell anpassen.

Es ist eine große, aber nötige Herausforderung für die Politik, zu antizipieren, was zukünftige Geschäftsfelder sein werden – also genauso agil und wandlungsfähig zu sein, wie es ISIS in Sachen (blutiger) Einnahmequellen ist. War es die ersten Jahre das Öl, dessen Schmuggel und Verkauf der Terrororganisation stark sprudelnde Einnahmen sicherte, waren es bald Plünderungen von Banken und Eigentum der von ISIS vertriebenen Bevölkerung, oder auch die Besteuerung in den besetzten Gebieten und nicht zuletzt auch der Verkauf und das Verschieben von geraubten Kulturgütern, Zigaretten, Arzneimitteln und vielem mehr.

Diese Flexibilität in Sachen Finanzierung des Terrors fordert einen langen Atem, denn das Geschäftsmodell Dschihadisten floriert in einem Umfeld, in dem weitverbreitete Korruption und die Logik von Kriegsökonomien diese dunklen Geschäfte möglich und nötig machen. In vom Krieg und politischen Krisen gebeutelten Staaten wie Irak, Syrien oder Libyen, ist die Bekämpfung von Korruption und organisierter Kriminalität eine Herkulesaufgabe. Und die besteht auch darin, genau diese Zusammenhänge und Verstrickungen noch besser zu verstehen.

Internationale Finanzierungsströme, die sich aus diesen illegalen Geschäften ergeben, müssen noch schneller und besser unterbunden werden. Nicht zuletzt haben Spenden von Privatpersonen vor allem aus den Golfstaaten ISIS so reich gemacht, wie es heute ist. Einstimmig hat im Februar 2015 der Sicherheitsrat der Vereinten Nationen eine Resolution 2199 zur Unterbindung von Terrorfinanzierung für ISIS verabschiedet. Alle Mitgliedstaaten sind gefordert, in den Handel mit Öl involvierte Personen zu sanktionieren, die Gesetzgebung zum Handel von Kulturgütern zu verschärfen, die Finanzierung von Terrorismus unter Strafe zu stellen und konsequent zu verfolgen. Zwar haben nun auch viele Länder in der Region nationale Gesetze zur Bekämpfung der Terrorismusfinanzierung erlassen. An der Umsetzung bestehen aber, insbesondere in Kuwait und Katar, erhebliche Zweifel. Nach wie vor fungieren Banken in Kuwait als Clearingstelle für internationale Spenden an ISIS und andere Terrorgruppen in Syrien. Schätzungen zufolge sind bis 2013 Hunderte Millionen Dollar auf diesem Wege aus privaten Spenden vom Golf an ISIS geflossen.

Oftmals werden unter dem Deckmantel humanitärer Hilfe enorme Summen an militante Islamisten, unter anderem ISIS, gegeben. Hier müssen die USA und Europa mehr Druck ausüben, um eine strenge Bankenregulierung umzusetzen. Aber wir können und müssen auch vor der eigenen Türe kehren. Beispielsweise ist Deutschland aufgrund seiner laxen Gesetzgebung in diesem Bereich zum Drehkreuz für den Handel mit geraubten Kulturgütern geworden. Hier ist eine Reform überfällig.

Das Öl

Mit der Eroberung großer Gebiete in Syrien und Irak hatte der ISIS auch Zugang und Zugriff zu den dort befindlichen Ölquellen – und damit zu sehr viel Geld. Vor den Bombardements der gegen ISIS Verbündeten, so schätzen Experten, konnte die dschihadistische Terrororganisation bis zu 50.000 Barrel Öl in Syrien und bis zu 30.000 Barrel im Irak fördern. Pro Tag. Der Erlös: Ca. drei Millionen Dollar täglich, vor allem durch den Handel auf dem lokalen Markt.

Auch wenn nun die Fördermengen und damit auch die Erlöse aufgrund der Bombardierung durch die internationale Koalition, die Rückeroberung ehemals besetzter Gebiete und den Fall des Ölpreises am Weltmarkt signifikant gesunken sind, gingen Schätzungen Anfang 2017 immer noch von bis zu knapp 300.000 US-Dollar pro Tag aus, den ISIS mit dem Verkauf von Öl zu Discount-Preisen von teilweise »nur« 18 Dollar pro Barrel verdiente. Das besonders Komplexe an diesem blutigen Business: Die Abnehmer und Teile der kleinteilig organisierten Lieferantenkette sind sowohl Schiiten wie auch Sunniten, Kurden oder auch Türken. Ein Schnitt quer durch die Gesellschaft und mit Lieferungen überall in die Region. Kriminelle, Korrupte und andere Gruppen verdienen am Öl des ISIS.

Auch wenn Experten ein Ende des Ölgeschäfts des ISIS in naher Zukunft sehen, weil ihnen schlicht und ergreifend das Fachwissen, die Fachleute und auch die technische Kapazität zur Förderung und Aufbereitung von Rohöl fehlen bzw. zu gering sind und auch wenn es nicht zuletzt auch von türkischer und kurdischer Seite Bemühungen gegeben hat, Schmugglernetzwerken das

Handwerk zu legen (FTAL 2014), bedeutet dies noch lange nicht, dass damit auch die Einnahmequelle »Öl« beseitigt sei.

Im Gegenteil: Andere Finanzquellen von ISIS werden stärker in den Vordergrund rücken. Dazu gehört unter anderem die Verpachtung »seiner« Ölquellen und -felder an wohlhabende Familien und/oder auch, Steuern auf Ölförderung und -verkauf zu erheben. Zentrale Verwaltungsstelle hierfür ist Insidern zufolge das Diwan of Resources, eine Art Schatzmeister-Ministerium, mit dem der ISIS erbeutete Boden- und Kulturschätze verwaltet, die wiederum die größte Quelle des Reichtums von ISIS ausmachen. Zu diesen Bodenschätzen gehören neben dem Öl auch Schwefel, Zement und Antiquitäten.

Das Vermögen der Geflohenen

Eine Folge ihres brutalen Vorgehens erwies sich schnell als weitere große Geldquelle für die Dschihadisten. So flüchteten und flüchten immer noch Menschen aus den bedrohten Regionen – in der Regel schnell und ohne die Möglichkeit, all ihre Besitztümer mitzunehmen. Das, was an Schmuck, Bargeld und anderen Wertgegenständen zurückbleibt, fällt dem ISIS in die Hände. Und fließt damit automatisch in die Finanzierung des Terrors. Doch ist es nicht nur das Geld, das die Geflüchteten zurücklassen, an dem sich ISIS bereichert. Auch die »Einladungen« an die Geflüchteten, in ihre Heimat und gegen Zahlung einer monatlichen Glaubenssteuer zurückzukehren, dient ihren Einnahmen und soll zudem den Exodus nicht zuletzt von Fachkräften aufhalten. Denn neben Cash und anderem Konfiszierten bildet auch die Expertise gerade in qualifizierten Bereichen ein nicht zu vernachlässigendes Element der Einnahmequellen des ISIS – für das Betreiben von Raffinerien, Fabriken oder anderen Einrichtungen.

Lösegelder

Neben dem Ölschmuggel, Schutzgeldern und dem Erheben von Steuern, finanziert sich ISIS zu einem nicht unbedeutenden Teil auch über das Erpressen von Lösegeldern. Nicht zuletzt werden auch die Angehörigen von beispielsweise nach Deutschland geflüchteten Menschen als Geiseln genommen, um den sowieso schon mittellosen Geflüchteten in Deutschland Bares abzupressen. Doch auch die Angehörigen der Binnenflüchtlinge im Norden Iraks oder auch in Syrien werden verschleppt und erst nach Zahlung hoher Summen wieder freigelassen. Meistens zumindest.

Da gibt es Mütter in Erbil, die aus Mossul flohen, weil sie als Christen Angst vor dem vorrückenden ISIS hatten. Sie erzählen von Kindesentführungen, die die dschihadistischen Terroristen während der Flucht begehen. Sie erzählen zudem von Raub, den ISIS-Männer in den Bussen begehen, die die Geflüchteten aus den Kampfgebieten in Sicherheit bringen sollen. Es gibt zudem Vermutungen über moderne Sklavenmärkte, auf denen Jesidinnen[87] an ISIS-Kämpfer verkauft werden, oder auch Berichte über die Versklavung ganzer Familien. Es geht um Menschenhandel der gut organisierten Art. Mindestens 25 Millionen US-Dollar soll der ISIS Berichten zufolge im Jahr 2014 an Lösegeldern erpresst haben. Insider berichten, wie der ISIS dabei fast immer gleich vorgeht: Zu Beginn fordern die Entführer 20 Millionen US-Dollar für die Freilassung, um dann auf zwischen drei und fünf Millionen herunterzugehen.

---

87 Von den insgesamt 550.000 nordirakischen Jesiden mussten über 400.000 vor ISIS fliehen. Über 6.400 sind von ISIS verschleppt worden. Bis Mitte 2017 waren etwa 3.000 geflohen oder freigekauft worden. Der Rest ist weiterhin in der Sklaverei von ISIS, davon etwa die Hälfte Frauen und Mädchen. Zu Recht fordern jesidische Verbände die völkerrechtliche Anerkennung des Völkermords an den Jesiden durch die Dschihadisten.

Natürlich gibt es selbst bei Zahlung des Lösegeldes keine Garantie dafür, dass die Entführten auch frei bzw. am Leben gelassen werden. Fälle wie die des vor laufender Kamera enthaupteten US-amerikanischen Journalisten James Foley sind Beispiele dafür, dass alleine auch die Staatsangehörigkeit über Leben, Tod und Lösegeldverhandlungen entscheiden kann. So lehnen es die USA kategorisch ab, mit ISIS über Geld für Freilassungen ihrer Staatsbürger zu verhandeln.

Andere Länder tun dies im Geheimen – mitunter erfolgreich, wie die Freilassung von spanischen und französischen Journalisten im Sommer 2014 zeigt. Gemeinsam haben alle Geiseln, dass sie unfreiwilliger Teil der ISIS-Geldquelle »Entführungen und Lösegelder« sind. Und diese Maschinerie, so Insider, laufe bei den Dschihadisten sehr professionell ab. So professionell, dass in die Freilassungsverhandlungen Involvierte sie als verlässliche Geschäftspartner bezeichnen.

Dies ist wiederum auch dafür bezeichnend, dass sich rund um die Entführungen von ISIS eine Art mikroökonomische Nische gebildet hat. Versicherungsgesellschaften, bei denen NGOs ihre im Irak oder Syrien arbeitenden Mitarbeiterinnen und Mitarbeiter versichern, verfügen mittlerweile über exzellente Netzwerke zu den Terroristen und Kidnappern. Das gehört ebenso zur Strategie von ISIS wie praktisch Menschen »auf Vorrat« in teils privat betriebenen Gefängnissen gefangen zu halten – also ohne bestimmten Anlass und als eine perverse Art der Versicherung für spätere Zeiten, wo andere Geldquellen bereits versiegt sein könnten.

Auch profitieren ganze Staaten von der Entführungspraxis des ISIS. Katar beispielsweise schaltete sich in den vergangenen Jahren immer wieder als Vermittler bei Entführungen von Journalisten und NGO-Mitarbeitern ein. Teilweise floss wohl auch Geld aus dem reichen Emirat am Golf an die dschihadistischen Entführer in Irak und Syrien. Die Strategie dahinter: Durch sein Eingreifen verschafft sich der Emir in Doha eine gute Basis für Verhandlungen, was beispielsweise strategische Investments nicht zuletzt auch in Deutschland und deutsche Unternehmen angeht. Und die bilateralen Beziehungen sind auch für Berlin von Gewicht, war Katar 2015 doch der größte Importeur deutscher Rüstungsgüter.

Zudem bieten Vermittlungen bei Geiselnahmen von ISIS für Katar die Chance, von der Kritik über die menschenunwürdigen Arbeitsbedingungen, die Gastarbeiter auf den Großbaustellen des Fußball-WM-2022-Gastgebers erdulden müssen, abzulenken. Betrachtet man also die Rolle von Katar speziell mit Fokus auf die ISIS-Einnahmequelle »Lösegelder«, wird man schnell verstehen, dass man – um ISIS auch mit Hinblick auf ein Austrocknen seiner finanziellen Quellen wirksam bekämpfen zu können – sich international auf ein gemeinsames Vorgehen einigen muss, was den Umgang mit Geiseln von ISIS angeht. Zwischen der US-Praxis, prinzipiell weder zu verhandeln noch Lösegelder zu zahlen, auf der einen Seite und Vermittlern wie Katar auf der anderen, stehen zunächst massive geopolitische Interessen. Diese retten Menschenleben und gefährden sie gleichzeitig, da das Lösegeld letztlich auch ISIS zugutekommt – für weitere Waffenkäufe.

Verhandeln statt bekämpfen?

Die in London lebende italienische Journalistin, politische Analystin und Buchautorin Loretta Napoleoni wird gerne als Terrorismusexpertin mit besonderem Fachwissen bezüglich der weltweiten terroristischen Ökonomie zitiert. Ihre Bewunderung für die professionellen und hierarchischen Strukturen von ISIS ist deutlich, ihre Thesen zum Umgang mit der dschihadistischen Terrororganisation sind gewagt. So plädiert sie in ihrem 2015 erschienenen Buch ›Die Rückkehr des Kalifats‹ dafür, dem selbst ernannten Kalifat nicht mit Bomben, sondern mit diplomatischen Beziehungen und Verhandlungen zu begegnen. Ihr Ansatz: Der Erfolg von ISIS beruhe darauf, dass das Projekt der Bildung eines utopischen Staates – also des Kalifats – seine Anziehungskraft aus der Sehnsucht vieler Muslime beziehe, in einer korruptionslosen und unbestechlichen Nation voller Brüderlichkeit zu leben und damit vor allem die Fesseln der Kolonialmächte und deren willkürliche Grenzziehungen abzuschütteln.[88]

Ebenso verspreche das Kalifat auch ein Ende der Herrschaft korrupter Regierungen in Syrien und Irak wie auch in den Staaten des Nahen Ostens insgesamt. Dieser »Pioniergeist« wiederum übe eine sehr starke Anziehungskraft auf viele junge Muslime auch in Europa aus und sei ein Hauptgrund dafür, dass diese sich dem »Heiligen Krieg« anschlössen. Wenn ISIS also neben der Territorialität auch die Erfordernisse eines modernen Staates (Aufrechterhaltung von Recht und Ordnung nach der Scharia, Wiederaufbau der sozialökonomischen Infrastruktur, etc.) erfülle, warum also nicht mit ihm verhandeln – sozusagen auf Augenhöhe von Staaten zu Staat? Schließlich sei ISIS am Ende erfolgreicher als der Arabische Frühling gewesen, auch weil dort Korruption auf Korruption, Unterdrückung auf Unterdrückung und letztlich das Erodieren ganzer Staaten folgte, auch weil Sanktionen des Westens und moderne Stellvertreterkriege, die Iran, die Golfstaaten, USA und Russland involviert sehen, dies befeuerten und immer noch begünstigen.

Napoleonis Paradigmenwechsel blendet manche Fakten aus. ISIS will nicht verhandeln,[89] sondern die Weltherrschaft. All die

---

88 »Is the promise of a radical Salafist state whose borders trace those of the ancient Caliphate a more powerful motivation than the will to «spread democracy,« in the process incidentally paving the way for market colonization by Western multinationals? Judging from what we have seen in the last 11 years, the correct answer may well be yes. If Abu Bakr Al-Baghdadi's holy war is indeed a more powerful motivator than the exportation of Western democracy, it becomes imperative to understand what type of conflict he is waging.« (Loretta Napoleoni).

89 »Know that blood has no value in the countries of the crusaders and that there are no innocents there. Know that your targeting civilian people known as ›the civilized‹ is more pleasant and impressive to us. […] Revolt everywhere!« Abu Muhammad al-Adnani al-Shami (August 2016).

»Kompromisse« und »Gesprächsbereitschaften« von Al-Qaida-Kadern hat ISIS stets harsch kritisiert. Es ist also fraglich, ob es einen Verhandlungspartner geben kann. Napoleoni vergisst aber auch, dass wir mit einer diplomatischen Anerkennung von ISIS auch jedes einzelne ihrer grausamen Menschenrechtsverletzungen gutheißen und belohnen würden. Mit ISIS zu reden stellt in meinen Augen keine Lösung dar, sondern legitimiert am Ende ihre Verbrechen. ISIS muss bekämpft werden, wenn auch nicht ausschließlich militärisch. Es ist wichtig, die Probleme, Sorgen und Ängste wie auch die Wut der Menschen vor Ort, was bestehende Strukturen angeht, zu verstehen, ihnen zuzuhören und Lösungen zu bieten, die ihnen, langfristig und fernab des Kalifats, Identität, Sicherheit, Wohlstand und Frieden sichern.

Natürlich müssen wir ISIS ernstnehmen, doch viel ernster sollten wir die Sorgen der Menschen nehmen: ihre Bedürfnisse, ihre Gründe, ISIS zu unterstützen, und ihre Vorstellungen davon, wie ihre Nation künftig aussehen soll. Ohne ISIS. Weder Schuldzuweisungen noch die These, der von den USA 2003 begonnene Irakkrieg sei der Grund für den Aufstieg des IS, helfen dabei weiter. Die weitere Destabilisierung der Region mit einem Masterplan, der lokale und regionale Bedürfnisse außer Acht lässt, bekämpfen zu wollen, ist ebenso wenig zielführend.

Es ist nicht von der Hand zu weisen, dass bei Anwendung ausschließlich militärischer Mittel die Gefahr besteht, selbst bei einem Sieg über ISIS den Krieg gegen den Dschihadismus nicht gewinnen zu können, auch weil andere bewaffnete Gruppierungen mit vergleichbaren Zielen an seine Stelle treten könnten. Doch den Terroristen eine diplomatische Hand zu reichen, würde ebenso wenig dazu beitragen, dies zu verhindern. Klar ist: Ungerechtigkeit und Ausgrenzung sind der ideale Nährboden für Terrorismus. Fragile Staatlichkeit, grassierende Korruption und Unterdrückung sind in weiten Teilen der Welt an der Tagesordnung. Wer diese Konfliktursachen nicht angeht, wird gegen die Ideen der Dschihadisten nicht ankommen – auch nicht mit diplomatischen Verhandlungen und auch nicht nur unter dem Gesichtspunkt des militärischen Kampfes gegen den Dschihadismus. ISIS muss militärisch bekämpft werden, aber gewonnen wird dieser Kampf letztlich politisch. Und auf regionaler Ebene.

Den richtigen Paradigmenwechsel einleiten und das Kriegsbeil begraben

Einem Bericht des amerikanischen Instituts RAND zu Folge ist die Zahl der mit Al-Qaida lose verbundenen salafistischen Gruppen zwischen 2010 und 2013 um 60 Prozent auf fast 50 Organisationen angewachsen. 35 Terrorgruppen haben sich öffentlich ISIS angeschlossen. Im Mai 2015 schätzten die Vereinten Nationen, dass mehr als 25.000 ausländische Kämpfer aus über 80 Ländern sich allein ISIS angeschlossen haben. Nicht nur diese Zahlen zeigen, dass die Herausforderung, der wir mit dem furchterregenden Wachstum des selbsternannten »Islamischen Staates« gegenüberstehen, immens sind. Und komplex.

Ein Grund mehr, warum dieser Konflikt nur militärisch nicht zu lösen ist, auch wenn sich natürlich durch eine massive militärische Intervention des Westens womöglich die militärische Pattsituation in Syrien beenden ließe. Aber nach der gescheiterten Mission im Irak und den schwierigen Erfahrungen in Afghanistan will die Politik in Europa und in den USA das Risiko eines großen Auslandseinsatzes nicht auf sich nehmen. Denn insbesondere diese Missionen haben den Glauben an Befriedung und gesellschaftliche Transformation durch den Einsatz von ausländischem Militär erschüttert.

Die Lage in Syrien und im Irak ist in letzter Zeit immer wieder mit dem Dreißigjährigen Krieg in Europa verglichen worden. Es ist dieses unübersichtliche Umfeld, in dem ISIS sich seine außerordentliche Macht sichern kann. Vermeintliche Partner, wie die Türkei, Katar und Saudi-Arabien, tragen zur Ausbreitung des regionalen Chaos ebenso viel bei wie vermeintliche Gegner, wie der Iran.

Assads Armee bekämpft zwar ISIS, greift dabei aber auch und vor allem die Rebellen im eigenen Land an. Wir beobachten, wie die syrischen Rebellen sich Gefechte mit ISIS liefern und wie die dschihadistische Terrororganisation ihrerseits gegen den Al-Qaida-Ableger »Nusra-Front« kämpft.

Diese komplexen Verhältnisse mit einem einfachen »Krieg gegen den Terror« zu beantworten, verkennt die vielfältigen Herausforderungen, die der islamistische Extremismus auf vielen Ebenen und sowohl regional und lokal wie auch global stellt. Es übersieht dessen vielfältige Motivationen und verfehlt politische Lösungsansätze. Selbstverständlich müssen die Mörder und Vergewaltiger von ISIS bekämpft werden, notfalls auch mit militärischen Mitteln. Die schwarz-weiße Betrachtungsweise des islamistischen Radikalismus aber hat viele in Europa und den USA blind gemacht gegenüber den realen Folgen ihrer Politik.

Das bestechend einfache Erklärungsmuster der Terrorismusbekämpfung – der Kampf von Gut gegen Böse – greift nach wie vor um sich. Das hat zum einen inhaltliche Gründe: Es besteht die reelle Gefahr, dass ISIS die Flüchtlinge auf zynische Weise noch gezielter dazu ausnutzen wird, um seine Ideologie nach Europa zu schleusen. Unser Kontinent muss sich darauf einstellen, auch in Zukunft Schauplatz schrecklicher Terroranschläge zu werden. Angesichts dieser Bedrohung wird der »Krieg gegen den Terror« in Washington, London, Paris und bei so manchen in Berlin wieder zur Allzweckformel. Es gibt aber auch handfeste institutionelle Gründe. Wie der ›New-York-Times‹-Journalist James Risen beschrieben hat, entstand in den USA im Zuge des 11. September ein so genannter »Heimatschutz-industrieller Komplex«, der – durch Milliardengelder gestützt – massiv eigene Interessen verfolgt, die gewaltige außenpolitische Auswirkungen haben. Dazu zählt u. a. die zunehmende Rolle der Geheimdienste in militärischen Einsätzen.

Terror hat die Suche nach den eigentlichen Ursachen von Konflikten obsolet gemacht. Ein Paradigmenwechsel in unserem Verständnis von und unserem Umgang mit dschihadistischem Terrorismus ist nicht nur mit Hinblick auf das Vermeiden eines Zurückfallens in längst überholte »Krieg gegen den Terror«- Parolen dringend notwendig. Wir dürfen nicht länger auf eine Politik setzen, die mit militärischen Mitteln auf die Spitze des Eisberges zielt, anstatt nach politischen Lösungsansätzen zu suchen, die die Ursachen für die Entstehung von Terrorismus in den Blick nehmen. Eine solche Politik ist blind für die Erkenntnis, dass nicht alle, die beispielsweise am Horn von Afrika unter der Fahne des radikalen Islams segeln, auch tatsächlich unverbesserliche Dschihadisten sind, und dass es effektiver ist, mit einigen von ihnen zu reden, als sie völkerrechtswidrig zu töten und damit eine noch radikalere und unberechenbare Nachkommenschaft zu erzeugen.

Die verheerenden Drohnenkampagnen und gezielten Tötungen beispielsweise in Jemen und Somalia zeugen von dieser Problematik. Dennoch sind diese Praktiken in die politische und institutionelle DNA der US-amerikanischen, aber auch der europäischen Politik eingegangen.

Zu einem Paradgimenwechsel in der Terrorismusbekämpfung muss gehören, nicht länger auf eine Politik der Scheinstabilität zu setzen. Es ist ein Irrglaube, anzunehmen, eine interessengeleitete Außenpolitik müsse auf Stabilität in der Nachbarschaft setzen, um Europas Sicherheit und Wohlstand zu schützen, die Zusammenarbeit mit repressiven Diktaturen gegen gemeinsame terroristische Bedrohungen sei dabei in Kauf zu nehmen. Wertegeleitete Außenpolitik ist diesem Denken zufolge eine Option für sonnigere Tage. Wer einen solchen Unterschied zwischen interessen- und wertegeleiteter Politik konstruiert, verkennt den tieferen Zusammenhang zwischen Repression und terroristischen Bedrohungen, den der amerikanische Philosoph Michael Walzer (2008) so beschrieben hat: »Erst wird die Unterdrückung als Ausrede für den Terrorismus verwendet, dann der Terrorismus als Ausrede für die Unterdrückung.«[90]

---

90 »First oppression is made into an excuse for terrorism, and then terrorism is made into an excuse for oppression.«

Geradezu idealtypisch ist der Mangel an wertegeleiteter Politik in der Terrorismusbekämpfung im europäischen Umgang mit Ägypten zu sehen. Hier haben sich europäische Regierungschefs einen regelrechten Wettlauf darum geliefert, wer den diktatorisch regierenden ägyptischen Präsidenten al-Sisi am herzlichsten umarmen durfte. Al-Sisi, der hundertfach Oppositionelle in Kerkern verschwinden lässt, begründet seine Maßnahmen mit eben jenem Krieg gegen den islamistischen Terror. Er führt die binäre Freund-Feind-Logik in seiner klarsten Ausprägung vor, indem er kurzerhand alle, die sich politisch auf den Islam beziehen, ins Visier von Polizei, Militär und Geheimdiensten nimmt. Er treibt damit den Dschihadisten die Menschen in die Arme(en) und befeuert den Konflikt in der Region weiter. Auch die Intentionen und Ambitionen der Emirate am Golf müssen von der internationalen Gemeinschaft genauer betrachtet und Diplomatie mit doppeltem Boden zur Sprache gebracht werden. Am Ende verhandeln mit Katar und Saudi-Arabien eben auch repressive Herrscher und autoritäre Staaten, die vornehmlich daran interessiert sind, das »Kalifat« von ISIS zu verhindern, weil damit auch ihre Staaten gefährdet würden – durch eine neue Macht im Nahen Osten, die in Konkurrenz zu ihrer stünde.

Außen- und Innenpolitik müssen zusammenwachsen

Die Bekämpfung terroristischer Organisationen ist keine Aufgabe der Außenpolitik allein, auch wenn ein Großteil terroristischer Aktivitäten nicht vor unserer Haustür stattfindet. Dennoch haben islamistische Organisationen in Europa funktionsfähige Strukturen aufgebaut, ihr Gedankengut lässt Tausende europäischer Rekruten in den Dschihad ziehen.

In einer immer stärker vernetzten Welt hängt unsere außenpolitische Glaubwürdigkeit stark davon ab, wie konsequent wir selbst innenpolitische Herausforderungen im Rahmen der Prozesse und Werte lösen, die wir anderen Staaten und Gesellschaften antragen. Die Aufnahme von Flüchtlingen, ihre Versorgung und die Schaffung von Lebensperspektiven sind in erster Linie ein Akt der Humanität. Unser Grundgesetz und unsere Werte gebieten den Schutz vor Verfolgung und die Wahrung der Würde des Einzelnen. Zudem hat eine offene und gelebte Willkommenskultur, wie sie Hunderttausende Menschen unermüdlich in den letzten Monaten praktiziert haben, große außenpolitische Effekte. Sie demontiert das Bild des dekadenten, imperialen und unmoralischen Westens, das zum Kern des dschihadistischen Feindbildes gehört. Sie macht unsere Wertegesellschaft attraktiv und mindert gleichzeitig die Anziehungskraft eines »Kalifats«, schafft also eine realistische Alternative zur Utopie des ISIS.

Wie sehr also die konkurrierenden Ideen zur offenen und inklusiven Gesellschaft verfangen, hängt maßgeblich davon ab, wie konsequent wir unsere eigenen Werte politisch leben. Natürlich sind die Gründe für die Radikalisierung des Einzelnen vielschichtig und lassen sich weder auf staatliches Versagen oder die Instrumentalisierung des Islams allein zurückführen. Wissenschaftliche Studien zu Radikalisierungsprozessen weisen aber auf eine wichtige Gemeinsamkeit der Lebensläufe hin: Der Radikalisierung geht meistens die Erfahrung von Diskriminierung und Exklusion voraus. Menschen, die sich aufgrund ihrer Religion, ihren Einstellungen und ihrer sozialen Stellung in unseren Gesellschaften nicht zugehörig fühlen, die mit ihrer Identität(en) ringen und denen eine Lebensperspektive verwehrt scheint, sind für die Ansprache von Salafisten und deren Heilsversprechen besonders empfänglich.

Man wird Diskriminierung nie ganz abschaffen können, und dennoch sind Staat und Zivilgesellschaft hier gefragt, Inklusion und Vielfalt zu fördern und die Resilienz derer zu stärken, die sich als schwache Glieder unserer Gemeinschaft empfinden. Dazu gehören nicht nur mehr Geld und der Aufbau von Institutionen zur Prävention im Bildungsbereich oder in den Strafvollzugsanstalten. Dazu gehört vor allem eine deutliche Sprache und wo nötig eine rechtsstaatliche Verfolgung derjenigen, die sich gegen das Prinzip und die Praxis einer offenen und inklusiven Gesellschaft wenden.

Vor diesem Hintergrund müssen wir immer wieder neu Fragen nach der richtigen Balance zwischen der Wahrung unserer Sicherheit und dem Schutz der individuellen Freiheiten stellen. Sicherlich braucht es mehr Zusammenarbeit der Sicherheitsdienste in Europa, um Anschläge zu verhindern. Richtschnur einer solchen Kooperation sollte ein gezielteres Vorgehen gegen terroristische Strukturen sein. Einen permanenten rechtlichen Ausnahmezustand zu schaffen, unter dessen Deckmantel der Staat tief in die Rechte des Einzelnen eingreift, wird unsere Probleme verschärfen, nicht beheben. Panikmache und unterschiedslose Überwachung werden das Klima des Misstrauens (und damit verbunden Diskriminierung) verstärken.

Konsequente Kehrtwende

16 Jahre nach den Anschlägen vom 11. September braucht die Politik gegen den Terror ein konsequentes Umdenken. Und das dringender denn je, denn seit über zwei Jahren führt eine lose Koalition von knapp 60 Staaten einen unausgesprochenen Krieg gegen ISIS. Die Ergebnisse dieses Kampfes sind bislang mager: Monate des internationalen Bombardements, der Ausbildung und Ausrüstung von ISIS-Gegnern haben die Erfolgsgeschichte der Terroristen kaum gebrochen. Im Mai 2015 eroberte ISIS innerhalb weniger Tage die irakische Stadt Ramadi und das syrische Palmyra. Fluchtartig verließen sowohl die syrische als auch die irakische Armee das Kampfgeschehen. Selbst das amerikanische Verteidigungsministerium hat eingestanden, dass ISIS noch so stark ist wie vor einem Jahr: An Boden hat ISIS nicht viel verloren, neue Rekruten füllen die Ränge der getöteten Kämpfer.

Natürlich sind die Gründe für dieses Scheitern vielfältig. Ein zentraler Angelpunkt lässt sich dennoch ausmachen. Für keinen relevanten Akteur genießt ISIS den Rang einer obersten außenpolitischen Priorität. Dieser Mangel an politischem Willen ist ursächlich dafür, welche Ressourcen im Kampf gegen ISIS aufgebracht werden und welchen Preis man in dieser Auseinandersetzung bereit ist zu zahlen.

Saudi-Arabien und Iran sind auf ihre Rivalität um die Vorherrschaft in der Region fixiert. Ebenso die Golfstaaten. Wie die Ereignisse der letzten Monate eindrücklich zeigen, sieht die Türkei nach wie vor die PKK und nicht ISIS als zentrale Bedrohung an. Die Amerikaner betreiben eine minimale Eindämmungspolitik im Nahen Osten. Für sie bleibt unverändert der Pazifik, eine kommende Rivalität mit China und Auseinandersetzung in der asiatischen Nachbarschaft strategischer Fixpunkt. Europa und Russland haben mit dem Konflikt um die Ukraine eine handfeste Auseinandersetzung um die Ordnung Europas. Die militärische Unterstützung des Assad-Regimes durch Russland gilt, entgegen der öffentlichen Behauptungen, nicht der konsequenten Bekämpfung von ISIS, sondern der Sicherung des eigenen Einflusses im Nahen Osten. An dieser Priorität wird sich offensichtlich in absehbarer Zeit nichts ändern, wie der allseits öffentlich beschworene Aufruf zur strategischen Geduld im Kampf gegen ISIS eindrücklich beweist.

Nirgendwo ist dieser Mangel an politischem Willen zu Kompromissen klarer zu besehen als in Syrien. Die hunderttausend Opfer des syrischen Bürgerkrieges haben die Mitglieder des Sicherheitsrates der Vereinten Nationen nicht zu tragfähigen Kompromissen veranlasst. Saudi-Arabien und Iran mögen beide ISIS als Bedrohung ansehen, für eine Beendigung ihres Stellvertreterkrieges auf syrischem Boden reicht die Bedrohung aber nicht. In dieser festgefahrenen Situation mangelt es aber genauso an politischem Willen zu folgenschweren Entscheidungen.

Terrorismusbekämpfung kann nur dann erfolgreich sein, wenn wir neben militärischen Mitteln die politischen und ideellen Ursachen für gewaltbereiten Dschihadismus in den Blick nehmen. Wenn wir ihren Ideen unser Modell entgegenstellen, das seinerseits als erfüllend, gerecht und mit Perspektive auf Chancengleichheit wahrgenommen wird. Wer sich dieser Aufgabe annimmt, muss sich von der Idee verabschieden, es gebe in der Terrorismusbekämpfung einen Masterplan, eine geradlinige Strecke zum »Sieg«. Vielmehr ist die Aufgabe, mit Energie und strategischer Geduld eine kleinteilige und schrittweise Politik in vielen Feldern zu verfolgen.

Die Werte einer offenen, auf Partizipation und Vielfalt angelegten Gesellschaft müssen dabei unser Kompass sein. Wir benötigen ein realistisches Gegenmodell zum binären Freund-Feind-Schema des Krieges gegen den Terror; ein Gegenmodell, das militärischen Einsatz dort, wo er nötig ist, ebenso beinhaltet, wie vor allem politische Ansätze und Lösungen bietet. Es geht um unser Engagement in der Welt, das wir nicht quantitativ, sondern qualitativ bewerten müssen. Immer wieder aufs Neue und mit klarer Ausrichtung auf regionale Besonderheiten und Bedürfnisse. Ein Engagement, das von unseren Werten und nicht von kurzfristigen Stabilitätserwägungen geprägt sein muss.

7.

Zusammenhalten

»Wenn das moderne, säkulare Europa angegriffen wird, dann darf es nicht aufhören, modern und säkular und plural zu sein. Wenn religiöse und/oder rassistische Fanatiker eine Spaltung der Gesellschaft in Kategorien aus Identität und Differenz beabsichtigen, dann braucht es solidarischer Allianzen, die in Ähnlichkeiten unter Menschen denken. Wenn fanatische Ideologen ihr Weltbild nur in groben Vereinfachungen präsentieren, dann kann es nicht darum gehen, sie in Schlichtheit und Grobheit zu überbieten, sondern, dann braucht es Differenzierung.«
(Carolin Emcke, ›Gegen den Hass‹)

Dass Zusammenhalt einerseits und kritische Auseinandersetzung mit sich, den anderen und die gemeinsame identitätstiftende Idee oder eben Religion andererseits zusammengehören, mag auf den ersten Blick widersprüchlich klingen. Schließlich teilt man doch etwas, was man mitunter kollektiv gegen äußere Einflüsse verteidigt – und nicht unbedingt inneren Konflikten aussetzen will. Doch genau hier sollte beim Kampf gegen den Dschihadismus und dessen Terror ein Ansatz liegen.

Wie oft hören wir, dass der ISIS-Terrorismus nichts mit dem Islam zu tun habe? Dabei wird jedoch übersehen, dass jede Religion sich mit ihren extremistischen Strömungen und den Extremisten auseinandersetzen muss. Denn nur dann, wenn im Zuge dieser Auseinandersetzung klar (gemacht) wird, dass deren Handeln nichts mit dem Glauben an sich zu tun hat, wird auch die Abgrenzung leichter. Das pauschale und reflexartige Wegschieben von Extremismus und Extremisten jedoch verhilft einer Religion nicht dazu, zu sich selbst zu finden. Und sich damit glaubhaft abzugrenzen von all jenen, die in ihrem Namen Gewalt begehen.

So müssen auch Muslime sich mit- und untereinander auseinandersetzen – mit ihrem individuellen Glauben und mit dem der anderen. Lamya Kaddor, muslimische Religionspädagogin, Islamwissenschaftlerin und Publizistin, schreibt, dass »sich das Gefühl einer grundsätzlichen geistigen und materiellen Unterlegenheit gegenüber der deutschen Mehrheit« hemmend auf Muslime auswirkt und dass sie »das mangelnde Wissen über die eigene Religion verunsichert«.[91] Deshalb schwiegen manche Muslime in der Öffentlichkeit und wiesen auch differenzierte Kritik am Islam pauschal zurück. »Das alles trägt dazu bei, dass sowohl der innerislamische Dialog als auch der Dialog mit der Mehrheitsgesellschaft gestört und bisweilen verhindert wird.«[92]

Kaddor spricht auch von der »Integrationsfalle«, die zuschnappt, weil die innerislamische Diskussion fehlt und eine verallgemeinernde Kritik der Mehrheit in Deutschland an den Muslimen und ihren vermeintlich anti-modernen und fundamentalistischen Einstellungen weitere Diskussionen abwürgt. Und gerade weil diese Diskussionen nicht stattfinden, haben reaktionäre und fundamentalistische Anhänger des Islams freies Feld, die Diskussion unter den Muslimen und das Bild des Islams in der öffentlichen Meinung zu dominieren. Es sollte also darum gehen, diesen Dialog mit eigenen Inhalten zu besetzen und diesen bzw. ein durch fehlende Auseinandersetzungen entstehendes Vakuum nicht den Extremisten zu überlassen. Wenn man dem Islam sein persönliches Gesicht gibt und dieses selbstbewusst und mit Sachwissen nach außen trägt, ist es für alle erkennbarer. Und zudem weniger kollektiv und undifferenziert angreifbar. Vielmehr kann dann eine individuelle Auseinandersetzung stattfinden.

Ziel sollte sein, dass sich in der deutschen bzw. christlichen Mehrheitsgesellschaft die Erkenntnis durchsetzt, dass es im Islam (wie in jeder anderen Religion auch) liberale, konservative und fundamentalistische Strömungen gibt. Doch das kann nur gelingen, wenn sich diese Strömungen des Islams auch nach außen präsentie-

---

91 Kaddor, 2015, S. 182.

92 Ebd.

ren. »Suren-Ping-Pong« – wie Navid Kermani in einem Artikel für die ›Süddeutsche Zeitung‹ bereits 2003 das sinnlose Sich-um-die-Ohren-Hauen von Koranzitaten passend nannte – hilft da keinen Schritt weiter. Setzt man sich nämlich auf diese Weise mit dem Islam und mit seinen Kritikern auseinander, spielt man am Ende jenen Extremisten und Hasspredigern in die Karten, die sich eben-dieses »Suren-Ping-Pongs« gerne bedienen und damit eine ganz-heitliche Auseinandersetzung mit und Darstellung des Islams auf Wortfetzen mit großem Interpretationsrahmen reduzieren. Oder auf auswendig gelernte Interpretationen des Korans, die in sich jedoch kohärent sind. Die Texttreue und Textfestigkeit der Extre-misten spielen eine große Rolle, gerade bei ISIS. Sie zeigt ihre Nähe und Liebe zum Islam und ist Ausdruck ihres Selbstverständ-nisses als Muslime wie auch der Deutungshoheit der Worte des Propheten.

Sie nicht als solche zu sehen und das Mantra von »Der Islam ist eine friedliche Religion« zu bemühen oder auch alles, was ISIS dar-stellt und tut, als unislamisch weit von sich zu weisen, mag ein Ver-such sein, auf keinen Fall mit den Dschihadisten in einen Topf ge-worfen zu werden, nur weil man zufällig denselben Glauben teilt.

Am Ende aber hilft es nicht dem Zusammenhalt, wenn man sich von ISIS in Sachen gemeinsame Religion separiert. Dann nämlich verkennt man auch die Ziele der Terroristen und wird ihre religiöse Motivation nicht verstehen. Viele, auch Barack Obama, haben diesen Fehler begangen, haben ISIS als nicht isla-misch bezeichnet und betrachtet. Sie haben dadurch die Chance verpasst, die Motive von ISIS zu verstehen, also das, was sie als Gruppe und im Inneren antreibt.

Was es bedeutet, wenn sie als Salafisten andere Muslime, die ihre Glaubensauslegung nicht teilen, als Apostaten – also als Ab-trünnige vom rechten Glauben – bezeichnen, und dass dies Folgen für ihr Handeln hat. Dass dies also nicht nur bloßes pseudo-reli-giöses Phrasendreschen ist, sondern eine innere und feste Über-zeugung darstellt. Und dass die Regierungen muslimischer Län-der, die ihre Nation nicht nach den Regeln der Scharia, sondern nach Menschen gemachten Standards führen, ebenso dem Tode geweiht sein müssen wie Schiiten, weil ihr Glaube Innovation bedeutet und damit dem Koran seine Perfektion abspricht. Dass am Ende ebenjene Apostaten am häufigsten Opfer von Erschießungen durch ISIS werden – gar mehr als Christen, die sich zumindest durch das Zahlen von Steuern freikaufen können. Und dass die Apokalypse, also die finale Schlacht, ein fester Bestandteil ihres Glauben ist.

Damit wird auch jede Schlacht und jedes Scharmützel mit Soldaten der internationalen Koalition zu einer Art Vorspiel der Apokalypse, zum Showdown mit dem Anti-Messias. Natürlich fällt es schwer, die Grenze zu ziehen zwischen den Dschihadisten als Muslimen und jenen Muslimen, die deren Ziele ablehnen und verurteilen. Das gilt nach innen wie nach außen. Doch Dschihadisten als schlechte Muslime zu bezeichnen, würde genau jenem Wertigkeitsschema folgen, das auch ISIS verwendet. Ebenso wenig hilft es Muslimen, für sich die Stellen aus dem Koran zu »streichen«, die die Terroristen als Legitimation nutzen. Auch nicht hilfreich kann es sein als Muslim seiner Religion ganz den Rücken zu kehren, um nicht in Generalverdacht genommen oder sich ständig rechtfertigen bzw. abgrenzen zu müssen. Nein, man muss trotz all dieser scheinbaren Paradoxien anerkennen, dass der Dschihadismus Teil des Islams ist, um ihn besser verstehen und gezielter bekämpfen zu können, auch und vor allem ideologisch.

»Der Terror hat keine Religion«

Anfang April 2017 griffen Dschihadisten koptische Gemeinden in Tanta und Alexandria (Ägypten) an und töteten 44 Menschen. Unmittelbar danach riefen Muslime zum Blutspenden für die Opfer des Anschlags auf. Auch Abdelfatah Hashem, ein junger Ägypter, beteiligte sich über Facebook daran, gerade in der Stunde des Terrors die Einigkeit aller Ägypter – seien es koptische Christen oder Muslime – in den Vordergrund zu stellen, indem er eben schrieb, dass Terror keine Religion habe. Wie bereits im oberen Abschnitt erwähnt, muss man dennoch immer wieder dazu übergehen, auch den dschihadistischen Terror als etwas zum Islam Gehöriges zu betrachten – als extremistische Auslegung, deren Ziele man nicht teilt, aber eben doch als Teil desselben Glaubens. Doch ungeachtet dessen zeigt dieses Beispiel, dass der Zusammenhalt einer Nation nicht automatisch durch religiös motivierte Morde infrage gestellt wird, auch und gerade weil die dschihadistischen Attentäter sich in Alexandria nicht in, sondern vor der Kirche in die Luft gesprengt hatten und damit in Kauf nahmen, dass auch Muslime sterben würden. Dieses wahllose Töten enthüllt wiederum den Deckmantel der Religion und eint damit auch alle (potentiellen) Opfer in ihrer Wut und ihrem Widerstand.

Sprache und Gesetz – mehr braucht es nicht

Man könnte denken, dass der kanadische Philosoph Charles Taylor, der diesen Satz prägte, es sich doch etwas einfach macht, wenn er behauptet, dass Sprache und Gesetz die einzig notwendigen Zutaten für eine gelingende Integration seien. Und damit auch des Einbindens religiösen Fundamentalismus in unsere auch religiös pluralistische Gesellschaft. Dass ein Zusammenhalten und -leben trotz eklatanter Widersprüche in Werten und Glauben möglich ist – auch das hält Taylor für keine Utopie. Schließlich müsse die Offenheit und Durchlässigkeit gerade unserer Gesellschaft auch dazu führen, sich eingehender mit Muslimen und deren Glauben zu beschäftigen, kritisch und ihr Selbstbewusstsein akzeptierend. Neugierde und Streitlust, die nicht zuletzt auch von Eigeninteresse geprägt sind und sein dürfen, führen am Ende zu einem besseren Verständnis, wenn auch ohne Garantie auf Ewigkeit. Im besten Fall führen sie sogar dazu, dass Muslimen in Europa Raum gegeben wird, um darin eine Identität auf Grundlage liberaler, demokratischer Werte und gleichzeitig auf Basis ihrer Traditionen und ihres Glaubens als Muslime zu bilden.

Die Pluralität und damit auch die Stärke unserer Gesellschaft muss sich zudem von der Vorstellung befreien, dass ihre Werte in Gefahr seien, nur weil sie parallel zu anderen Werten existieren. In Europa und praktisch überall auf der Welt. Vielmehr müssen wir den Mut haben, weitere Schritte zu gehen, also auch die Vielfalt unserer Gesellschaft in all ihren Facetten abzubilden – bei der Besetzung politischer und gesellschaftlicher Schlüsselpositionen ebenso wie in Bezug auf die Öffnung der Verwaltung, Medien, Hochschulen und kultureller Einrichtungen für Migranten.

Tatsächlich sind Sprache und Gesetz die beiden Fundamente unseres Zusammenlebens, also eine gemeinsame Sprache als Basis für den fruchtenden Austausch oder auch Streit untereinander, und unsere Gesetze als verbindlicher Rahmen für das Miteinander, die unsere Gesellschaft auch im Kampf gegen den Dschihadismus stärken können. Die Sprache, die wir dazu nutzen sollten, dem dschihadistischen Terror und Tendenzen dahin sprichwörtlich Paroli zu bieten – in der Präventionsarbeit, bei Deradikalisierungen, im interreligiösen und suprakonfessionellen Dialog und darin, die Worte der Hassprediger und dschihadistischen Seelenfänger zu entmystifizieren. Die demokratische Grundordnung, die klar definiert, was erlaubt und was verboten ist. Und am Ende auch Toleranz, mithilfe derer man in einer Gesellschaft, wo das Nicht-Glauben an einen Gott kein Problem darstellt, es auch aushält, dass Menschen an einen anderen Gott glauben. Doch egal, an welchen Gott man glaubt und in welcher Sprache man ihn anruft: Keine Glaubensregel darf über das Gesetz eines Landes gehoben werden. Von niemandem. Eine solch konsequente Verteidigung der konstitutionellen Vorherrschaft über die spirituelle Seite liefert sicher viele Reibungspunkte, doch bietet die Kompromisslosigkeit, mit der man die demokratische Grundordnung als einzig gültige Form des Gesetzes verteidigt, eben auch die gemeinsame Basis für ein stärkeres Miteinander gegen all jene, die es im »Namen ihres Glaubens oder Gottes« bekämpfen.

Doch ein Überbetonen dieser demokratischen Selbstverständlichkeit erweckt wieder einen Widerspruch, den es – je nach Lesart – zwischen dem Grundgesetz und heiligen Büchern gar nicht geben muss. Wie gesagt: je nach Lesart. Die verfassungskonforme Lesart durchzusetzen, das ist die Aufgabe.

»Glauben bedeutet nicht nur der Gehorsam, sondern auch der Zweifel.« (Charles Taylor) Natürlich sind Sprache und Gesetz als Grundpfeiler des interkulturellen Verständnisses starken Schwankungen ausgesetzt, wenn die Gesellschaft als solche immer pluralistischer wird, vor allem bedingt durch die Globalisierung. Der permanent mögliche Kontakt zu Menschen, Gesellschaftsformen und Glauben auf der ganzen Welt führt zu Verunsicherungen, was die Werte angeht, die man für sich beansprucht. Mitunter, weil man merkt, dass Menschen auf der anderen Seite der Welt sie teilen oder sie auch ablehnen. Glaube und Religion werden dabei nicht selten zu einer Art Alleinstellungsmerkmal, das Glaubensgemeinschaften auch mit Intoleranz und Gewalt verteidigen, weil sie fürchten, im Wettstreit der Heilsversprechen unterzugehen. Andererseits bietet die Globalisierung aber auch die einmalige Chance, sich unterschiedlichen Religionen viel einfacher, öfter und schneller nähern zu können. Und diese hohe Kontaktdichte schließlich ist auch die Basis für ein besseres interreligiöses Verständnis.

Somit stellt die Globalisierung auch der Religionen und des Glaubens natürlich Gefahren für Auseinandersetzungen dar, doch sie bietet auch große Möglichkeiten, über Kontinente und Religionen hinweg gegen den Terror zusammenzustehen.

Alternativen zum Salafismus schaffen

Wir brauchen eine Salafismus-Strategie, und diese muss auch beinhalten, den Salafismus, wie ihn die Dschihadisten darstellen, nicht zum Mainstream werden zu lassen. Zu einer Art Bewegung, die sich mit eigenen Codes, ihrer Kleidung und ihrer sozialen und medialen Infrastruktur etabliert. Wir müssen den Mut haben, uns den Salafismus genauer anzusehen, um Strategien gegen seine aggressive und politische Auslegung zu schaffen. Wir müssen verstehen, dass es auch puristische oder quietistische Salafisten gibt, die sich von der Art der Glaubensauslegung von den gewaltbereiten Salafisten dadurch unterscheiden, dass sie jegliche Auseinandersetzung mit politischen Themen ablehnen und die Beschäftigung mit rein religiösen Themen als die einzig wahre Art des Glaubens verstehen. Wir müssen sehen, dass auch sie unsere Verbündeten im Kampf gegen den dschihadistischen Terror sein können. Weil sie denselben Glauben haben und gleichzeitig anders damit umgehen, wenn auch nicht weniger fundamentalistisch. Weil sie dschihadistische Gruppen und Terroranschläge mehrheitlich verurteilen.

Alternativen für junge Menschen, die davon bedroht sind oder betroffen waren, sich dem Dschihadismus zu verschreiben, bieten natürlich auch die Präventionsarbeit, die Deradikalisierung und die Organisation von Aussteigerprogrammen, also Programme, die wir aus der Arbeit mit anderen extremistischen Gruppen oder auch Sekten kennen. Gerade in Deutschland gibt es viele Akteure auf staatlicher und nichtstaatlicher Seite. Dazu zählen das Bundesamt für Migration und Flüchtlinge (BAMF) ebenso wie die katholische und evangelische Kirche mit ihrem Informationsangebot zum Islam, zum Salafismus und dem Islamismus. Hinzu kommen Beratungsstellen wie Hayat am Zentrum für Demokratische Kultur in Berlin. Auch bemühen sich die Bundesländer, Präventionsnetzwerke zu knüpfen. Ob nun die jeweiligen Länder selbst Programme aufsetzen, wie es beispielsweise Nordrhein-Westfalen mit »Wegweiser – gemeinsam gegen gewaltbereiten Salafismus« getan hat, oder für die Beratungs- und Präventionsarbeit externe Projektträger wie das Violence Prevention Network (VPN) als eines der größten bundesweit beauftragen: Letztlich agieren alle auf einer Linie und mit vergleichbaren Ansätzen, indem sie Hilfestellungen in der Prävention wie auch bei der Deradikalisierung bieten.

Präventionsnetzwerke engagieren sich in lokalen Vereinen, Organisationen und Schulen. Sie halten engen Kontakt zu multikulturellen Foren und Zentren, Integrationsprojekten oder Migrantenvereinen. Sie versuchen, Eltern und Angehörige, Lehrer, Mitschüler oder Arbeitskollegen zu involvieren, wann immer und wo es nur geht. Kurzum: Sie schaffen auch in Sachen Netzwerk, Beratung und Begleitung eine wirkliche Alternative zu den Angeboten der Dschihadisten. Das gilt auch für die Kooperationsprojekte mit dem Zentralrat der Muslime in Deutschland und DITIB oder mit anderen Moscheegemeinden. Auch über sie werden Informations- und Fortbildungsveranstaltungen zum Thema Radikalisierung und religiös begründeter Extremismus, Qualifizierungsseminare für Multiplikatoren und individuelle Beratung für gefährdete Jugendliche und deren Angehörige angeboten. In dieser Form der Zusammenarbeit und des Zusammenhaltens sind individuelle Ansprachen durch Projekte auf kommunaler, lokaler Ebene wichtig, also dort, wo konkrete Beratungsangebote funktionieren, weil sie auf ebenso konkrete Fragen und Probleme antworten.

Enorm wichtig ist es, dass Projektträger und Moscheegemeinden ihr Wissen teilen – gerade um Gefährdete schnell und gezielt zu erreichen. Der Blick von außen kann in enger Kooperation mit dem Blick aus dem Inneren einer Gemeinde heraus viel mehr sehen und auf unterschiedlichen Ebenen erkennen, seien es Probleme wie auch Wege aus dem Dschihadismus.

Gemeinsam und mit entsprechend diversifiziertem Wissen lassen sich Dschihadisten entzaubern, ihrer Mythenbildung und ihren Utopien realistische und dennoch attraktive Alternativen entgegensetzen.

Umso zentraler und im Sinne des Erreichens auf Mikroebene wichtiger sind daher gut ausgebildete Multiplikatoren, die wiederum regelmäßig an Fortbildungen teilnehmen, um eine noch bessere Aufklärungs- und Sensibilisierungsarbeit an den Schulen anbieten zu können. Ihre Vernetzung mit den Schulen ist von höchster Bedeutung, da nur ein ständiger Austausch sicherstellen kann, dass man rechtzeitig interveniert, um Lehrer und Eltern dabei zu unterstützen, Radikalisierungstendenzen frühzeitig zu erkennen und einzugreifen. Die Präventionskompetenz von Lehrern sollte durch kontinuierliche Weiterbildungen gestärkt werden. Das gilt für religiösen Extremismus ebenso wie für Rechtsextremismus- oder Drogenprävention.

Neue Konzepte für Präventionsarbeit in der Schule

Was das Zusammenhalten und Zusammenarbeiten auf individueller und persönlicher Basis und im Bereich der schulischen Bildung angeht, sieht der Psychologe und Autor Ahmad Mansour die Biografie-Arbeit als ein zentrales Instrument. Lehrer sollten den persönlichen Hintergrund ihrer Schüler und deren Erlebnisse bewusst nutzen, um daran an Diskussionen über den Islam, Diskriminierungen oder politische Themen anzuknüpfen.

Die Vermittlung aktuellen Wissens und Hintergrundwissens über die politische Gegenwart an die Schüler ist eine Möglichkeit, ihrem Interesse an den Ereignissen in den Krisengebieten – in Syrien, im Irak, in Afghanistan, in Israel oder im Gaza-Streifen – zu begegnen.

Oft, so Mansour, seien Lehrer schlichtweg hilflos, wenn Schüler salafistische Attentate als gerecht verteidigen oder antisemitische Meinungen vertreten. Mansour fordert von den Schulen: »Einen bestimmten Teil der Erziehung müssen sie [die Schulen] leisten: das Vermitteln von demokratischen Werten und von Zugehörigkeitsgefühl. Dazu muss die soziale und kulturelle Durchmischung an Schulen verbessert werden. Dass es heute in einigen Stadtbezirken Schulen mit einem fast hundertprozentigen Anteil von Jugendlichen mit muslimischem Hintergrund gibt, ist fatal. Ein sozial riskantes Desaster.«[93]

---

93 Mansour, 2015: S. 331.

Lamya Kaddor sieht Aufklärung über den Salafismus als ein Thema für die Lehrpläne im Politik-, Sozialkunde- oder Geschichtsunterricht. Als Religionslehrerin spielt für sie auch der Religionsunterricht eine wichtige Rolle bei der Prävention, sowohl in den Moscheegemeinden als auch an Schulen, weil er helfen kann, die Zusammenhänge historischer, sprachlicher und religiöser Art besser zu verstehen: »Im religiösen Bereich ist aus meiner Sicht in erster Linie dafür Sorge zu tragen, dass die Exegese-Tradition in Verbindung mit einer historischen Verortung des Korans vermittelt wird. Dass geschichtliches Wissen, Kenntnisse der arabischen Sprache und ihrer Entwicklung, der Biografie des Propheten Muhammad, Kenntnisse anderer Religionen vermittelt werden. Solange man dieses Hintergrundwissen ausklammert, ist eine zeitgemäße und differenzierte Sicht auf den Islam und die Religion kaum möglich. … Diese Bildungsarbeit müssen zum einen Moscheen leisten, zum anderen der bekenntnisorientierte Islamische Religionsunterricht an Schulen.«[94]

Dschihadismus bekämpfen – mit Bildung, Pluralität und mehr Polizei

Es ist und bleibt ein Irrglaube, dass man dem Dschihadismus nur und vor allem mit Krieg begegnen sollte. Schließlich nutzen auch die Terroristen nicht nur Waffen, um uns zu bekämpfen. Insofern muss der Blick auf die Mittel für einen Kampf gegen die Extremisten weiter und breiter ausfallen.

Bildung spielt dabei eine zentrale Rolle. Die konsequente Unterscheidung zwischen dem missionarischen und dschihadistischen Salafismus und die Ansprache all jener Salafisten, die Gewalt ablehnen, ist ebenso zielführend, könnten sie doch als Multiplikato-

---

94 Kaddor, 2015, S. 120 f.

ren bei der Bildungsarbeit mit einbezogen werden, auch in ihrem eigenen Sinne. Sie könnten ihre Auffassungen darstellen und sich dabei glaubwürdig von den dschihadistischen Salafisten angrenzen. Zudem würde man auch zu ihnen, die sie Werte der westlichen Gesellschaften, in denen sie leben, zwar friedlich, aber dennoch radikal ablehnen, einen leichteren Zugang finden und Präventionsarbeit und Deradikalisierungsprogramme auch in ihren Gemeinden implementieren.

Die Zusammenarbeit mit Schulen, die sachliche öffentliche Beschäftigung mit dem Thema in den Medien, ein besserer Datenaustausch innerhalb der EU: All das sind Themen, die ich bereits an anderen Stellen in diesem Buch genannt habe und die auch für das europäische Zusammenhalten gegen den Terror fundamentale Punkte darstellen.

Ebenso wichtig ist aber, dass Europa mit einer Stimme spricht und einig handelt. Das gilt besonders bei der Vermeidung von double standards, also beispielsweise das Unterstützen von Diktatoren und autoritären Regimen auf der einen und das Verdammen des Terrorismus, der aus diesen Länder kommt, auf der anderen Seite. Oder aber auch fehlende Unterstützung bei den Demokratisierungsprozessen bestimmter Länder und das Ignorieren anderer, was sich beim Arabischen Frühling deutlich gezeigt hat. Das alles spielt dem dschihadistischen Bild eines »unmoralischen Westen« in die Hände. Europa muss also genau abwägen, wie und mit wem es verhandelt – und wen es unterstützt.

»Unterricht über Religion ist Teil des allgemeinen Bildungsauftrages der Schule, nicht aber ›religöser Unterricht‹ oder Unterricht in Religion«, sagt Friedrich Schweitzer, Professor an der Evangelisch-Theologischen Fakultät der Universität Tübingen. In der Tat ist ein flächendeckendes Angebot von staatlichem islamischen Religionsunterricht an Schulen und damit dessen Gleichstellung mit dem Unterricht in katholischer und evangelischer Religion, ein maßgeblicher Erfolgsfaktor für eine Integration des Islams in Deutschland und Europa. Doch leider fehlt dieses noch ebenso wie eine gesamteuropäische Evaluation des Islam-Unterrichts, gemeinsame Rahmenpläne und Unterrichtsmaterialien, europäische Konferenzen für Islam-Lehrerinnen und -Lehrer, etc. Indem man sich dem Thema »Islamischer Religionsunterricht als Instrument der Institutionalisierung des Islams in Europa« so zögerlich nähert, vergibt und vertagt man die Chance, den Islam-Unterricht aus den Hinterhof-Moscheen heraus und in staatliche und einheitliche Standards hinein zu holen, die sich zudem besser kontrollieren lassen, was Radikalisierung, aber auch Aufklärung angeht. Man verpasst also die Möglichkeit, der europäischen Gemeinschaft von staatlicher und damit »offizieller« Seite aus den Islam als Teil ihrer Identität zu zeigen und jungen Muslimen deutlich zu machen, dass ihre Religion als ein Bestandteil unseres Landes angesehen und wertgeschätzt wird.

Die Förderung von Pluralität in öffentlichen Institutionen endet natürlich nicht bei der Forderung nach einem flächendeckenden Angebot von staatlichem islamischen Religionsunterricht an Schulen. Vielmehr müssen sich auch andere Institutionen öffnen, um Migrantinnen und Migranten als positive Identifikationsfiguren willkommen zu heißen – in Schulen, Universitäten, Behörden, in der Politik und nicht zuletzt auch in den Medien. Die aktive Teilhabe von Migrantinnen und Migranten in Form der bestimmenden Mitarbeit in diesen Bereichen signalisiert gerade jungen Menschen, dass sich Loyalität zu unserer freiheitlich-demokratischen Grundordnung auszahlt, mehr als die Ideologien religiöser Eiferer.

Schließlich muss auch die Arbeit der Polizei mit Hinsicht auf die Abwehr dschihadistischen Terrors synchronisiert und weiter professionalisiert werden. Nur eine technisch und personell ausreichend ausgestattete Polizei ist in der Lage, die ihr gesetzlich aufgetragenen Aufgaben auch tatsächlich zu bewältigen. Die Überwachung des Terrorismus verdächtiger Personen kann sehr personalintensiv sein.

Der Sparzwang in den öffentlichen Haushalten und der demografische Wandel haben die Polizei personell immer wieder an ihre Grenzen gebracht. Eine personelle Aufstockung bei der Polizei ist zur Bewältigung neuer terroristischer Gefahrenlagen dringend erforderlich. Zudem sollte auch die Polizei in Europa sich gegenüber Bewerberinnen und Bewerbern mit Migrationsgeschichte noch besser und weiter öffnen.

Das Ausweisen von Dschihadisten ist nicht nur in Deutschland ein mittlerweile beliebter, wenn auch am Ende eher nicht zielführender Reflex, der auf schnelle Lösungen zielt. Viel effektiver wäre es aber, Dschihadisten, die nach Syrien oder in den Irak ausreisen wollen, um in den »heiligen Krieg« zu ziehen, durch Entzug des Reisepasses und gut sichtbaren Sperrvermerk im Ausweis an einer solchen Ausreise zu hindern, auch in den Schengener Raum. Zudem könnten polizeirechtliche Meldeauflagen und die gezielte und zeitlich klar begrenzte Observation von Dschihadisten dazu führen, diese am Abtauchen und illegalem Ausreisen zu hindern. Am Ende nämlich stellt ein abgeschobener Dschihadist in Syrien, im Irak oder in Pakistan eine deutlich größere Bedrohung für die europäische Sicherheit dar als einer, der in Deutschland, Frankreich oder Belgien unter Beobachtung steht.

Erosion der EU verhindern

60 Jahre sind seit Unterzeichnung der Römischen Verträge vergangen. 60 Jahre institutionalisierter Frieden in Europa – eine historische Ausnahme. Ein halbes Jahrhundert und mehr also, das das Gesicht Europas gewandelt und eine Europäische Union (EU) erschaffen hat, die sich seither immer weiter ausdehnte – in praktisch alle Himmelsrichtungen und zugunsten einer gemeinsamen europäischen Außen-, Innen- und Wirtschafts-, Umwelt- und Sicherheitspolitik und natürlich für den freien Austausch von Waren und das freie Reisen und Niederlassen von Menschen aus und in den mittlerweile 28 Mitgliedsstaaten. Doch so harmonisch, wie es von den Gründungsmitgliedern gedacht war, lief und läuft es nicht ab – weder wirtschaftlich, noch was die Reisefreiheit an-

geht. Dazu kam im Sommer 2015 eine signifikante Zunahme der Flüchtlingsströme in die EU. Die unterschiedlichen Reaktionen sind bekannt: Europa streitet sich bis heute über die Verteilung der Flüchtlinge. Nicht zuletzt wurde auch der Brexit dadurch favorisiert, dass EU-Gegner in Großbritannien die Angst vor Zuwanderung als Hauptargument nutzten. Die Zahl von mehr als einer Million Flüchtlingen, die 2015 versuchten, in die EU einzuwandern, und vornehmlich in Griechenland und Italien landeten, nehmen EU-Gegner gerne als Legitimation für ihre Alleingänge und das Schüren diffuser Ängste. Die Lautstärke der Rechtspopulisten wiederum nehmen Nationalkonservative zum Anlass, keine Flüchtlinge aufzunehmen.

Das von den einen befürchtete und von anderen geforderte »Europa der zwei Geschwindigkeiten« wird nicht nur dadurch Wirklichkeit: Solidarität mit allen Schutzsuchenden auf der einen und Selektion auf der anderen Seite. Zäune vs. Willkommenskultur, Gemeinsinn der EU gegen Referenden, die den Austritt aus der europäischen Familie erzwingen – zu einem hohen Preis. In Frankreich erstarrte die Republik vor der Stärke des Front National. In Schottland werden Stimmen für ein zweites Referendum für eine Loslösung vom Vereinigten Königreich und vor allem für einen Verbleib in der EU immer lauter. In Deutschland etabliert sich mit der AfD erstmals seit Jahrzehnten eine Partei rechts von der Union.

Doch es gibt auch Zeichen der Hoffnung und des Zusammenhalts. Der Triumph Alexander Van der Bellens über den Populisten Hofer in Österreich, der nicht erfolgte Triumph von Geert Wilders in den Niederlanden und von Le Pen in Frankreich und auch ein Jesse Klaver, Vorsitzender von GroenLinks – also der niederländischen Grünen – mit marokkanischen und indonesischen Wurzeln sollten Zuversicht und Selbstvertrauen geben.

Für eine neue Sicherheitsarchitektur – in Deutschland und in der EU

Zwei der Attentäter von Paris waren als Flüchtlinge getarnt über Griechenland nach Frankreich gekommen. Die griechischen Behörden hatten sie observiert, die Observation aber nach deren Ausreise aus Griechenland wieder eingestellt, ohne andere Staaten zu informieren. Das ist keine Bösartigkeit oder Unfähigkeit der griechischen Behörden, sondern häufig der traurige Alltag in Europa. Dabei ist es offenkundig, dass wir mehr und nicht weniger Europa brauchen.

Seit September 2007 ist Gilles de Kerchove Koordinator der Europäischen Union für Terrorismusbekämpfung. Laut Internetauftritt[95] der EU-Kommission ist der Koordinator zuständig dafür,

- die Arbeit des Rates in Bezug auf die Terrorismusbekämpfung zu koordinieren,
- Politikempfehlungen vorzulegen und dem Rat prioritäre Handlungsbereiche vorzuschlagen, die sich auf Bedrohungsanalysen und auf vom EU-Zentrum für Informationsgewinnung und -analyse sowie von Europol verfasste Berichte stützen,
- die Umsetzung der EU-Strategie zur Terrorismusbekämpfung aufmerksam zu überwachen,
- eine Übersicht über alle der Europäischen Union zur Verfügung stehenden Instrumente zu führen, dem Rat regelmäßig Bericht zu erstatten und die Beschlüsse des Rates effektiv weiterzuverfolgen,
- sich mit den einschlägigen Vorbereitungsgremien des Rates, der Kommission und des EAD abzustimmen und diese über seine Tätigkeiten zu informieren,

---

95 http://www.consilium.europa.eu/de/policies/fight-against-terrorism/counter-terrorism-coordinator/

- zu gewährleisten, dass die EU eine aktive Rolle bei der Terrorismusbekämpfung spielt,
- die Kommunikation zwischen der EU und Drittländern auf diesem Gebiet zu verbessern.

Klingt viel? Ist es auch. Genau deswegen haben die Mitgliedsstaaten ihm nach Jahren des Streits einen dritten (!) Mitarbeiter zugebilligt. Mit diesem Unterbau soll er also die Anti-Terror-Arbeit der 28 Staaten der EU koordinieren. Übrigens: Allein in Deutschland gibt es 19 Geheimdienste.

Es braucht aber nicht nur eine Koordination der Arbeit, sondern vor allem auch geregelten Datenaustausch. Auch wenn Täter wie Anis Amri nicht aus Europa kommen, sind sie davor dennoch quer durch Europa gereist. Allein etwa 50 deutsche Behörden in insgesamt sechs Bundesländern beschäftigten sich mit Anis Amri – oder mussten sich mit ihm befassen. Und das über einen Zeitraum von rund 18 Monaten. Dass er dennoch den brutalen Anschlag auf den Berliner Breitscheidplatz am 19. Dezember 2016 verüben konnte, stellte nicht nur die deutsche, sondern auch die gesamte europäische Sicherheitsarchitektur auf einen harten Prüfstand. Schließlich lebte Amri einige Jahre in Italien, bevor er von dort nach Tunesien abgeschoben wurde, um 2011 wieder nach Italien einzureisen und 2015 dann nach Deutschland. Dass er letztlich in Italien von zwei Mailänder Polizisten eher zufällig kontrolliert und dann getötet wurde und dass er mit dem Zug über Frankreich nach Turin und nach Mailand gelangen konnte, stellt den Fahndungserfolg vom Mailänder Antiterrorchef Alberto Nobili infrage, auch wenn nur wenige Tage zwischen Amris Attentat und dessen Tod durch die italienischen Ordnungskräfte vergingen.

Ebenso wichtig erscheint in diesem Zusammenhang die Frage danach, wie man mit Antizipation und Aktion die Mobilität von Gefährdern einschränken und sie wie auch ihre Unterstützer vorausschauend und EU-Grenzen überschreitend überwachen kann. Es ist leicht davon die Rede, Gefährder müssten abgeschoben werden. Dabei wird allerdings oft verkannt, dass sie im Zielland oft unkontrolliert Netzwerke knüpfen und ungestört dschihadistische Ziele verfolgen können. Die aus Deutschland zurückgeführten Gefährder nach Afghanistan werden den dortigen Behörden gar nicht erst als solche gemeldet. Das bedeutet, dass sie dort Anschläge planen können – auch gegen Deutsche. Ein weiterer Schlag gegen die geschundene Sicherheitslage Afghanistans.

Viel sinnvoller ist es, mit einem offenen Visier mit diesen Ländern ins Gespräch zu treten, um miteinander zu vereinbaren, wie mit Gefährdern nach ihrer Rückführung umgegangen wird. Ist dies erst geklärt, kann eine Rückführung sinnvoll sein. Ansonsten aber sollte von einer Rückführung abgesehen werden. Ein in Deutschland überwachter Salafist stellt eine kleinere Bedrohung für uns dar als ein unbeobachteter Dschihadist in Tunesien.

Das Problem dabei ist, dass der Polizei für die umfassende Beobachtung der mittlerweile zahlreichen Gefährder schlicht das Personal fehlt. Hierfür muss die Politik dringend Geld in die Hand nehmen.

Die europaweite Datenbank Eurodac, mithilfe derer Amris Fingerabdrücke am Lkw in Berlin mit seinen in Mailand genommenen überprüft wurden, spielt als EU-weiter Datenpool sicher eine wichtige Rolle. Auch andere Datenquellen sollten bei Auslandsbezügen eines Gefährders unbedingt und routinemäßig zum Einsatz und Abgleich kommen:

• technische Quellen: Daten, die sich aus Observationen, beim Abhören, »Quellen-TKÜ« (Quellen-Telekommunikationsüberwachung), »Online-Durchsuchungen« ergeben
• menschliche Quellen (Informanten)
• Social Media

Gerade beim Einbeziehen letzterer Informationsquellen sollten Plattformbetreiber wie Facebook, Twitter und Co. noch enger kooperieren und ihre Algorithmen für die Zwecke der Terrorabwehr zur Verfügung stellen.

Von Beginn an sollte bei jedem Gefährder ein europaweiter und über die internationalen Datenbanken von Europol und Interpol wie auch ein Erkenntnisabgleich über andere internationale Informationsquellen sichergestellt werden. Nur so lassen sich seine Bewegungsmuster besser überwachen, zuordnen und damit auch die von ihm ausgehende Gefahr noch sicherer einschätzen. Die rechtsstaatliche Einbindung des Bundesnachrichtendienstes (BND) und dessen technische Möglichkeiten sollte grundsätzlich eingeschaltet werden, wenn Auslandsbezüge eines Gefährders vorliegen.

Zudem muss die Identitätsfeststellung von zu uns geflüchteten Menschen dringend verbessert werden – international und insbesondere auf EU-Ebene. Das Fehlen EU-einheitlicher Gefährder-Definitionen wie auch gleichförmiger, verpflichtender Verfahren für den Informationsaustausch behindern eine effektive und antizipierende Bekämpfung des grenzüberschreitenden Terrorismus.

Nicht zuletzt müssen wir auch darauf achten, dass Gesetze und Prozesse, die dem Ausschluss der Flüchtlingsanerkennung bei straffälligen Asylbewerbern und der erleichterten Ausweisung straffälliger Ausländer dienen, schneller und genauer umsetzen. Das gilt beispielsweise auch für die schnellere Eintragung von Befristungen bei Einreise- und Aufenthaltsverboten in das Ausländerzentralregister (AZR) durch das Bundesamt für Migration und Flüchtlinge (BAMF). So stellte sich dank einer kleinen Anfrage meines Bundestagskollegen Volker Beck heraus, dass mit Stand April 2017 rund 9.000 befristete Wiedereinreisesperren nicht im Ausländerzentralregister eingetragen wurden. Versäumnisse dieser Art und Größenordnung konterkarieren jegliche Bemühungen einer Synchronisation und Aktualität wichtiger Daten, die letztlich auch zu mehr Sicherheit vor Gefährdern, aber gleichzeitig auch für mehr Fairness und Chancen für Geflüchtete führen.

Ohne Zweifel ist das wichtigste operative Mittel im Kampf gegen Dschihadisten das Teilen von Informationen durch Behörden. Dabei ist es klar, dass die Zusammenarbeit so international wie nur möglich sein sollte. Dies braucht jedoch Vertrauen. Und vor allem klare Regeln – auch und gerade des Datenschutzes. Dabei muss es allerdings nicht nur um personenbezogene Daten gehen, sondern auch »Best Practices« und Austausch von Netzwerken. Die NSA-Affäre hat in dieser Hinsicht leider sehr viel Vertrauen zerstört. Es wäre zu hoffen, dass langfristig nicht nur dieses Vertrauen auf Recht basierend wieder aufgebaut werden kann, sondern auch einer echten internationalen Zusammenarbeit in einem UN-Rahmen untergeordnet werden kann. Nur sind wir auch innerhalb der EU derzeit viel zu weit vom notwendigen Austausch entfernt. Dabei ist der verwendete Begriff »langfristig« ein Euphemismus, denn uns rennt im Angesicht der drohenden Gefahren die Zeit davon.

Nach den Anschlägen vom 11. September 2001 haben die USA eine Kommission von Experten zusammengestellt, die schonungslos die Schwächen der amerikanischen Sicherheitsarchitektur offengelegt und Verbesserungsvorschläge vorgelegt hat. Der »9/11 Commission Report« ist bis heute ein Standardwerk für alle Terrorismus-Experten. Wir brauchen ganz dringend eine solche Kommission zur Revision unserer Sicherheitsarchitektur – in Deutschland und in Europa.

Strukturen und Sicherheit synchronisieren

Der Fall Amri zeigt deutlich, dass nicht nur die europäische Zusammenarbeit in Sachen Gefährder dringend neuer Ansätze und einer lückenlosen Vernetzung bedarf. Auch die mittlerweile hochbetagte deutsche Sicherheitsarchitektur mit ihren föderalen Strukturen muss überdacht und modernisiert werden. Nur so kann sie dem islamistischen Terrorismus, wie er sich heute zeigt, ein funktionierendes System entgegensetzen. Ein System, das Terroristen erkennt und durch präventive Arbeit bekämpft und eines, das vorausschauend arbeiten kann, weil es Einblick in viele internationale und Behörden übergreifende Quellen hat. Weil es Technologien einsetzt, die denen der Terroristen mindestens ebenbürtig und im besten Fall voraus sind.

Aktuell stellt sich die deutsche Sicherheitsarchitektur als eine Art Zuständigkeitsdschungel dar, in dem mitunter wichtige Informationen verloren gehen – auf einem der endlosen Pfade zeitraubenden Zuständigkeitswanderungen oder auch durch unübersichtliche Zuständigkeitsvielfalt.

Um der menschenverachtenden Brutalität islamistischer Terroristen wie Anis Amri entschieden, effektiv auf allen staatlichen Ebenen und mit allen rechtstaatlichen Mitteln begegnen zu können, brauchen wir einen klaren Vorrang der Polizeiarbeit vor den Geheimdiensten. Das gilt sowohl für die effektive Beobachtung und Festsetzung von Gefährdern wie auch für eine zielgerichtete Gefahrenabwehr. Wir brauchen eine gut ausgebildete, personalstarke Polizei, die nicht durch Millionen von Überstunden ermüdet, ermattet und teilweise handlungsunfähig ist.

Das kann natürlich nicht gewährleistet werden, wenn der Personalabbau bei der Bundespolizei und beim Bundeskriminalamt weiter vorangetrieben wird. Allein zwischen 2009 und 2015 wurden bei Bundespolizei und BKA etwa 1100 Stellen abgebaut. Die Sicherheit im öffentlichen Raum auch vor terroristischen Anschlägen kann und sollte ausschließlich durch staatliche Ordnungskräfte gegeben werden. Das gilt auch für eine begrenzte Ausweitung der Videoüberwachung oder Videobeobachtung, die für Orte mit besonderem Gefahrenpotenzial in enger Zusammenarbeit mit der Polizei beschlossen werden muss. Doch am Ende sollte gerade in diesem Kontext klar sein und bleiben, dass Videokameras keine Terroranschläge verhindern. Nur das Miteinander aller Maßnahmen, Behörden und Akteure kann die Wahrscheinlichkeit von Anschlägen durch vorausschauendes Handeln mindern.

Das bedeutet auch, dass es anstelle einer anlasslosen Massenüberwachung und von Pauschalverdächtigungen um eine zielgerichtete, polizeiliche Abwehr von Risiken und eine effektive Überwachung von Top-Gefährdern gehen muss. Eine Datensammelwut um ihrer selbst willen lähmt die Sicherheitsbehörden: Sie müssen eine Vielzahl höchst irrelevanter Informationen bearbeiten, was wiederum Ressourcen bindet und damit ein Überwachen, Festsetzen und Überführen von konkreten Gefährdern lähmt.

Vorrang sollte immer die schnellere Bewertung der Gefährder

und nicht vorrangig der Gefährdungsszenarien haben. Das gilt umso mehr, als dass sich die Täterprofile immer wieder ändern: Einsame Wölfe, oft Kleinkriminelle und immer Gewaltbereite, nutzen Alltagsgegenstände als Waffen, sind hoch mobil, gut vernetzt und ideologisch von ISIS geprägt. Mal seit Längerem, mal erst seit kurzer Zeit. Mal haben sie sich über das Internet radikalisiert, mal in Moscheen, Flüchtlingsunterkünften oder auch als Kämpfer in den Kriegsgebieten. Umso diffuser die Profile und Bewegungsmuster potenzieller Attentäter und deren Anschlagsziele werden, umso wichtiger wird es, die gemeinsame Terrorabwehr flexibel und dennoch schlagkräftig zu gestalten.

Wir brauchen kein deutsches FBI, sondern eine bessere Arbeitsteilung. Ein Umbau des Verfassungsschutzes zugunsten einer weniger komplexen Arbeitsteilung zwischen Bund und Ländern bei Ermittlungs- und Asylfragen kann hierbei nützlich sein, ohne dabei zu vergessen, dass die Länder eine ausgewiesene Innere-Sicherheit-Kompetenz besitzen.

Anzustreben wären:

- eine stärkere Konzentration der Verfassungsschutzkompetenz beim Bund – gerade bei der Überwachung und Kontrolle islamistischer Gefährder
- eine Verbesserung der Zusammenarbeit der Sicherheitsbehörden der Bundesländer und des Bundes

Das Resultat sollte ein schneller, lückenloser und gebündelter Austausch von Gefährder-relevanten Informationen innerhalb der jeweiligen Behörden, Nachrichtendienste und der Polizei sein.

Die Zusammenarbeit sollte darauf zielen, eine gemeinsame Einschätzung individueller Gefährder und deren Potenzial wie auch zu treffender Maßnahmen sicherzustellen – auch durch eine höhere Weisungsbefugnis und mehr Verantwortlichkeit von Bundesbehörden wie dem LKA, dem Bundesamt für Verfassungsschutz und dem Bundesinnenministerium.

Keine Frage dennoch, dass die seit 2004 ausgeweiteten Kooperationen in Form des Gemeinsamen Terrorismusabwehrzentrums (GTAZ), des Gemeinsamen Extremismus- und Terrorismusabwehrzentrum (GETZ), des Gemeinsamen Internetzentrums (GIZ), des Nationalen Cyber-Abwehrzentrums (NCAZ) und des Gemeinsamen Analyse- und Strategiezentrums illegale Migration (GASIM) dazu beigetragen haben, die Zusammenarbeit der Sicherheitsbehörden der Bundesländer und des Bundes noch nahtloser zu gestalten. Und damit auch ein vorausschauendes Antizipieren und letztlich auch Abwehren von Gefährdern und Gefahren konzertiert angehen zu können.

Ebenso essenziell ist es zudem, einen konstruktiven Dialog mit den Ländern Nordafrikas zu suchen und aufzubauen, um nachhaltige und praxistaugliche Rücknahmeabkommen zu schließen. Das nämlich wäre in Bezug auf den dschihadistischen Terror in und aus Deutschland ebenso ein Ausdruck vorausschauenden Handelns. Gerade auch der Fall Anis Amri hat klar gezeigt, dass Menschen ohne jegliche Chancen auf Asyl und damit ohne Perspektive leichter Opfer der Heilsversprechen des Islamismus werden können. Doch die Kooperation der Herkunftsländer bezüglich einer Rückführung abgelehnter und ausreisepflichtiger Asylbewerber an die Entwicklungshilfe zu koppeln, ist nicht zielführend. Das gilt ebenso für Abschiebungen als Resultat von Aktionismus und auf schnelle Lösungen zielend. Dabei nämlich verpassen wir die Chance, Gefährder im Blick zu behalten.

Viel zielführender wäre es in dieser Hinsicht, ihre Bewegungsfreiheit durch eine Aussetzung ihrer Visa-Freiheit zumindest für den Schengener Raum durchzusetzen bzw. die rechtlichen Möglichkeiten hierfür zu prüfen. Das nämlich würde ein klares Signal an andere Gefährder wie auch an ISIS senden. Zudem müssen die EU-Staaten mit den Herkunftsländern im Kampf gegen Dschihadisten enger kooperieren, anstatt sie zu erpressen. Dass Tunesien in seiner fragilen Situation bei 6.000 dschihadistischen Ausreisern kein Interesse daran hat, weitere aufzunehmen, ist erst einmal verständlich.

Schließlich müssen neben Gefährdern auch Waffen besser kontrolliert werden. Gerade die Tatsache, dass Amri den polnischen Lkw-Fahrer in Berlin mit derselben Waffe erschoss, mit der er dann auch in Mailand auf die zwei Polizisten feuerte, zeigt, wie einfach tödliche Waffen über EU-Grenzen hinweg eingesetzt werden können – von ebenjenen Gefährdern, die sich scheinbar ebenso einfach und unbehelligt bewegen können. Eine größere Kontrolle und ein besserer Informationsaustausch bei Schusswaffen könnte dies künftig erschweren.

Handlungsfähigkeit der EU wiederherstellen

Jeder Anschlag, jedes Attentat und jeder Mord, den Dschihadisten in und aus Europa begehen, zielt darauf, Menschen wahllos zu töten. So viele, so brutal und so medienwirksam wie möglich. Doch die Morde zielen vor allem auch darauf, die Ordnung in Europa zu ihren Gunsten zu verschieben. Je hilfloser und ohnmächtiger sich Menschen in unseren Ländern fühlen, je diffuser die Angst vor dem Islamismus und damit meist leider auch vor dem Islam und Muslimen wird, desto weniger zählen Fakten, beispielsweise, dass das Bundeskriminalamt in den ersten beiden Jahren nach Beginn der sogenannten Flüchtlingskrise keinen Anstieg der Kriminalität durch die hohe Zahl feststellen konnte, sehr wohl jedoch ein signifikantes Plus bei der Gewalt gegen Flüchtlinge. Oder auch, dass die Angst vor dem Fremden gerade dort am höchsten ist, wo die wenigsten Ausländer leben.

Lässt man den Terroristen die Deutungshoheit und die Fakten beiseite, haben Rechtspopulisten leichtes Spiel mit ihren einfachen Antworten. Restriktive Maßnahmen bestehender Regierungen, Ausnahmezustände, die immer wieder verlängert werden – all dies schafft genau jenes instabile Klima, das die Dschihadisten brauchen, um Muslimen sagen und zeigen zu können, wie ungerecht ihre westlichen Heimatländer sie behandeln und dass diese den Terror verdient haben, als Antwort auf Repressalien, die wiederum teilweise dem Terror entspringen. Sie wollen mit ihren Morden der Radikalisierung der Muslime in Europa den Boden ebnen, indem sie ihnen die demokratische Grundlage nach und nach entziehen und ihre Integration unterminieren.

Die Antwort der europäischen Populisten darauf ist so einfach wie falsch: Islam eliminieren. Dass sie damit ohnehin schon bestehende Brüche in den europäischen Gesellschaften nur noch tiefer treiben und die Aussichtslosigkeit junger Muslime in Europa nur noch verstärken und sie damit noch empfänglicher für radikale Seelenfänger machen würden, ignorieren sie dabei. Wir müssen uns auf europäischer Ebene darüber klar werden, dass Dschihadisten genau auf solche gesellschaftlichen Brüche setzen und diese für ihre menschenverachtenden Zwecke nutzen wollen und werden, um europäische Staaten in ihrem Innersten zu erschüttern, sie zu schwächen und anfällig für Populisten und Extremisten zu machen und an den Rand von Bürger- oder Religionskriegen zu bringen. Das – so zynisch es klingen mag – erleichtert den Dschihadisten die Arbeit und bringt sie ihrem Ziel näher, Europa in eine Art Kalifat zu verwandeln.

Europa muss darauf reagieren, jedoch anders, als es das bisher tut. Zusammenstehen und sich gleichzeitig innerlich erneuern und auf die aktuellen Anforderungen einstellen, das sind die Herausforderungen, denen sich unser Kontinent gegenüber sieht.

Aber auch die soziale Situation in manchen islamischen Staaten erfordert Handeln. Gerade in den armen, islamisch geprägten Ländern ist besonders die ökonomische Perspektivlosigkeit der großen Zahl junger Menschen eine der wichtigsten Rekrutierungsgründe für Extremisten. Alleine schon aufgrund der Tatsache, dass die Geburtenrate der jungen muslimischen Weltbevölkerung über der von Angehörigen anderer oder keiner Religion ist und dass die Bevölkerung in Europa in den kommenden Jahrzehnten weiter überaltern wird[96], sind europäische Investitionen vor allem in Bildungssysteme, aber ebenso Hilfestellungen beim Aufbau

---

96 Washingtoner Research Center PEW.

einer moderner Infrastruktur und leistungsfähiger Bürokratie notwendiger denn je. Denn auch damit können diese Länder dabei unterstützt werden, Korruption wie auch Klientel- und Günstlingswirtschaft als gefährliche Begünstigungen für das Erodieren einer Nation und das Aufkommen und Erstarken von Extremisten zu bekämpfen.

Der beste Bürgermeister der Welt wohnt in Belgien

Bart Somers ist der beste Bürgermeister der Welt. Das hat er schriftlich und offiziell – und zwar von der Londoner »City Mayors«-Stiftung.[97] Die zeichnete den Stadtvorsteher von Mechelen vor allem dafür aus, dass er Sätze sagt, wie »Was zählt, ist nicht deine Herkunft, sondern deine Zukunft.«[98] oder auch »Wenn wir unsere grundsätzlichen Prinzipien – ich spreche damit über gleiche Chancen, Nicht-Diskriminierung, zusätzlich zur Gleichheit zwischen Männern und Frauen, Redefreiheit etc. – beständig, nicht wählerisch, in die Praxis umsetzen, dann machen wir unser Modell von Rechtsstaatlichkeit und Demokratie ansprechender, attraktiver als die Alternativen der Extremisten.«[99]

Nein, nicht nur sagt, sondern auch umsetzt. In Mechelen und in der Art und Weise, wie er mit Diversität in jeglichem Kontext umgeht. Er kann zu Recht stolz darauf sein, dass kein Jugendlicher aus seiner Stadt für den IS kämpft. Darauf, dass die Menschen mit

---

97 http://www.worldmayor.com/contest_2016/world-mayor-winners-2016.html

98 »What counts is not your origin, but your future.«

99 »If we consistently, not selectively, put our fundamental principles – I am talking equal opportunities, non-discrimination, in addition to equality between men and women and freedom of speech etc – into practice, then we make the model of rule of law and democracy more appealing, more attractive than extremist alternatives.«

138 verschiedenen Nationalitäten und davon ein Fünftel Muslime sich ein Gemeinschaftsgefühl teilen und Diversität positiv erleben – als ihre Realität und als Normalität. Das führte dazu, dass radikale Prediger auch im einzigen Jugendklub in Mechelen regelmäßig abgewiesen wurden, von den Jugendlichen selbst.

Bart Somers lebt Integration[100], indem er alle auch in die Verantwortung nimmt, das Zusammenleben in dieser Art zu sichern. Kurz nach den Anschlägen in Brüssel ging er zum Freitagsgebet in die Moschee in Mechelen und sagte zu den 1.500 Menschen, dass sie nicht nur als Bürger dieser Region Opfer geworden seien, sondern auch dadurch, dass die Terroristen von Brüssel ihre Identität als Muslime gekapert hätten.

Wahabitische Organisationen bieten in Mechelen komplett finanzierte Pilgerreisen nach Mekka oder Medina an wie auch halbjährige Stipendien zum Studium des Islams. Danach kommen die Jugendlichen vollkommen radikalisiert wieder. Dagegen geht Somers vor: Er besucht mit Jugendlichen Cordoba, um ihnen den Reichtum der islamischen Kultur zu zeigen und auch, um zu zeigen, dass der Islam nicht auf das wahabitische Schwarz-Weiß-Bild verkürzt werden darf. Gleichzeitig besucht er mit ihnen die älteste Moschee in Paris, in der Muslime während der deutschen Besatzung Juden versteckten und damit vor der Deportation schützten.

Das sind nicht nur bewegende, sondern auch mitfühlende und anerkennende Worte. Europäische Worte, die jenes widerspiegeln, was Somers vorlebt: Diversität ist Normalität in Europa. Es geht nur darum, dass dies von allen akzeptiert und umgesetzt wird. Mechelen kann hierfür ebenso ein Vorbild sein, wie es Dr. Wolfgang G. Müller, der Oberbürgermeister von Lahr, aber auch die Bürgermeisterin von Lampedusa, Giusi Nicolini, und Spiros Galinos, der Bürgermeister von Lesbos, ist. Beide sind erste Bürger in

---

100 http://www1.wdr.de/mediathek/audio/wdr5/wdr5-europamagazin/audio-wdr--europamagazin-ganze-sendung--168.html

jenen Flüchtlingswellen-Hotspots, die das Elend und die Tragödien Zehntausender Schutzsuchender aus Afrika und dem Nahen Osten ebenso illustrieren wie den Kampf für ihre Leben und auch das Versagen der Verwaltungen.

Nordmenn tror på Gud, Allah, Altet og Ingenting.[101]

Wir schreiben den 1. September 2016 – und König Harald V. von Norwegen Geschichte, mit einer bewegenden Rede[102], die er im Rahmen einer Gartenparty zu seinem 25. Thronjubiläum hält. Der jetzt 80-jährige Monarch umarmt mit seinen Worten alle Norweger, indem er ihre Unterschiede auch im Glauben gleichberechtigt aufzählt: »Norwegen, das seid ihr. Norwegen, das sind wir. Wenn wir [die norwegische Nationalhymne] ›Ja, vi elsker dette landet‹ (»Ja, wir lieben dieses Land«) singen, dann sollten wir uns daran erinnern, dass wir dies auch gegenseitig über uns singen. Weil wir dieses Land sind. Also ist unsere Nationalhymne auch eine Liebeserklärung an das norwegische Volk.«[103]

Harald stellt seine eigene Einwanderungsgeschichte (seine Großeltern kamen aus Dänemark und England) neben die all jener Norweger, die aus Afghanistan, Pakistan, Polen, Schweden, Somalia oder Syrien gekommen sind. Er beschwört einen (wie ich finde) gesunden Patriotismus, der alle Norweger ungeachtet bzw. gerade aufgrund ihrer Diversität und Pluralität in der Liebe zu ihrer Hei-

---

101 »Norweger glauben an Gott, Allah, an das Universum und an nichts.«

102 http://www.kongehuset.no/tale.html?tid=137662&sek=26947&scope=0

103 »Norge er *dere*. Norge er *oss*. Når vi synger ›Ja vi elsker dette landet‹, skal vi huske på at vi også synger om hverandre. For det er *vi* som utgjør landet. Derfor er nasjonalsangen vår også en kjærlighetserklæring til det norske folk.« (Übersetzung allerdings aus dem Englischen).

mat einen soll. Schließlich sei Heimat dort, wo das Herz liege, und lasse sich nicht immer mit nationalen Grenzen beschreiben.

Schade, dass die konservative Mitte-Rechts-Regierungspartei Høyre unter Ministerpräsidentin Erna Solberg die weisen Worte ihres Monarchen wohl (wissentlich) überhört hat. Neben den kurz davor beschlossenen Verschärfungen des Asylrechts und der Abschiebung von rund 15.000 Flüchtlingen, wurde Anfang 2017 nämlich auch der Bau eines Grenzzauns zu Russland fertiggestellt. Dieser soll Flüchtlinge, die vorwiegend aus Syrien und Afghanistan stammen, daran hindern, über die arktische Route und damit über Russland nach Norwegen einzureisen. Dass bereits im Dezember 2016 kein einziger Flüchtling mehr diesen Weg der Einreise wählte, stellt die Verhältnis- und Zweckmäßigkeit dieses Bauwerks stark infrage.

Der Zaun steht natürlich im krassen Gegensatz zu Schwedens Politik der offenen Türen und zeigt zudem, dass auch im hohen Norden Europas unterschiedliche Zeichen gesetzt werden. Mit Worten, Taten und durch das, was unternommen, unterlassen, gesprochen oder gehört wird.

8.

Vorausschauen

»Isis ist ein Produkt der Ignoranz der Welt.«
(Mohammad, syrischer Rapper, Flüchtling in Deutschland)

Das Wer, Wie und Wo des ISIS-Terrors, so haben wir in den letzten Monaten schmerzhaft gelernt, sind sich stets wandelnde Parameter. Stellschrauben des Schreckenverbreitens, die die dschihadistische Terrororganisation immer wieder neu anzieht, den Umständen anpasst und sich damit immer wieder neues Leben einhaucht – auch dann, wenn sie Kämpfer, Territorium oder Unterstützer verliert. Ihre Wandlung weg von einer rein im Irak und Syrien beheimateten Miliz, die in erster Linie lokale und regionale Glaubensfeinde wie eben Schiiten, Regierungen und Institutionen arabischer Länder oder auch Soldaten der internationalen Koalition bekämpft, und hin zu einer Terror exportierenden Organisation, die »einsame Wölfe« in Europa zum Morden anstiftet und mit Waffen, Netzwerk und Know-how ausrüstet, beschreibt seit Monaten eine neue Form der Eskalation. Es zeigt aber auch, dass ISIS trotz der grausamen Anschläge in Paris, Brüssel, Berlin und anderen Orten an Kraft verliert. Schließlich steht die Existenz des »Kalifats« mit dem massiven Verlust von Territorium auf dem Spiel.

ISIS ging es vordringlich um territoriale Ansprüche in Syrien und Irak. Umso wichtiger war es für ISIS demnach, die Feinde vor Ort zu bekämpfen, um Territorium zu gewinnen. Dass sich die Ideologie nun verschiebt und offene Gesellschaften wie die unsere wieder verstärkt Ziel von Anschlägen werden, kam dennoch nicht so unerwartet. Schließlich zeichnete sich schon länger eine Schwächung von ISIS im Irak und Syrien ab, territorial und mit Hinblick auf ihren Machteinfluss. Man hätte also antizipieren können und müssen, dass sich ISIS wieder wandeln würde. Und dass die große Zahl geflüchteter Menschen dabei eine Rolle spielen würde. Für die ISIS-Ideologie und für uns als eben offene Gesellschaften, die reflexartig auf Schließungen der Grenzen setzten. Es gab für die Gefolgschaft al-Bagdadis immer die Option einer »Al-Qaida Plus«-Terrororganisation jenseits der eigenen Staatlichkeit.

So radikalisierten sich Menschen auf der Flucht nach Deutschland oder bereits hier angekommen, nutzten ihren Schutzstatus, um schreckliche Attentate zu begehen, und waren dabei ein Teil der menschenverachtenden Strategie von ISIS: Je größer das Kriegschaos in Syrien und Irak, aber auch in anderen Krisenherden der Erde, umso größer die Zahl jener, die davor flüchten. Damit würde auch die Wahrscheinlichkeit anwachsen, die westlichen Behörden schnell zu überfordern, humanitär wie auch logistisch. Es würde Streit entstehen darüber, wie man mit dieser »Flüchtlingswelle« umgehen solle. Grenzen schließen, Zäune erbauen, sich durch Deals mit der Türkei freikaufen und sich damit erpressbar machen.

Antizipation und Aktion

All dies würde am Ende bei vielen Geflüchteten zu einem Gefühl des kollektiven Abgelehntwerdens führen – und damit zu Frust, Resignation und Wut aufgrund von Perspektivlosigkeit. Diese wiederum würde sich bestens dafür eignen, den Boden für Radikalisierung zu ebnen und ihn nach Europa zu bringen bzw. ihn dort zu säen. Am Ende stünden sie wieder da, die, die es schon immer wussten. Sie würden Flüchtlinge und Muslime, egal, woher sie stammen, in einen Topf werfen, unter Generalverdacht stellen, sie abwehren, abschieben und abstempeln. Das alles ist passiert und passiert immer noch. Es bedarf keiner Glaskugel, um zu verstehen, dass diese Entwicklung auch weiter unserer Aufmerksamkeit und Achtsamkeit bedarf.

Wir dürfen uns nicht dazu instrumentalisieren lassen, die Flüchtlings- zur Einwanderungsdebatte zu machen und der Migration einen einheitlichen Riegel vorzuschieben. Die EU als Einheit von Staaten, die dieselben Interessen verfolgen, darf sich nicht selbst zerfleischen und sich im Kampf gegen den Terror selbst schwächen. Denn ISIS zielt immer auch auf schwache Staaten. Auf instabile Verhältnisse, auf Nationen, in denen Strukturen erodieren. Das ist und war der Fall im Irak, in Syrien und Libyen ebenso wie im Sudan und leider auch in vielen anderen Regionen dieser Welt.

Natürlich sind wir weit von solchen Verhältnissen entfernt, doch je mehr wir zulassen, dass Diskussionen um Obergrenzen, Zäune und etikettensichere Herkunftsstaaten uns in Europa entzweien, umso größer wird die Gefahr, dass genau diese Uneinigkeit zum Einfallstor für weiteren Terror wird – aus dem Ausland und der Mitte unserer Gesellschaft heraus. Es ist also unsere Reaktion auf geflüchtete Menschen, die den Unterschied ausmacht. Unsere Antizipationsmöglichkeiten voll auszuschöpfen, ist dabei entscheidend.

Das Beispiel der Instrumentalisierung der Flüchtlinge zeigt, dass man keine Glaskugel braucht, um die nächsten Schandtaten der Dschihadisten vorauszuschauen. Manchmal reicht die schlichte Lektüre der Publikationen von ISIS, um die nächsten Aktionen zu erahnen. So fand sich wenige Wochen vor dem Anschlag auf den Berliner Weihnachtsmarkt ein Artikel in der ISIS-Propaganda-Postille ›Rumiyah‹, in dem der Anschlag vom 14. Juli 2016 in Nizza ausgewertet und die »Vorzüge« von Lastkraftwagen als Waffe gepriesen werden.[104]

---

104 »The method of such an attack is [...] one of the safest and easiest weapons one could employ against the kuffar, while being from amongst the most lethal methods of attack and the most successful in harvesting large numbers of the kuffar.

Es reicht oft, die Idee des Dschihadismus und die Arbeitsmethoden der Dschihadisten zu verstehen, um plausible Szenarien ihrer nächsten Schritte zu entwickeln. Dabei dürfen wir uns nicht von falschen Indikatoren leiten lassen. Dass so mancher Chef europäischer Nachrichtendienste stolz verkündete, die Zahl der Ausreiser nach Syrien sei im Jahr 2016 massiv zurückgegangen, war nur vordergründig eine gute Nachricht. Der militärische Druck hat zwar die Attraktivität des Dschihadismus in Raqqa verkleinert. Doch ist im selben Zeitraum die Zahl der Salafisten in Deutschland bis 2015 massiv gestiegen.[105] Dass diese nun nicht in ISIS-Camps den Bombenbau lernen, ist erfreulich. Aber dass deren Gedankengut sich immer weiter verbreitet, ist langfristig das größere Problem.

Es reicht allerdings nicht, immer nur nach Syrien zu starren. Wir müssen auch auf Veränderungen im Westen achten, um weitere Entwicklungen des Dschihadismus zu verstehen.

Der »Trump-Effekt«

Wenn wir es nicht besser wüssten, könnte man glatt vermuten, dass die Wahl Donald Trumps zum US-Präsidenten einem Drehbuch von ISIS folgt. Schließlich heizte er im Wahlkampf wie auch

---

It has been shown that smaller vehicles are incapable of granting the level of carnage that is sought. Rather, the type of vehicle most appropriate for such an operation is a large loadbearing truck. [...] All so-called ›civilian‹ (and low-security) parades and gatherings are fair game and more devastating to Crusader nations.« Daesh magazine ›Rumiyah‹ (November 2016).

105 Seit 2015 stagniert die Zahl der Salafisten in Deutschland auf hohem Niveau. Erschreckend dabei ist jedoch die Einschätzung, dass schon jeder vierte als gewaltbereit gilt. Etwa zehn Prozent der Mitglieder der Salafisten-Szene in Deutschland sind weiblich.

nach Antritt seines Amtes die Stimmung gegen Muslime in den USA gefährlich an. Da hilft es auch nicht, wenn er in seiner Rede in Saudi-Arabien die (richtige) Botschaft setzt, nicht der Islam sei das Problem, sondern der Terrorismus. Das ist kaum glaubwürdig angesichts seiner realen Politik, egal, wie sehr er seine eigenen Reden eine »Botschaft der Liebe« nennt. Sein »Muslim Ban« – das Einwanderungsdekret für Bürger aus dem Iran, Syrien, Libyen, Somalia, dem Sudan und Jemen[106] – wie auch sein »Laptop Ban«, dass Reisenden, die von Flughäfen aus Jordanien, Ägypten, Saudi-Arabien, Kuwait, Marokko, Katar, der Türkei und den Vereinigten Arabischen Emiraten in die USA einreisen, verbietet, ihre Laptops in die Kabine mitzunehmen, setzen jenes in die Wirklichkeit um, was bisher zumindest in großen Teilen nur ISIS-Propaganda war: eine gezielte Diskriminierung von Muslimen, die nicht dieselben Rechte genießen wie eben Nicht-Muslime, egal, woher sie kommen und stammen.

Mit diesem virtuellen Stacheldrahtzaun befeuert er das, was dieser verhindern soll, nämlich Terroranschläge durch Radikalisierte. Dass auch Großbritannien und womöglich auch andere Länder auf den »Laptop-ban«-Zug aufspringen, kann man fast schon als deren Ghostwriting-Beitrag am ISIS-Drehbuch interpretieren. Dass Dschihadisten versuchen könnten, Sprengsätze in Laptops an Bord zu schmuggeln, muss an sich nicht vollkommen verworfen werden. Genau deshalb gibt es ja auch spezielle Screening-Methoden für Laptops an Flughäfen. Doch die gezielte Beschränkung auf vornehmlich muslimische Länder trägt vor allem auch dazu bei, dass Muslime in eben von diesem Bann und auch dem Einwanderungsdekret betroffenen Ländern leichter von der Ideologie von Dschihadisten beeinflusst werden können. Auch wird es das Bilden von Anti-Trump – und – weil er qua Amt der

---

106 Der Irak wurde nach mehreren Protesten des Pentagons von der Bann-Liste gestrichen, damit wenigstens irakische Generäle in die USA einreisen können, um mit ihren Kollegen die militärischen Details der Offensive gegen ISIS in Mossul zu besprechen.

Anführer und das Gesicht des Westens ist – damit auch anti-westlichen Bündnissen fördern. Nebenbei werden auch noch die bannenden Länder von wichtigen wirtschaftlichen Beziehungen zu muslimischen Ländern wie auch von Fortschritt aufgrund einer sehr stark reglementierten Zuwanderung von nicht nur im Silicon Valley dringend benötigten Fachkräften abgeschnitten. So flach ist America First.

Nicht zu vergessen: Auch Deutsche, die eine zweite Staatsbürgerschaft besitzen, waren zeitweise von Trumps »Muslim ban« betroffen. Und natürlich auch all jene Flüchtlinge aus dem Iran, Syrien, Libyen, Somalia, dem Sudan und Jemen, die aktuell in Deutschland leben.

Donald Trump ist das Gesicht des Westens, ob uns das gefällt oder nicht. Alles, was in seinem Namen an Segregation, Benachteiligung und Willkür gegenüber Muslimen geschieht, passiert auch im Namen der westlichen Welt. Zudem fällt voraussichtlich ISIS als Staatlichkeit während seiner Amtszeit. Alle militärischen Erfolge also, die in dieser Periode vermeldet werden, wird Trump für sich beanspruchen. Das wiederum befeuert falsche Erwartungen und Hoffnungen, was seine Macht und Möglichkeiten angeht.

Weil er das Gesicht des Westens ist und damit für einige Regierungen die höchste Legitimationsinstanz, fällt es ihnen leichter, seine Dekrete zu übernehmen – mitunter unreflektiert und selten auf die nationalen Bedürfnisse und Anforderungen schauend. Das ist ein Eintrittsticket in die nächste Spirale der Gewalt. Werden durch solche Dekrete nämlich unumstößliche Errungenschaften wie die Gleichheit aller Menschen ungeachtet ihres Glaubens traktiert, werden Rechtspopulisten nicht zögern, sich bei weiteren und schärferen Forderungen genau darauf zu beziehen. Eine staatlich initiierte Diskriminierung beschreibt die höchste Legitimationsstufe für alle noch stärker diskriminierenden Forderungen radikaler Trittbrettfahrer. Sie bricht Tabus und ebnet den Weg für Islamisten, die den Terror gegen Staaten und deren Bürger wiederum auch und gerade mit solchen Dekreten rechtfertigen können.

Das ISIS-Drehbuch ist da eindeutig: »Eure [Aufnahme-]Länder hassen euch. Sie verachten euren Glauben. Sie versuchen, euren Glauben zu zerstören und euch zu dem ihren zu bekehren. Eure Sicherheit, eure Pflicht als wahre Muslime ist es, euch dem Lager des Islams, des Kalifen anzuschließen und die Waffen zu erheben gegen die Ungläubigen.«[107]

Dieser Meinung zu begegnen braucht im Übrigen tatsächlich Regeln. Die sogenannte »politische Korrektheit« gibt uns bis zu einem gewissen Grad die Regeln. Dass sie manchmal spießig und lustfeindlich wirken, kann ich nachvollziehen. Es geht auch nicht darum, mit »politischer Korrektheit« den politischen Gegner schachmatt zu setzen.

Aber bei allem zeitgeistigen Gegenwind für die »PC«: Es gibt einen Kern dessen, der einfach nur richtig ist. Dieser ist, die Gefühle anderer nicht mit schlechten Stereotypen zu verletzen. Geben wir, wie es Trump und andere stets und laut fordern, diesen Kern auf, geben wir nicht nur unsere ethischen Regeln des Zusammenlebens auf. Wir spielen auch Extremisten wie den Dschihadisten in die Hände.

Szenario Bluthochzeit – Wiedervereinigung von Al-Qaida und ISIS?

Die ideologischen und organisatorischen Differenzen zwischen der dschihadistischen »Mutter-Organisation« Al-Qaida und dem erfolgreichsten Sohn der dschihadistischen Familie ISIS sind gewaltig. Während Osama bin Laden die Herrschaft über die heiligen Stätten in Mekka und Medina anstrebte, will ISIS die Weltherrschaft. War Al-Qaida eine »klassische« Terrororganisation,

---

107 »Your countries hate you. They despise your beliefs. They seek to destroy your faith and convert you to theirs. Your safety, your obligation to true Muslims, is to join the camp of Islam, the caliphate, and take up arms against the infidels.«

will ISIS einen Staat. Und wollte Al-Qaida stets »die ungläubigen Kreuzzügler« – also uns im Westen – treffen, sind für ISIS die »Ungläubigen« schlicht alle außerhalb der eigenen Organisation. Diese Differenzen machen die Auseinandersetzungen mit dem Dschihadismus komplexer, schwächen aber im Zweifelsfall auch seine terroristische Durchschlagskraft.

Es ist allerdings auch denkbar, dass dieser Zwist auf absehbare Zeit beigelegt wird. Etwa weil der Druck auf ISIS sie zwingt. Oder weil die Al-Qaida einen neuen, radikaleren Anführer bekommt als den als schwach geltenden Aiman al-Zawahiri. Dann gäbe es eine dschihadistische Organisation, die global noch mehr Ausstrahlung hätte als ISIS allein. Vorstellbar, dass sich die anderen relavanten dschihadistischen Gruppen – von Abu Sayaf auf den Philippinen bis Boko Haram in Nigeria – der neuen Großorganisation anschließen würden. Dann würde quasi die dschihadistische Weltvereinigung unsere Sicherheit bedrohen, mit einem klar globalen Anspruch, mit Geld, Territorium und einer gemeinsamen Marke.

Im Gegensatz zu Syrien, wo sich der Al-Qaida-Ableger »Jabhat al Fatah al-Sham« (ehemals »Jabhat al-Nusra«) und ISIS militärisch bekämpfen, gibt es in Jemen bereits Landstriche, in denen die Al-Qaida (auf der arabischen Halbinsel) und ISIS kooperieren. Dies wird von der ISIS-Führung allerdings nur deshalb geduldet, weil die Al-Qaida im Jemen weit stärker verwurzelt ist als ISIS. Der ideologische Graben tritt wieder einmal aus Rücksicht auf praktische Belange in den Hintergrund.

Szenario Reaktorschmelze – Massenvernichtungswaffen in dschihadistischen Händen?

Gerade im Chaos von Syrien ist es naheliegend, dass Dschihadisten versuchen, an das Bio- oder Chemiewaffenarsenal Assads heranzukommen. Zumal eine Rakete mit Chlorgas auf eine Stadt in Israel geschossen immense politische Turbulenzen auslösen würde. Am bedrohlichsten dabei wäre die Aneignung einer sogenannten »schmutzigen Bombe«[108], die schon die Al-Qaida unter Osama bin Laden versucht hatte sich zu beschaffen.

Auch wenn israelische Kampfjets im September 2007 den syrischen Atomreaktor Al Kibar am westlichen Ufer des Euphrats zerstörten und damit das geheime Atomprogramm Syriens in einer Nacht-und-Nebel-Aktion beendeten, scheint die davon ausgehende Gefahr lange nicht gebannt. ISIS eroberte die Ruinen des Reaktors und betrieb dort Grabungen und Abbauarbeiten. Auch wenn Al Kibar mittlerweile durch die Syrischen Demokratischen Kräfte (SDF) zurückerobert wurde, ist immer noch unklar, was genau ISIS mitnehmen konnte. Das gilt auch für andere vermutete Lager in Syrien, in denen nukleare Brennstoffe wie Natururan von Assad versteckt worden sein könnten, um sein damaliges Atomprogramm weiterzuführen.

Experten gehen von über 50.000 Kilogramm Natururan aus, dass irgendwo in Syrien versteckt ist – und von Ingenieuren und Wissenschaftlern, die daraus auch mehr als eine Atombombe bauen könnten. Auch wenn sich diese Experten einig sind, dass man noch weit von einer Anreicherung entfernt sei, ist die Frage, ob und wie viel davon in die Hände von ISIS gefallen ist oder gar (noch) fallen könnte, besorgniserregend. Umso wichtiger, dass alle atomaren Kapazitäten Syriens schnell gefunden und unter internationale Kontrolle gestellt oder gar aus Syrien entfernt werden.

Denn wem auch immer sie und das entsprechende Know-how in die Hände fallen sollten: Sie stellen eine große und vor allem nicht kontrollierbare Gefahr dar. Das gilt auch dann, wenn das Uran durch ISIS auf dem internationalen Schwarzmarkt verkauft

---

108 »Schmutzige Bomben« sind konventionell gezündete Bomben mit radioaktiver Ladung. Sie haben keineswegs die Detonationsstärke einer Atombombe, können allerdings ganze Landstriche radioaktiv verstrahlen.

würde und die Erlöse zu einer Stärkung der Dschihadisten führten. Schließlich legte der Uranpreis Anfang 2017 um rund 40 Prozent zu, als Folge der Produktionskürzungen in Kasachstan als dem größten Uran produzierenden Land und der steigenden Nachfrage auch aus den USA und Japan, die sich wieder verstärkt der Atomkraft zuwenden. Eine Nachfrage auf dem Markt gäbe es also. Und damit auch die Möglichkeit, dass ISIS mit dessen Verkauf seine Kassen wieder und weiter füllt. Oder das radioaktive Material anderen Terrorgruppen zur Verfügung stellt, die daraus sogenannte »schmutzige Bomben« bauen.

Szenario Dammbruch –
Zerstörung von kritischer Infrastruktur

Es ist jederzeit denkbar, dass Dschihadisten kritische Infrastruktur angreifen. Dazu gehören Gas-Pipelines in Russland genauso wie Atomkraftwerke in Frankreich oder Internet-Knotenpunkte in Deutschland. Ein weiteres Beispiel dafür sind Staudämme:

Die Auffassungen darüber, wie, wann und zu wessen Gunsten der Bürgerkrieg in Syrien entschieden werden wird, gehen ebenso weit auseinander wie die Antworten auf die Frage, wann ISIS im Irak besiegt sein wird. Natürlich haben sich die Kräfte mit dem Eintritt Russlands in die Kämpfe verschoben – leider zugunsten des Assad-Regimes. Auch die Unterstützung der Syrischen Demokratischen Kräfte (SDF) durch die US-Streitkräfte drängt ISIS in Syrien zurück. Doch wie wird die dschihadistische Terrororganisation reagieren, wenn sie in die Enge getrieben wird – vor allem territorial?

Drohszenarien gibt es leider viele. So spielt der Tabqa-Staudamm in unmittelbarer Nähe zu Raqqa, der am Euphrat liegenden offiziellen »Hauptstadt« von ISIS in Syrien und als wichtiges Zentrum der Landwirtschaft auch die »Kornkammer« des gesamten Landes, eine Schlüsselrolle. Je intensiver die SDF ihren Belagerungsring um die Stadt ziehen und je mehr sie davon zurück-erobern, desto stärker schauen internationale Beobachter mit Besorgnis auf den strategisch wichtigen Staudamm, der bereits bei Luftangriffen mehrfach beschädigt wurde. Der Damm wurde Mitte Mai 2017 von ISIS befreit, dennoch sind Anschläge darauf weiterhin ein realistisches Szenario.

Der Damm spielt eine zentrale Rolle, weil er auch ISIS mit Strom versorgte und weiterhin teilweise versorgt. Eine Sabotage von Tabqa und damit ein Fluten der Region mit den Wassern des Assad-Sees hätte verheerende Folgen. Ob ISIS dazu bereit ist? Fest steht, dass der Tabqa-Staudamm aufgrund seiner Funktion als Trink- und Nutzwasser-Reservoir (auch für Landwirtschaft) und Stromversorger zentrale Funktionen für das (Über-)Leben Tausender Menschen in seinem Umfeld hat. Fest steht auch, dass ISIS in der jüngeren Vergangenheit nicht davor zurückgeschreckt ist, Menschen als Schutzschilder zu missbrauchen. Und wenn ISIS Raqqa verliert, verliert es auch sein wirtschaftliches Zentrum und nicht zuletzt auch hohe Einnahmen, verkaufte ISIS doch auch durch Tabqa erzeugten Strom an die syrische Armee. Die Vermutung liegt also nahe, dass die Dschihadisten im Fall einer Einnahme Raqqas durch die SDF eher größtmögliche Zerstörung hinterlassen werden.

Weit schlimmere Folgen hätte der Bruch des Mossul-Damms im Irak. Dann würden Hunderttausende Menschen innerhalb von Stunden ertrinken, während Millionen obdachlos werden würden. Der Damm ist statisch instabil. Er ist nicht mehr in den Händen der Dschihadisten, doch ist es denkbar, dass sie unter Druck einen konzentrierten Angriff darauf starten, um den Damm zu sprengen. Die Folgen wären apokalyptisch.

Szenario Todes-Hack –
Spezialisierung der Brigaden?

Bisher war die Terror-Methode der Dschihadisten weitgehend primitiv: Sprengfallen, Selbstmordattentate, Flugzeuge, Lkws. Das waren die Waffen. Jenseits der Kader wurde darauf geachtet, dass derjenige, der die jeweilige Tat begeht, keine zu lange Ausbildung genossen hat. Warum sollte man aufwendig in jemandes Ausbildung investieren, wenn er die Tat höchstwahrscheinlich nicht überleben würde?

Es ist allerdings denkbar, dass sich diese Methodik zumindest teilweise ändert. Vielleicht indem ISIS mit seinem immensen Vermögen Hacker oder Ingenieure kauft (oder ausbildet), die Aufzüge in Banken-Hochhäusern zum Einsturz bringen. Oder bewaffnete Drohnen kapern und damit auf Ministerien schießen. Oder eben selbst mit Sprengsätzen bewaffnete Mini-Drohnen basteln und sie auf das Auto eines westlichen Staatschefs fallen lassen. Es ist denkbar, dass es künftig nicht nur dschihadistische Propagandabrigaden gibt, die twittern, bloggen, oder Videos schneiden, sondern auch Cyber- oder Robo-Brigaden. Das Einzige, was bisher gegen dieses Szenario spricht, ist der fehlende spirituelle Anreiz. Während Selbstmordattentäter laut und »heldenhaft« ins Paradies einziehen, sitzen die Hacker in ihren dunklen Stuben und müssen für die Anerkennung ihrer Taten erst einmal die Beweisführung ihrer Täterschaft antreten.

Szenario Dschihadealer –
Drogen oder Einnahmequelle?

Dass die Finanzströme der Dschihadisten massiv variieren können, wurde an anderer Stelle in diesem Buch dargelegt. Öl, Kopfgeld, Steuern, Plünderbeute, Menschenhandel, Kulturerbe, Spenden: alles denkbare wird eingenommen. Wie beschrieben ist der Organhandel bisher nur aus logistischen Gründen nicht hinzugekommen. Auch Einnahmen von ISIS als Schlepperorganisation (von Flüchtlingen nach Europa) dürften nach dem Verlust von vorher kontrollierten Häfen in Libyen nicht mehr signifikant sein.

Denkbar ist ein größerer Einstieg in den Drogenhandel. Die Taliban profitieren seit fast dreißig Jahren vom Heroinhandel, das u. a. die »Islamische Bewegung Usbekistan« (IBU) für sie nach Europa schmuggelt. ISIS hat in der Nähe von Raqqa in Syrien Hanfplantagen besessen. Die meisten produzierten Drogen-Mengen gingen jedoch an die eigenen Kämpfer, um diese bei Laune zu halten. Denkbar wäre, dass ISIS den Taliban den Heroinmarkt in Afghanistan entreißt. Dann würden immense Gewinne nicht mehr dem Kampf um die Herrschaft in Afghanistan und Pakistan gewidmet, sondern dem globalen Terror. Das ist einer der Gründe, warum ISIS sich in Afghanistan so verbissen mit den Taliban angelegt hat.

Szenario Demokratie als kritische Infrastruktur – Anschläge vor Wahlen?

Am 11. März 2004 verübte die Al-Qaida eine Reihe von Anschlägen auf Züge in Madrid. 191 Menschen starben, über 2000 Menschen wurden verletzt. Dieser Anschlag und die falsche Reaktion der Regierung des damaligen Ministerpräsidenten José Mariá Aznar darauf führten bei den Wahlen am 14. März zu einem Regierungswechsel. Die Al-Qaida-Führung beanspruchte damals für sich, die Wahlen entschieden zu haben. Ähnlich war auch der Anschlag vor dem ersten Gang der Präsidentschaftswahl in Frankreich gedacht.

Bedenkt man, dass Dschihadisten es auf die Vergiftung unserer gesellschaftlichen Stimmung abgesehen haben, so muss man davon ausgehen, dass Anschläge vor demokratischen Wahlen zunehmen werden. Ziel wird die Stärkung der rechtspopulistischen Kräfte sein, die wiederum mit ihren ausgrenzenden Parolen Wasser auf die Mühlen der Dschihadisten leiten. Was könnte es noch Schöneres für ISIS und Konsorten geben als viele Trumps an den Spitzen unserer Regierungen? Umso wichtiger ist es, dass wir uns von ihnen nicht in die Ecke treiben lassen – auch nicht bei der Wahlentscheidung.

Szenario Öl-Schmelze – Zerfall der Staatlichkeit durch das Ende des Erdöls?

Brasilien, Russland, Nigeria, Saudi-Arabien, Ägypten: fünf große Länder, in denen Hunderte von Millionen von Menschen leben. Und die massiv unter dem dauerhaften Sturz des Ölpreises leiden. Die ihre Wirtschaften – stark (Brasilien) bis komplett (Saudi-Arabien) auf die Öleinnahmen gestützt haben. Die letzten vier Staaten merken bereits die Grenzen ihrer staatlichen Macht durch die fehlenden Gelder. Auf dem Kaukasus, in Nordnigeria oder auf der Sinai-Halbinsel. Langfristig werden diese Staaten nicht überleben können, wenn sie sich nicht neue Einnahmequellen erschließen. Auch wenn in Brasilien, Russland und Saudi-Arabien ein echter Staatszerfall sehr weit entfernt zu sein scheint, so gilt das nicht für die Peripherie Nigerias und Ägyptens. Genau dort, wo die Dschihadisten von ISIS oder Boko Haram in den letzten Jahren so stark geworden sind. Diese Stärke liegt an der Schwäche der Zentralregierungen. Diese Schwäche wiederum kann mit dem weiteren Kollaps des Ölpreises extrem anwachsen. Dann aber werden die Dschihadisten nicht mehr in der Peripherie stark sein, sondern auch in den Millionenstädten so mancher dieser Länder.

Szenario Absturz – zivile Luftfahrt im Fadenkreuz

Der zivile Flugverkehr ist ein zentraler Baustein unserer globalen zivilen Infrastruktur. Nicht umsonst wurde er beim bisher größten dschihadistischen Angriff vom 11. September 2001 ins Visier der Terroristen genommen. Doch was ist, wenn sie Passagierflugzeuge systematisch als Schwerpunkt ihrer Angriffe aussuchen? Möglichkeiten dafür gibt es leider (zu) viele.

Erinnert man sich an den Absturz des russischen Fliegers über Ägypten, so rücken die mangelhaften Sicherheitskontrollen an vielen Flughäfen außerhalb der EU oder der USA in den Fokus. Die Zahl dieser »unsicheren« (internationalen) Flughäfen ist so hoch, dass es kaum mehr eine Frage der Möglichkeit, sondern eher eine Frage des Willens ist, bis ein Bombenanschlag möglich gemacht wird. Berufsbedingt bin ich ein Vielflieger. Ich habe bereits so viele Flughäfen erlebt, an denen die laschen Kontrollen schlichte Alibis waren, dass ich mich über die manchmal übertriebenen Kontrollen in den USA kaum mehr aufzuregen vermag.

Eine weitere Gefahr für Flugzeuge kommt aus Libyen. Nach dem Fall Gaddafis sind über 20.000 sogenannte Manpads – Schulter-gestützte Boden-Luft-Raketenwerfer – schlicht verschwunden. Auch wenn die meisten von ihnen alt und nicht mehr brauchbar sein dürften, so wären einige wenige von ihnen ausreichend, um ein Inferno zu veranstalten. Mir sagte einmal ein hoher NATO-Offizieller, niemand wisse, wo man diese wiedersehen würde: »ob in Kenia, in Kunduz oder in Köln«.

Der Fall von Mossul –
Anfang vom Ende oder Ende vom Anfang?

Raqqa wurde zur offiziellen Hauptstadt des ISIS erklärt, die faktische war stets Mossul. Deshalb ist die Befreiung der Stadt auf militärischem Wege eine zentrale Wegmarke im Kampf gegen ISIS. Schon schreibt so mancher Experte vom »Anfang vom Ende« der Terrororganisation. Und: Bis Februar 2017 hatte ISIS im Irak 63 Prozent und in Syrien 33 Prozent seines Territoriums verloren. Sicher ist der Verlust von Mossul ein großer Rückschritt für al-Bagdadis Gefolgschaft. Doch ist der Fall von Mossul nur das Ende eines Abschnitts, des ersten globalen Abschnitts, in der dschihadistischen Geschichtsschreibung. Eine neue Ära beginnt, und sie wird nicht minder besorgniserregend sein. Welche Großstadt wird demnächst den Untergrund für den Wiederaufbau von ISIS darstellen? Bagdad? Kairo? Wir wissen es nicht. Wichtig ist aber, dass wir nicht nur im Status quo verharren, dass wir versuchen vorauszuschauen. Dass wir Szenarien weiterer dschihadistischer Aktivitäten erarbeiten. Und dass wir uns gegen diese bestmöglich wappnen.

9.

Der Plan

»Ich weiß nicht, ob es besser wird, wenn es anders wird.
Aber es muss anders werden, wenn es besser werden soll.«
(Georg Christoph Lichtenberg)

Wir brauchen einen Plan gegen den Dschihadismus. Denn der
Kampf gegen den Terror ist noch zu gewinnen. Ob uns dies gelingen wird, hängt in erster Linie von unserer eigenen Reaktion ab.
Und davon, ob wir einen kühlen Kopf, einen langen Atem und
keine Angst vor Komplexität haben. Der Kampf gegen den Dschihadismus betrifft alle Lebensbereiche. Deshalb sind die Antworten auch nicht einfach. Wie schreibt Umberto Eco in ›Das
Foucaultsche Pendel‹? »Für jedes komplexe Problem gibt es eine
einfache Lösung, und die ist die falsche.«

Dabei dürfen wir nicht übermütig werden. Es wird leider weiterhin schreckliche Anschläge geben. Absolute Sicherheit allerdings wird es in unseren offenen Gesellschaften nicht geben. Denn
für absolute Sicherheit braucht es absolute Überwachung. Diese
wäre das Ende des öffentlichen Raums. »Ist der öffentliche Raum
zerstört, ist die Freiheit massiv bedroht«, wusste bereits Hannah
Arendt. Wir können nicht unsere Freiheit gegen Dschihadisten
verteidigen, indem wir genau diese Freiheit dem Kampf gegen den
Dschihadismus opfern.

Gleichzeitig müssen wir uns lernfähiger zeigen, auf institutioneller und zivilgesellschaftlicher Ebene. Wir müssen Informationen zusammenführen, enger zusammenarbeiten, Gefahren vorher erkennen und konstruktiver angehen. Und ja, wir müssen
auch verstehen, dass wir ohne mehr Geld, Härte und militärische
Mittel den Dschihadismus nicht besiegen können.

Ein kühler Kopf, Geduld, Demut, die Bereitschaft, Ressourcen in die Hand zu nehmen, und Mut zur Komplexität: Das sind die Grundvoraussetzungen für unsere Strategiefähigkeit. Und für einen Plan gegen den Dschihadismus:

- Unsere demokratischen Werte hochhalten.
- Die Idee des Dschihadismus in den Mittelpunkt unserer Bemühungen stellen, nicht einzelne Organisationsformen.
- Klare Definition des Terrorismus-Begriffs.
- Umfassender Ansatz des Kampfes gegen den Terror und die Beendigung des »War on Terror«.
- Militärische Gewalt nur als ultimatives Mittel im Rahmen des Völkerrechts einsetzen.
- Vermeidung ziviler Opfer als oberste Priorität militärischen Handelns.
- Lokale Konfliktursachen bearbeiten statt abstrakter Masterpläne.
- Kampfabsage anstatt Krieg der Kulturen.
- In Deutschland ausgebildete Imame und Lehrer für einen flächendeckenden staatlichen Islam-Unterricht.
- Enge und kritische Partnerschaft mit in Deutschland finanzierten muslimischen Gemeinden.
- Einbindung reuiger Dschihad-Rückkehrer in die Aufklärungsarbeit.
- Hilfe für Familien der Radikalisierten.
- Koordination der Deradikalisierungsarbeit von Bund und Ländern.
- Fokus auf die Präventionsarbeit in den Gefängnissen.
- Humor zur Entmystifizierung dschihadistischer »Heldengeschichten«.
- Ein Zusammendenken und -wirken der Außen-, Entwicklungs- und Innenpolitik.
- Korruption bekämpfen.
- Finanzströme und Einnahmequellen der Dschihadisten trockenlegen.
- Golfstaaten daran hindern, Salafisten bei uns zu finanzieren.
- Friedhofsruhe und Stabilität nicht verwechseln, keine strategische Partnerschaft mit Diktaturen.

- Schluss mit der Logik »der Feind meines Feindes ist mein Freund«.
- Alternativen zum Salafismus entwickeln.
- Mehr Muslime in den Sicherheitsapparat.
- Mehr Polizisten einstellen.
- Einsetzung einer Experten-Kommission zum Umbau der nationalen und europäischen Sicherheitsarchitektur mit einer klaren Arbeitsteilung.
- Mehr Befugnisse für die Europäische Union.
- Weg vom Öl.
- Internationaler und auf Recht basierender Austausch der Dienste.
- Prinzip der Schutzverantwortung im Völkerrecht bewahren.
- »Irak first!«

10.

Nachwort:
Versuch eines optimistischen Ausblicks

»Die Welt ist aus den Fugen geraten? Quatsch!
Wir beschreiben die Welt doch nicht nur über
Johann Sebastian Bach!« (Karin Nordmeyer)

Der geschätzte Bundespräsident Frank-Walter Steinmeier sagt in seinen Reden immer wieder, die Welt sei aus den Fugen geraten. Dieser Satz mag derzeit vielen plausibel erscheinen. Doch: Ist die Welt tatsächlich aus den Fugen geraten? Man könnte es fast vermuten, lässt man all das Revue passieren, was ich in diesem Buch beschrieben habe. Oder wenn man die pragmatischen Anleitungen von ISIS für das Töten möglichst vieler unschuldiger Menschen liest. Weil sie ungläubig sind. »Kreuzritter«, die ermordet werden müssen, so spektakulär wie eben möglich. Eine Gesellschaft, die getroffen werden muss. So tief wie möglich.

Dass weltweit so viele Menschen wie noch nie Zugang zu Informationen, Bildung, Wasser, Elektrizität und Gesundheitsleistungen haben, erreicht die gesellschaftliche Stimmung nicht, vertreibt nicht die Angst. Dass die Jahrzehnte des Friedens und des Wohlstands in der EU eine historische Exzeptionalität darstellen, dass die großen Katastrophen in Ruanda, Nordirak oder Kambodscha nicht jetzt erst bekannt sind, relativiert die Sorgen hierzulande kaum. Dabei ist die Welt nicht aus den Fugen geraten. Was aber die Europäer erleben, beschreibt Navid Kermani als den »Einbruch der Wirklichkeit«. Eine Wirklichkeit, von der uns in den letzten Jahrzehnten lediglich die Europäische Union verschont hat. Der letzteren Schwäche müssen wir begegnen. Und schon wären wir zurück in einer Komfort-Zone, von der Milliarden von Menschen nur träumen können.

Dass der Dschihadismus in vielen Regionen unserer Erde und

selbst hier in Deutschland an Auftrieb gewonnen hat und leider noch gewinnt, ist eine Tatsache. Und diese lässt sich tatsächlich auch in Zahlen messen. Dass wir aber dennoch eine realistische Chance haben, diese Szenarien in unserem freiheitlich demokratischen Sinne zu ändern und dass wir nicht nur Akteure, sondern auch Regisseure sind, sollten wir dabei nie vergessen. Unsere Reaktion entscheidet – jeden Tag und auf jede schreckliche Gräueltat. Auch auf jene auf dem Breitscheidplatz.

Je besonnener wir dabei reagieren und je konzertierter, analytischer und differenzierter wir dabei vorgehen und je schneller und glaubwürdiger wir den Deutungsraum richtig besetzen, desto weniger Platz lassen wir ihnen für ihre zynischen, verachtenden und Hass säenden Erklärungen.

Dazu gehört, dass wir eine Alternative zum Dschihadismus schaffen, die attraktiv ist. Wir müssen uns klar darüber werden, dass unser Demokratie-Modell im Wettbewerb zu anderen Weltbildern steht und dass Dschihadisten es vermögen, ihr Modell »ansprechend« und »zielgruppengerecht« zu verkaufen. Weil sie auf Vakuums zielen, individueller und gesellschaftlicher Art. Weil sie einfache Antworten geben auf komplexe Lebensfragen und weil sie jene Wut, die aufgrund von Marginalisierung und Perspektivlosigkeit aufkommt, in ihrem Sinne zu kanalisieren wissen. Durch Radikalisierung und eine Legitimation von Gewalt gegen vermeintlich jene, die ausgrenzen, keine Chance geben, diskriminieren und von Wohlstand, Bildung und Chancengleichheit fernhalten – systematisch.

Insofern sind es immer auch ganze Gesellschaften, die getroffen werden (sollen), durch Einzeltäter, die nicht unbedingt Teil eines Kollektivs sind, dafür aber einer gemeinsamen, globalen Bewegung. So genau nämlich stellt sich der Dschihadismus dar. Und da genau liegt die Gefahr, wie sich auch Chancen dadurch ergeben, ihn zu bekämpfen. Durch eine Integration in unsere Gesellschaft, die attraktiv ist, weil sie jedem, der möchte, eine Chance zur gleichberechtigten Partizipation gibt. Weil sie Ängste ernst nimmt und Lösungen jenseits des Extremismus aufzeigt. Weil sie den

Islam als Teil ihrer Gesellschaft nicht nur akzeptiert, sondern auch institutionalisiert. In Schulen, Betrieben und Kasernen. Eine Gesellschaft, die auch ISIS-Rückkehrer in ihre Mitte aufnimmt und ihnen einen Neuanfang ermöglicht. In unseren gemeinsamen Werten.

Wir wissen, dass der Terrorismus ein System der Eskalation ist, an dessen Ende immer irgendwo die Apokalypse lauert und gar als erstrebenswert dargestellt wird. Und gerade deshalb sollten wir nicht wegen einer verlorenen Zeit des Friedens verzweifeln, sondern optimistisch, gemeinsam und auch mit dem Bewusstsein, Rückschläge ertragen zu können, an einer neuen Friedensordnung arbeiten.

Ist die Welt also aus den Fugen geraten? Nein, auch wenn sich viele Koordinaten verschoben haben. Doch wir können sie wieder ins Lot bringen. In eine Richtung, die auf eine neue Ordnung zeigt. Eine Welt, sicher nicht ohne Dschihadismus, dafür aber mit einer Gesellschaft, die stärker, offener und dadurch resilienter ist. Die Extremismus absorbieren, aushalten und umwandeln kann. Auf Extremismus antworten kann. Mit Toleranz, Chancengleichheit und Pluralität.

Wenige Tage nach dem Anschlag auf den Breitscheidplatz besuchte ich die Gedächtniskirche in Berlin, um meine Beileidsbekundungen für die Opfer ins Kondolenzbuch zu schreiben. Um meine unaussprechliche Trauer und Wut in Worte zu fassen, die Trost und Zuversicht geben sollten. Mir, den Angehörigen der Opfer und womöglich auch einer tief verunsicherten deutschen Gesellschaft. Lange hatte ich mit mir gehadert: Sollte ich meinen siebenjährigen Sohn mitnehmen? Wollte ich, dass er die Kerzenmeere der Trauernden sehen sollte? Wäre ich wirklich imstande, ihm all das zu erklären? Am Ende entschied ich, dass er es verstehen würde.

Dass das Kondolenzbuch direkt neben dem Nagelkreuz von Coventry, diesem unglaublichen, zeitlosen und selbst in der imposanten Kulisse der Gedächtniskirche herausragenden Symbol für Versöhnung und Frieden, platziert wurde, macht das Antworten auf seine bohrenden und berechtigten Fragen einfacher. So heißt es doch im vor gut sechzig Jahren formulierten Versöhnungsgebet von Coventry:

»Den Hass, der Rasse von Rasse trennt, Volk von Volk, Klasse von Klasse, Vater, vergib.«

Auch die Predigt in der Andacht über Frieden war eine Erleichterung, machte es einfacher all das zu ertragen, was einen Tag zuvor passiert war. Was in mir als Moslem, Politiker und Vater vorging.

Mein Sohn sagte, er wäre Moslem wie sein Vater. Seine evangelische Mutter und ich sagen ihm immer, er könne sein, was er will, er solle später selbst entscheiden. Mit derselben Selbstverständlichkeit, mit der er sich selbst Moslem nennt, freute er sich an diesem Tag schon sehr auf das Krippenspiel morgen beim Weihnachtsgottesdienst.

Auf dem Nachhauseweg fragte er mich, warum ein Mensch solch böse Dinge tun kann. Ich habe keine Antwort für ihn. Nur eine Erkenntnis. Meine Erkenntnis. Es geht nicht um »uns« gegen »die«, nicht wir sind die »Guten«, und alle anderen sind »böse«. Schon gar nicht, wenn ein Donald Trump von »Gut und Böse« spricht. Aber es ist nicht alles Grau auf der Welt. Manches ist einfach nur richtig wie mein Sohn, manches einfach nur falsch wie die Dschihadisten. Es gibt Gut und Böse. Die Geschichte unseres Landes zeigt das so eindeutig.

Denkt man darüber nach, was der Attentäter getan hat, wird man es kaum erfassen können. Zumindest nicht nur mit dem Kopf und nicht so, es einem siebenjährigen Kind, einer zurecht aufgebrachten und verunsicherten Gesellschaft erschöpfend erklären zu können. Es ist sehr schwer, nicht nach Rache zu sinnen. So schwer, nicht zu hassen.

Die Antwort auf Hass kann und darf aber nicht Hass sein. Das den Kindern beizubringen, war schon die Aufgabe unserer Eltern und Großeltern. Es ist auch unsere Aufgabe. Mehr als je zuvor.

Anhang

»Du musst deinen Feind kennen,
um ihn besiegen zu können.« (Sunzi)

Liste der wichtigsten dschihadistischen Gruppen

Diese sicherlich unvollständige Liste ist als eine erste und statische Orientierung über die relevanten dschihadistischen Gruppierungen der Vergangenheit und der Gegenwart gedacht. Sie soll auch helfen, sich vom Gedanken zu lösen, das Problem wäre ISIS allein. Es gibt zahlreiche Gruppierungen, die ISIS in der Gewaltbereitschaft und in der Radikalität der Ideologie kaum nachstehen. ISIS ist nur die Spitze des Eisbergs.

Transnational:

- Al-Qaida und ihre regionalen Ableger[1]
- »Islamischer Staat«
- Boko Haram
- Harakat al-Shabaab al-Muhahideen[2]

National:

Afghanistan/Pakistan:
- Taliban[3]

---

1   Diese sind: »Al-Qaida im Irak« (al-Tawhid wa'al-Jihad), »Al-Qaida im Jemen« und »Al-Qaida in Maghreb« (Nordwestafrika).

2   Die Al-Shabaab-Milizen sind weitgehend über ihre Aktivitäten in Somalia bekannt, wo sie zwischenzeitlich sogar die Kontrolle über weite Teile des Landes übernommen hatten. Ihr Anspruch jedoch ist einer, der das gesamte Horn von Afrika einschließt.

3   Die afghanischen Taliban sind mit den pakistanischen Taliban durch

Algerien:

- Armé islamique du salut (Islamische Heilsarmee)
- Groupement islamique armé (Bewaffnete Islamische Gruppe)
- Groupe salafiste pour la prédication et le combat (Salafistische Gruppe für Predigt und Kampf)

Indien:

- Indian Mujahideen
- Lashkar-e-Tayyiba[4]

Indien, Aktionsraum Jammu und Kashmir:

- Al-Badr[5]
- Army of Muhammad
- Harakat ul-Mujahideen
- Hizbul Mujahideen

Indonesien:

- Jemmah Anshorut Tauhid (JAT)

Iran:

- Jundallah
- Mujahedin-e-Khalq-Organization[6]

---

ideologische Nähe sowie Zugehörigkeit zum Volk der Paschtunen verbunden. Organisatorisch wie in der militärischen Befehlskette jedoch sind sie völlig voneinander getrennt.

4 Verantwortlich für den grausamen wie komplexen Anschlag vom 26. November 2008 in Mumbai.

5 Dieser Gruppe wird eine besondere Nähe zum pakistanischen Geheimdienst ISI nachgesagt.

6 Die MEK sind nicht nach der Definition dieses Buches dschihadistisch. Dennoch zähle ich sie hier auf, weil sie in ihrer ideologischen Mischung aus Marxismus und Islam letztendlich totalitär und gewaltbereit sind.

Libanon:
- Hezballah

Libyen:
- KIGL (Kämpfende Islamische Gruppe in Libyen/al-Jama'a al-Islamiya al-Muqatila bi-Libiya)
- Libyan Islamic Movement

Mali:
- Ansar e-Dine
- Bewegung für Einheit und Dschihad in Westafrika (MUJAO)[7]

Palästina:
- Army of Islam/Jaish al-Islam/Tawhid and Jihad-Brigades
- Harakat al-Muqawamah al-Islamiyyah (Abkürzung: HAMAS)
- Islamic Jihad Movement in Palestine
- Izz ad-Din al-Qassam Brigades

Russland:
- Caucasus Emirate[8]

Somalia:
- Al-Ittihad al-Islami (Islamische Union)

Syrien:
- Jabhat al Fatah al-Sham[9]
- Ahrar al-Sham

---

7 Ursprünglich eine mauretanische Organisation hat MUJAO mittlerweile in Mali mehr Mitglieder und Ressourcen als in Mauretanien.

8 Eine tschetschenische Gruppe, die mittlerweile – auch aufgrund des militärischen Drucks Russlands – Hunderte von Söldnern weltweit zu anderen dschihadistischen Gruppierungen entsandt hat.

9 Ehemals als »Jabhat al-Nusra« bekannt. Gilt auch als die syrische »Filiale« von Al-Qaida.

Türkei:

- Great Eastern Islamic Raiders Front (IBDA-C)

Philippinen:
- Abu Sayaf Group[10]

Tunesien:
- Ansar al-Scharia (Die Gefolgschaft der Scharia)

Usbekistan:
- Islamische Bewegung Usbekistan
- Islamischer Dschihad Usbekistan[11]

---

10 In West-Mindanao und dem Sulu-Archipel aktiv.

11 Der »Islamische Dschihad Usbekistan« (IJU) ist aus einer Abspaltung von der »Islamischen Bewegung Usbekistan« (IBU) entstanden. Die IJU ist deutlich kleiner, aber auch radikaler. Und sie agiert auch in mehrheitlich usbekisch bewohnten Teilen Afghanistans.

Literaturhinweise

»Isis ist ein Produkt der Ignoranz der Welt.«
(Mohammad, syrischer Rapper)

Die folgende Liste besteht aus Büchern, deren Gedanken oder Zitate in meine Schrift Eingang gefunden haben. Sie ist kein wissenschaftlicher Quellennachweis, sondern eine Orientierung für die Herkunft meiner Denkart. Und hoffentlich auch eine Anregung für alle, die vertieft weiterlesen wollen. Jenseits dieser Bücher verdanke ich dieses Buch auch zahlreichen Artikeln und Studien. Viele Reisen und Begegnungen, Diskussionen und Videos haben die Gedanken in diesem Buch ebenfalls geprägt – auch wenn einige der Videos in der Darstellung von Barbareien kaum zu ertragen waren.

al-Azm, Sadik: Self-criticism after the defeat, 1968/2011.

Anders, Rayk: Eure Dummheit kotzt mich an – Wie Bullshit unser Land vergiftet, 2016.

Asseburg, Muriel; Jan Busse: Der Nahostkonflikt – Geschichte, Positionen, Perspektiven, 2016.

Ballen, Ken: Terrorists in Love – The Real Lives of Islamic Radicals, 2011.

Beifuss, Artur; Francesco Trivini Bellini: Branding Terror – The Logotypes and Iconography of Insurgent Groups and Terrorist Organizations, 2013.

Biene, Janusz; Christopher Daase; Julian Junk, Harald Müller (Hg.): Salafismus und Dschihadismus in Deutschland – Ursachen, Dynamiken, Handlungsempfehlungen, 2016.

Buchta, Wilfried: Terror vor Europas Toren – Der Islamische Staat, Iraks Zerfall und Amerikas Ohnmacht, 2015.

Danner, Mark: Spiral – Trapped in the Forever War, 2016.

Diamond, Larry; Marc F. Plattner; Christopher Walker: Authoritarism goes global – The Challenge to Democracy, 2016.

Dickie, John: Omertà – die ganze Geschichte der Mafia, 2011.

Edler, Kurt: Islamismus als pädagogische Herausforderung, 2015.

Emecke, Carolin: Gegen den Hass, 2016.

Erelle, Anna: In the Skin of a Jihadist. A Young Journalist Enters the Isis Recruitment Network, 2015.

Esposito, John L.; Tamara Sonn; John O. Voll: Islam and Democracy after the Arab Spring, 2016.

Fischer, Joschka: I'm not convinced – Der Irakkrieg und die rotgrünen Jahre, 2011.

Funke, Hajo: Von Wutbürgern und Brandstiftern, 2016.

Gerges, Fawaz A.: ISIS – A History, 2016.

Gesellschaft Ezidischer AkademikerInnen (GEA) (Hg.): Im Transformationsprozess: Die Eziden und das Ezidentum gestern, heute, morgen, 2016.

Goldstein, Gordon M.: Lessons in Desaster – McGoerge Bundy and the Path to War in Vietnam, 2008.

Hafez, Kai; Birgit Schäbler (Hg.) Der Irak – Land zwischen Krieg und Frieden, 2003.

Hajatpour, Reza: Der brennende Geschmack der Freiheit – mein Leben als junger Mullah im Iran, 2005.

Hanieh, Hassan Abu; Rumman, Mohammad Abu: The «Islamic State» Organization – The Sunni Crisis and the Struggle of Global Jihadism. 2015.

Hénin, Nicolas: Der IS und die Fehler des Westens – Warum wir den Terror militärisch nicht besiegen können, 2016.

Hermann, Rainer. Endstation Islamischer Staat? Staatsversagen und Religionskrieg in der arabischen Welt, 2015.

Johnson, Dominic; Simone Schlindwein, Bianca Schmolze: Tatort Kongo – Prozess in Deutschland – Die Verbrechen der ruandischen Miliz FDLR und der Versuch einer juristischen Aufarbeitung, 2016.

Kaddor, Lamya. Zum Töten bereit – Warum deutsche Jugendliche in den Dschihad ziehen, 2015.

Kamrava, Mehran: Qatar – small State, Big Politics, 2013.

Karimi, Ahmad Milad: Die Blumen des Korans – oder Gottes Poesie: 2014.

Karimi, Ahmad Milad: Der Koran, 2014.

Kepel, Gilles; Milelli, Jean-Pierre (Hg.): Al Quaeda in its Own Words, 2008.

Kepel, Gilles: Die Spirale des Terrors – Der Weg des Islamismus vom 11. September bis in unsere Vorstädte, 2008.

Kermani, Navid: Einbruch der Wirklichkeit – auf dem Flüchtlingstreck durch Europa, 2016.

Kizilhan, Jan Ilhan; Alexandra Cavelius: Die Psychologie des IS – Die Logik der Massenmörder, 2016.

Krämer, Gudrun: Demokratie im Islam – Der Kampf für Toleranz und Freiheit in der arabischen Welt, 2011.

Krastev, Ivan; Alan McPherson (Hg): The Anti-American Century, 2007.

Krastev, Ivan: Democracy Disrupted – The Politics of Global Protest, 2014.

Leiris, Antoine: Meinen Hass bekommt ihr nicht, 2016.

Michael Lüders: Wer den Wind sät – Was westliche Politik im Orient anrichtet, 2015.

Luizard, Pierre-Jean. Le piège Daech – L'État islamique ou le retour de l'Histoire, 2015.

Maher, Shiraz: Salafi-Jihadism – The History of an Idea, 2016.

Mansour, Ahmad. Generation Allah – Warum wir im Kampf gegen den religiösen Extremismus umdenken müssen, 2015.

McCants, William: The ISIS-Apocalypse – The History, Strategy and Doomdsday Vision of the Islamic State, 2015.

Musharbash, Yassin: Die neue Al-Qaida – Innenansichten eines lernenden Terrornetzwerks, 2006.

Napoleoni, Loretta : Die Rückkehr des Kalifats – Der Islamische Staat und die Neuordnung des Nahen Ostens, 2015.

Neumann, Peter R.: Der Terror ist unter uns – Dschihadismus und Radikalisierung in Europa, 2016.

Neumann, Peter R.: Die neuen Dschihadisten – IS, Europa und die nächste Welle des Terrorismus, 2015.

Potts, Charlotte: Protest im Land der unbegrenzten Möglichkeiten – Tea Party und Occupy im Vergleich, 2016.

Rashid, Ahmed: Taliban – Afghanistans Gotteskämpfer und der neue Krieg am Hindukusch, 2011.

Reuter, Christoph: Die schwarze Macht – Der »Islamische Staat« und die Strategen des Terrors, 2015.

Rumman, Mohammad Abu: Ich bin Salafist – Selbstbild und Identität radikaler Muslime im Nahen Osten, 2015.

Said, Behnam T.: Islamischer Staat – IS-Miliz, al-Qaida und die deutschen Brigaden, 2015.

Schäuble, Martin: Black Box Dschihad – Daniel und Sa'ed auf ihrem Weg ins Paradies, 2011.

Schiffauer, Werner: Schule, Moschee, Elternhaus – eine ethnologische Intervention, 2015.

Schleichert, Hubert: Wie man mit Fundamentalisten diskutiert, ohne den Verstand zu verlieren – Anleitung zum subversiven Denken, 2003.

Schneiders, Thorsten Gerald (Hg.): Salafismus in Deutschland – Ursprünge und Gefahren einer islamisch-fundamentalistischen Bewegung, 2014.

Seidensticker, Tilman: Islamismus – Geschichte, Vordenker, Organisationen, 2016.

Shayegan, Daryush: Cultural Shizophrenia – Islamic Societies Confronting the West, 1992.

Shelley, Louise I.: Dirty Entanglements – Corruption, Crime, and Terrorism, 2014.

Shirin (mit Alexandra Cavelius und Jan Kizilhan): Ich bleibe eine Tochter des Lichts – Meine Flucht aus den Fängen der IS-Terroristen, 2016.

Snedden, Christopher: The Untold Story of the People of Azad Kashmir, 2012.

Sons, Sebastian: Auf Sand gebaut – Saudi-Arabien – ein problematischer Verbündeter, 2016.

Speckhard, Anne: Talking to Terrorists – Understanding the psycho-social Motivation of Militant Jihadi Terrorists, Mass Hostage Takers, Suicide Bombers and »Martyrs«, 2012.

Stamm, Hugo: Sekten – Im Bann von Sucht und Macht, 1996.

Steinberg, Guido: Kalifat des Schreckens – IS und die Bedrohung durch den islamistischen Terror, 2015.

Steinberg, Guido: Der nahe und der ferne Feind – Die Netzwerke des islamistischen Terrorismus, 2005.

Stern, Jessica ; J. M. Berger: ISIS – The State of Terror, 2015.

Tagay, Sefik; Serhat Ortac: Die Eziden und das Ezidentum – Geschichte und Gegenwart einer vom Untergang bedrohten Religion, 2016.

Todenhöfer, Jürgen: Feindbild Islam, 2011.

Wali, Najem: Bagdad – Erinnerungen an eine Weltstadt, 2015.

Warner, Bill: Scharia für Nicht-Muslime, 2015.

Warrick, Joby: Black Flags – The Rise of ISIS, 2015.

Weiss, Michael und Hassan Hassan: ISIS – inside the army of terror, 2015.

Winkler, Heinrich-August: Die Rede – was den Westen zusammenhält, 2015.

Wolffsohn, Michael: Zum Weltfrieden – Ein politischer Entwurf, 2015.

Youngs, Richard: The Puzzle of Non-Western Democracy, 2015.

Ziolkowski, Britt: Die Aktivistinnen der Hamas – Zur Rolle der Frauen in einer islamistischen Bewegung, 2017.

Weitere Quellen:

Bertelsmann-Stiftung: Religionsmonitor Sonderauswertung Islam 2015. PDF, Download 29.08.2016.

Bundesamt für Verfassungsschutz: Der »Islamische Staat« – Eine globale Bedrohung«. 13. Symposium des Bundesamtes für Verfassungsschutz am 2. Mai 2016 in Berlin. Eröffnungsrede Hans-Georg Maaßen. (https://www.verfassungsschutz.de/de/oeffentlichkeitsarbeit/symposium/symposium-2016. Audiofile, abgerufen am 10.05.16)

Bundeskriminalamt (BKA): Analyse der Radikalisierungshintergründe und -verläufe der Personen, die aus islamistischer Motivation aus Deutschland in Richtung Syrien oder Irak ausgereist sind – Fortschreibung 2015. PDF, Download am 10.05.2016.

Bundesministerium des Innern: Verfassungsschutzbericht 2014. PDF, Download 03.05.2016.

Bundesministerium des Innern: Verfassungsschutzbericht 2015. PDF, Download 30.06.2016.

Bundeszentrale für politische Bildung: Rechtsextremismus – ein ostdeutsches Phänomen? (http://www.bpb.de/apuz/130415/ rechtsextremismus-ein-ostdeutsches-phaenomen, abgerufen am 03.10.16) Bundeskriminalamt (BKA).

Bush, George W., State of the Union Address 2003, (http://www. presidency.ucsb.edu/ws/index.php?pid=29645. Abgerufen am 05.08.2016).

Chulov, Martin: Isis: The Inside Story. The Guardian, 11. Dezember 2014. (https://www.theguardian.com/world/2014/dec/11/- sp-isis-the-inside-story. Abgerufen am 4.8.2016)

Frankfurter Allgemeine Sonntagszeitung: »Wir haben längst den Online-Dschihad«. Interview mit Alexander Eisvogel vom 11.02.2012. Download am 25.08.2016.

Gerlach, Julia: Die lässigen Gehirnwäscher. Die Zeit Nr. 41 (04.10.2007). Download am 15.07.2016.

Gruber, Florian; Lützinger, Saskia; Kemmesies, Uwe E.: Extremismusprävention in Deutschland – Erhebung und Darstellung der Präventionslandschaft. Bundeskriminalamt April 2016. PDF, Download am 09.09.2016.

Hummel, Klaus; Kamp Melanie; Spielhaus, Riem: Herausforderungen der empirischen Forschung zu Salafismus. Bestandsaufnahme und kritische Kommentierung der Datenlage. HSFK Report 1/2016, Reihe »Salafismus in Deutschland«. Frankfurt am Main, 2016.

Kermani, Navid: Predigt der Koran Gewalt? – Einführung für Laienexegeten. http://www.navidkermani.de/media/raw/Koran-GewaltSZ.PDF-Download am 04.08.2016.

Mansour, Ahmad: Wer von Turboradikalisierung redet, hat keine Ahnung. Die Welt, 26.07.2016. http://www.welt.de/debatte/ kommentare/article157254727/Wer-von-Turboradikalisierung-redet-hat-null-Ahnung.html, abgerufen am 28.07.2016.

Mücke, Thomas: Deradikalisierung/Disengagement gestalten. Vortrag bei der BKA-Herbsttagung vom 18.-19. November 2015. PDF, Download am 09.09.2016.

›New York Times‹-Videointerview mit Harry Sarfo (http://nyti.ms/2ahqcnI, abgerufen am 04.08.16, eigene Übersetzung).

Risen, James; Johnston, David: Threats and Responses: Terror Links. http://www.nytimes.com/2003/02/02/world/threats-responses-terror-links-split-cia-fbi-iraqi-ties-al-qaeda.html. Abgerufen am 04.08.2016.

Staatsministerium des Innern Freistaat Sachsen: Verfassungsschutzbericht 2015 (vorläufige Fassung). PDF, Download am 29.08.2016.

State Department of the United States of America: Rede Colin Powell vor dem UN-Sicherheitsrat am 05.02.2003. http://2001–2009.state.gov/secretary/former/powell/remarks/2003/17300.htm. Abgerufen am 26.07.2016.

Taam, Marwan Abou; Sarhan, Aladdin: Salafistischer Extremismus im Fokus deutscher Sicherheitsbehörden. In: Schneiders, Thorsten Gerald (Hg.). Salafismus in Deutschland. Ursprünge und Gefahren einer islamisch-fundamentalistischen Bewegung. S. 392–402. Transcript Verlag: Bielefeld, 2014.

Weaver, Mary Anne: The Short, Violent Life of Abu Musab al-Zarqawi. (http://www.theatlantic.com/magazine/archive/2006/07/the-short-violent-life-of-abu-musab-al-zarqawi/304983. Abgerufen am 28.07.2016).

Wiktorowicz, Quintan: Anatomy of the Salafist Movement. In: Studies in Conflict and Terrorism 29 (2006) S. 207–239. PDF, Download 05.05.2016.

Danksagungen

»Wer auf andere nicht mehr angewiesen zu sein glaubt,
wird unerträglich.« (Luc le Clapier)

Der erste Dank geht an meine unermüdlichen und unerbittlichen Dauer-Diskussionspartner SW, MH und PF. Ihr habt mich mehr als nur sortiert. Allen voran danke ich Marcello Buzzanca. Ohne sein hartes »Frankfurter Jungs«-Sparring würde ich sicher längst nicht mehr im Ring stehen.

Aber auch Peter R. Neumann, Guido Steinberg, Yassin Musharbash und Carsten Wieland danke ich für die vielen Debatten, bei denen wir uns gut gestritten haben. Ob große Mengen an Kaltgetränken oder kalte Familien-Pizza, nichts konnte euch aufhalten!

Ich danke meiner Frau und den Kindern, die mich in der langen Schreibphase dieses Buches mit einem Großmut ertragen haben, den ich zuweilen auch gern hätte.

Ich danke »meinem Doktor« und vor allem Andrea Wörle. Sie beide haben so viel mehr Verständnis für mich, als ich verdient habe. Auch Nina Krause bin ich zu Dank verpflichtet, weil sie zaubern kann.

Der größte Dank geht an die Millionen von freiwilligen Helferinnen und Helfern, die den neu Angekommenen in unserem Land im Alltag helfen. Und die sich auch noch im Zweifel von Pegidisten für ihre Menschlichkeit beschimpfen lassen müssen. Sie sind die besten Verteidiger unserer Demokratie.

Vor ihnen falle ich auf die Knie.

FreeDeniz.